岭南文化书系

韶文化研究丛书

惠能韶州弘法行迹考

李明山　主编

中国·广州

图书在版编目（CIP）数据

惠能韶州弘法行迹考/李明山主编．—广州：暨南大学出版社，2013.12
（韶文化研究丛书）
ISBN 978-7-5668-0871-4

Ⅰ．①惠… Ⅱ．①李… Ⅲ．①惠能（638—713）—人物研究 Ⅳ．①B949.92

中国版本图书馆 CIP 数据核字(2013)第 278604 号

出版发行：暨南大学出版社

地　　址：中国广州暨南大学
电　　话：总编室（8620）85221601
　　　　　营销部（8620）85225284　85228291　85228292（邮购）
传　　真：（8620）85221583（办公室）　85223774（营销部）
邮　　编：510630
网　　址：http://www.jnupress.com　http://press.jnu.edu.cn

排　　版：广州市天河星辰文化发展部照排中心
印　　刷：韶关市新华宏达印务有限公司

开　　本：787mm×1092mm　1/16
印　　张：16.25
字　　数：260 千
版　　次：2013 年 12 月第 1 版
印　　次：2013 年 12 月第 1 次

定　　价：42.00 元

总　序

一

韶关历史悠久，文化底蕴深厚，源远流长，为岭南开发较早的地区之一。宋代乐史撰《太平寰宇记》所引《郡国志》言：“韶州科斗劳水间有韶石，两石相对，大小略均，有似双阙……昔舜帝游此石，奏韶乐，因以名之。”其实，“韶”字来源于“舜帝南巡奏韶乐”的千古美妙传说早在隋唐时期就已流传。隋开皇九年（589年），韶州以“韶”为州名，千百年来始终未改。此后，在中华大地上以“韶”命名的古城韶州成为岭南著名州府。迄今为止，韶关是唯一以“韶”命名的历史文化名城。

马坝人的发现证明了早在十多万年前，人类的祖先就在韶关这块古老的土地上繁衍生息。石峡文化遗址的发掘又告诉人们，在四五千年前，这片区域已经与长江流域在经济文化方面有了密切的联系，及至秦破百越、收岭南，韶州成为岭南最早归属中央政权管辖和开发的地区之一。汉晋以降，珠玑先民持续南迁至珠江三角洲，衍成广府民系和广府文化。可以说，韶文化是岭南文化早期的一个主要源头。唐代著名文学家皇甫湜在为韶州作《韶阳楼记》时写道：“岭南属州以百数，韶州为大。”韶关作为广东北大门及粤北历史文化中心，自古就发挥了传输中原文化、弘扬岭南文化的先进作用。

韶关自古为岭南重镇，又是人杰地灵之都、山川灵秀之域。唐初，禅宗南派创始人六祖惠能在韶州弘法近四十年，述成了第一部中国化的佛家经典《六祖坛经》，形成了著名的禅宗文化。南北朝时期以勇猛刚烈著称的风烈将军侯安都，唐开元盛世名相、以风度名扬天下的张九龄，学深刚毅、文采拔萃、以风采而著名的北宋政治家余靖，明代抗倭名将陈璘，清代著名思想家廖燕等，都是受韶文化滋养的土生土长的韶州人杰。唐代大文豪韩愈，北宋文学家苏东坡，南宋诗人杨万里，著名理学家朱熹，名臣文天祥，明代才子解缙，著名学者丘睿，理学家陈白沙，科学家徐光启，军事家袁崇焕，清代著名诗人王士祯、朱彝尊，以及民国时期革命先行者孙中山，新中国创建者毛泽东、朱德、陈毅等一大批名人都在韶关留下了千古流芳的诗文和历史足迹。在中华世纪坛上铭刻的一百多位对中国历史文化产生深刻影响的人中有两位外国人，其中有一位是被誉为“中西文化交流第一人”的意大利传教士利玛窦，他也曾经于明代在韶关活动六年，对西学东渐和东学西传作出了不可磨灭的贡献。

从古代相传“舜帝南巡奏韶乐”到岭南名州、历史文化名城，韶关经过代代相传，已经形成了岭南文化中不可或缺的重要组成部分——韶文化。因此，我们说，韶文化是指分布在粤北地区的、受历代行政区划和自然环境影响孕育滋生的一种有着较为突出特征的史志阶段的区域文化。简言之，韶关本土的历史文化就是韶文化。韶文化的核心是以“韶”为主的包容、和谐、善美的传统精神，其文化结构的主要元素是舜韶乐文化、客家文化、南禅宗佛教文化、历史名人文化、瑶族文化、矿冶文化、山区生态文化、红色革命文化等，在文化形态上既表现了与岭南文化的同一性，又表现出自然与人文各方面的多元性和独特性。正是由于以上在地域特征、自然生态、族源构成等方面显示出的诸多特殊性，以“韶”为主题的韶文化才得以确立，并在数千年的历史中不断融合发展。

二

韶文化是岭南文化中一个主要的文化类型。这个文化类型的特色在以石峡文化为代表的萌芽阶段已初现端倪，在秦代南越国及两汉以后步入发展阶段，曲江（又称曲红，因曲红岗得名）、始兴郡皆为当时岭南最重要的中心城市之一，特别是此地最富特色的以丹霞红岩为主的自然生态风光逐渐被人们发现，而且由于舜帝南巡，在岭南地区奏韶乐的历史传说，原名“曲红岗”的丹霞地貌被赋予“至美”、“至善”的韶乐精神，并命名为“韶石”：“隋平陈，为韶州，以韶石为名。”（唐初梁载言《十道志》）至此，以“韶”为核心的优美的自然环境和善美和合的韶乐人文精神在粤北地区被有机地结合起来，韶乐、韶石、韶州成为这一地区最亮眼的文化符号。基于地方行政区划和自然环境特殊性而形成的区域文化——韶文化，在保留了岭南文化一般特征的同时，逐渐在粤北展现出自己独特的文化结构、文化形态特征，主要表现在：

——舜帝韶乐文化。它不仅是韶关得名之源，而且有历史上一大批古建筑作为载体，以及隋唐以来历代史志和名人歌赋作为文献记录。韶乐的和谐善美精神在韶关地区的传播至少有千余年，是韶文化的精神内核，是统领其他文化要素的主导部分，也是区别于其他区域文化的重要地方特色。之所以把粤北地区的文化称为“韶文化”，其主要原因正在于此。

——汉族移民文化、粤北客家文化、瑶族文化、疍民文化构成了韶文化的民族民系主体。特别是持续南迁的珠玑巷移民构成了日后广府民系的主体，对岭南和东南亚的开发影响深远。

——发源于韶关的南禅宗佛教文化及其他宗教文化构成了韶文化精神层面的重要补充。南禅宗文化使佛教比较彻底地中国化，影响超出岭南，波及全国甚至全世界。

——历史上，粤北古道交通文化和名人文化突出。粤北是中原文化和岭南文化之间的主要通道、海上丝绸之路的陆上重要节点，而惠能、张九龄、余靖等都是岭南人杰，影响广泛。

——历史悠久的矿冶文化。韶关采矿历史久远、规模巨大，是世界上最早运用“淋铜法（湿法炼铜）”来大规模生产胆铜的地方。矿冶业延续至今，是韶关的重要经济命脉，也是韶关突出的城市文化特色和韶文化的突出特征。

——山区生态文化。地域居民秉承“天地同和”精神，在历史长河中与自然和谐相处，生态环境基本保持良好，是韶文化特色的显现，也是今后韶关发展的最重要的资源之一。

——以毛泽东、朱德、陈毅等人及抗战时期的广东省委在韶关的革命活动为代表的红色革命文化。此外，孙中山以韶关为根据地二次誓师北伐，抗战初期广东省省会北迁韶关等也都是宝贵的历史财富。

上述文化结构、文化特征是韶文化的主要内涵，也是我们开展韶

文化研究的主要方向。

三

重视韶文化的研究、传承与弘扬，对岭南文化的传播与发展具有非常重要的意义。深入细致地挖掘和研究韶文化，可以有力地推动粤北历史文化研究的发展，推动地方人文历史与环境的良性互动，丰富人民群众的精神文化生活，深化岭南文化的固有内涵，促进岭南文化繁荣发展，为广东建设文化强省、韶关建设区域文化中心提供理论依据和文化支撑。有鉴于此，韶关市和韶关学院于2009年11月正式联合成立了韶文化研究院，现已拥有专职、兼职研究人员40多人，特聘文化顾问10人。研究院成立以来，在韶关学院和韶关市委宣传部、韶关市社会科学界联合会的领导与支持下，积极开展地方文化历史研究与传播工作，先后获准设立广东省张九龄研究中心、广东省韶文化研究基地。2012年7月，经广东省委宣传部和广东省社会科学院发文，研究院升格为广东地方特色文化（韶文化）研究基地，成为全省首批九大特色文化研究基地之一。

本丛书即是该基地的初期研究成果。丛书的规模暂不限定，计划先用三年时间陆续推出几批著作。目前选题以历史文化为主，专注于与韶关有关的人、事和物，今后将逐渐扩大研究范围。

感谢韶关学院的党政领导和韶关市委宣传部、韶关市社会科学界联合会对本丛书立项、研究撰写和出版发行的支持与资助。特别感谢本丛书的各位作者，正是由于他们的辛勤劳动和无私奉献，才使本丛书得以付梓面世。暨南大学出版社对本丛书的出版发行给予了帮助，在此一并感谢。

是为序。

韶关市韶文化研究院
韶关学院韶文化研究院
广东地方特色文化（韶文化）研究基地
2013年10月

目　录

第三编　惠能的重要人事关系

第四编　惠能禅宗文化的影响

附　录

绪论：惠能韶州弘法行迹概略

六祖惠能（638—713 年），祖籍河北范阳（今涿州）。其父卢行瑫贬官到岭南，成为庶民。少年丧父，靠砍柴奉养母亲。年龄稍长，安顿了母亲，便北上开始了漫长的修行弘法道路。由于家乡处在佛教相对发达的岭南溪洞地区，惠能从小受到家庭和社会的耳濡目染，对佛教信仰坚定不移。悟性很高的惠能，听到当地信众念诵《金刚经》中的“应无所住，而生其心”时，似乎有所开悟，并产生了出家向佛的信念，进而坚定地走上了北上寻求佛法的道路。

一、家乡修行准备

惠能出生、成长的贞观年间，唐朝国基初定，国家支持建立寺院，敕令全国“于建义以来交兵之处，为义士凶徒陨身戎阵者，各建寺刹”①。皇亲国戚、朝廷大员、地方官员纷纷响应，新建了很多佛寺。到贞观后期，海内有佛教寺院计 3 716 所②。而惠能的家乡新州（今新兴县）地区也是寺院林立，主要的佛教寺院有 7 处：①秀罗寺。在新兴县东，唐武德四年（621 年）建，在城东二十里照会秀罗山麓。②岱山寺。在新兴县城南二十里天露山，唐贞观元年（627 年），僧定惠建。③永乐寺。在新兴县南二十五里罗陈村，武德二年（619 年）建。④龙兴寺。在新兴县东北二百余步处，唐时建，贞观间圮而重修。⑤延明寺。在新兴县城西五里宁化都宝盖山，贞观年间建。⑥福兴寺。在新州城东四十里照会都云石山，贞观二年（628 年）建。⑦金台寺。

① （宋）王溥．唐会要（卷四八“议释教下”）．上海：上海古籍出版社，2006.

② 慧立本，彦悰笺．大唐大慈恩寺三藏法师传（卷七）．大正藏（第五十册）．

在新州城南半里，是惠能卖柴闻经发念学佛之处，是该县的古刹。① 可见，惠能家乡新州当时佛教已经盛行，寺庙众多。惠能一出生就成长在这样一个佛教文化氛围浓厚的环境中。正如《六祖大师缘起外纪》所言："母李氏，先梦庭前白花競发，白鹤双飞，异香满室，觉而有娠，遂诫斋戒。怀娠六年，师乃生焉。唐贞观十二年戊戌岁二月八日子时也。时豪光腾空，香气芬馥。黎明，有二僧造谒，谓师之父曰：'夜来生儿，专为安名。可上惠下能也。'父曰：'何名惠能？'僧曰：'惠者，以法惠济众生；能者，能作佛事。'言毕而出，不知所之。师不饮母乳，遇夜神人灌以甘露。"② 这些经过神话了的传说，也包含一些事实成分。惠能之父卢行瑫被贬官到岭南，与新州李氏结婚，已经是大龄婚姻，而且结婚 6 年后才生下惠能。惠能幼年丧父，待到年长，靠砍柴度日。及至成年，惠能安顿了老母，便毅然走上了方外求法之路。

二、曹溪修道三年

惠能家乡佛教盛行，寺庙众多，如果想要求得一般的出家修行，自然可以不离故土，便可以发心学佛。但要取得佛教正法、大法，追求佛教的高水平、高境界，只有到湖北黄梅五祖弘忍大师那里，当时他的影响较大。惠能要过南岭北上，无论走大庾岭古道还是乌径古道，韶州都是北上的必经之地。惠能虽然不识字，但天资聪颖，悟性很好，在他对《金刚经》中的经句"应无所住，而生其心"有所体悟以后，便决心北上求得正法，获得五祖大师印可。唐初对佛教僧侣的管理制度承袭了隋朝的旧制，仍然坚持寺院以"三纲"为主，极力做到以僧隶寺、以寺隶官，把僧侣阶层牢牢地控制在国家的手中。在中央，设置十大德，以统僧务。为了加强对寺院僧侣的监督，唐政府还在天下寺院内"每寺观各置监一人"③。监寺的任务就是对寺院僧侣的行为进行监督，对违法者予以惩治。除了上述以僧统僧的僧官外，唐政府还仿效中央地方行政机构，设立三级专门管理僧侣的行政机构。还有一项重要的政策是加强对出家资格的管理。要出家都要先学习。汉传佛

① 王承文．六祖惠能早年与唐初岭南文化考论．中山大学学报（社会科学版），1998（3）．

② 杨曾文校．敦煌新本六祖坛经．北京：宗教文化出版社，2011．

③ 郑显文．唐代僧侣与皇权关系研究．佛教导航网：http：//www. fjdh. com/wumin/2009/04/07185250554. html，2013－06－26．

教到了唐宋时代，出家者要先到寺院中当“童子”或做“行者”，服各项劳务，可以从师受沙弥戒，不剃发。童子或童行是准备出家的第一个阶段，即先到寺院修习，以求出家，尚未剃发，是未得到政府承认的幼童。行者是准备出家的第二个阶段，是未出家但生活在寺院内帮忙干杂务的成年男子。惠能见五祖时的身份就是行者，直到在法性寺印宗为其剃发前。等到了政府规定度僧的时日，经过政府的甄别，或经过考试及格（规定要掌握几百页的经书），得到相关许可，给予度牒，并指定僧籍隶属于某寺院，方能取得僧人的资格，才可以剃度为僧。凡是不经政府许可、未得度牒而私自剃发的僧尼，没有寺籍，名为私度，按规定要受到惩罚。唐太宗就“屡次检校佛法，简括僧徒，清肃非滥，对于私度之僧，处以极刑”①。惠能对于本朝的这些法律自然知晓。于是，他利用在曹溪的机会系统学习佛经，为出家作充分准备。正如《曹溪大师传》所记载的，惠能在曹溪“修道经三年”，又到乐昌向远禅师“学坐禅”，“从惠纪禅师处闻《投陀经》”。几年的时间，惠能在韶州至少待了两个地方，一是曹溪宝林寺，二是乐昌西石岩寺。除了坐禅、作务，还念《涅槃经》、《投陀经》，为到黄梅五祖寻求作佛作准备。

惠能游方到了韶州曹溪，与当地曹侯村的刘志略很投缘，并结义为兄弟。正好，刘志略有一个姑姑已经出家为尼，配住山涧寺，名无尽藏。她常诵《涅槃经》，惠能“昼与略役力，夜即听经至明”，为无尽藏尼解释经义。尼将经与读，惠能曰：“不识文字。”尼曰：“既不识字，如何解释其义?”惠能曰：“佛性之理，非关文字能解，今不识文字何怪?”众人闻之皆嗟叹曰：“见解如此，天机自悟，非人所及，堪可出家，住此宝林寺。”“修道经三年”，惠能“春秋卅有三，后闻乐昌县西石窟有远禅师，遂投彼学坐禅”。最后从惠纪禅师处闻《投陀经》，感到“空坐”毫无作为，于是至东山谒弘忍大师。这一年是“咸亨五年，大师春秋卅有四”。

三、重修宝林寺

曹溪宝林寺开山，相传是在南朝梁武帝萧衍天监年间。“梁天监

① 道宣．续高僧传·智实传．大正新修大藏经·史传部二（卷五十）．台北：佛陀教育基金会出版部，1990.

元年，西域智药三藏航海而来，初登五羊，至法性寺，以所携菩提树一株，植于宋求那跋陀三藏所建戒坛之前……及至南海到曹溪口，掬水饮之，香美异常。谓其徒曰：'此水与西天之水无疑，源上必有胜地，堪为兰若。'乃溯流穷源至此，四顾山水回合，峰峦奇秀。叹曰：'宛如西天宝林山也。'因谓居民曰：'可于此山建一梵刹，一百六十年后，当有无上法宝于此演化。得道者如林，宜号宝林。'"[①] 后来，韶州牧侯敬中表奏朝廷，得到梁武帝的批准，并赐额曰"宝林"，梵宫（佛寺）遂成。时在天监三年，即公元504年。佛教传入中国是在两汉之际。岭南虽处于边鄙之地，但是佛教能于六朝时期传入岭南，也不算晚。而佛教禅宗祖庭在韶州的真正兴盛和发展，是唐朝及其以后的事情。而且这种兴盛和发展又与六祖惠能结下了不解之缘。唐朝初建，百废待兴。各地寺庙也处于破败不堪的地步。曹溪宝林寺的重修也是迫在眉睫的问题。惠能在去黄梅之前，曾在曹溪宝林寺居留。韶州曹溪宝林寺的重修，是惠能留居最重要的原因。

关于惠能第一次到宝林寺，使之得到重修，释道原《景德传灯录》比《曹溪大师传》（又称《曹溪大师别传》）记载更为详细："师（惠能）遽告其母，以为法寻师之意，直抵韶州。遇高行士刘志略，结为交友。尼无尽藏者，即志略之姑也，常读《涅槃经》。师暂听之，即为解说其义。尼遂执卷问字。师曰：'字即不识，义即请问。'尼曰：'字尚不识，曷能会义？'师曰：'诸佛妙理，非关文字。'尼惊异之，告乡里耆艾云：'能是有道之人，宜请供养。'于是居人竞来瞻礼。近有宝林古寺旧地。众议营葺，俾师居之。四众云集，俄成宝坊。师一日忽自念曰：'我求大法，岂可中道而止。'明日遂行。至乐昌县西山石室间。遇智远禅师，师遂请教。远曰：'观子神姿爽拔，殆非常人。吾闻西域菩提达摩，传心印于黄梅，汝当往彼参决。'师辞去，直造黄梅之东禅，即唐咸亨二年也。忍大师一见，默而识之。"[②] 惠能在黄梅求法之前，在韶州修行至少三年。惠能在曹溪居留期间，有一些崇拜他的佛教信众，竞相前来瞻礼。但这时的宝林寺，由于隋唐之间战乱的原因，已经受到破坏，年久失修，破败不堪，难以接待信众。要弘扬佛法，连一个像样的道场都没有，谈何容易。考虑到要改善接

---

① 杨曾文校．敦煌新本六祖坛经．北京：宗教文化出版社，2011.
② （宋）释道元．景德传灯录（卷五"惠能"）．成都：成都古籍书店，2000.

待信众场所的条件，便要对宝林古寺进行修葺。重新加些茅草顶盖，不仅能够让惠能安居下来，也能为佛教信众听经请教提供一个较为像样的场所。惠能初到宝林寺，就展示了独到的智慧和才华。因为惠能对佛经的独到悟解，通过无尽藏尼等的传播，在韶州曹溪地方产生了四众云集的传播效应，一时间，使得长期以来被兵火摧残而破败不堪的宝林寺又热闹起来。出于传扬佛教的需要，只好先对太过简陋的道场进行维修。因为各种条件尚不具备，还不能大兴土木，对宝林寺进行重建，只是在原有基础上重新修葺。因为惠能这时还没有得到禅法真传及其印可，没有在韶州曹溪长久居留的打算。事实上，惠能在曹溪宝林寺待了几年，很快就又到了乐昌，到西石岩石窟寺智远禅师那去了。惠能第一次到韶州曹溪，就使宝林寺出现了四众云集、一时兴盛的局面，可见惠能与曹溪宝林寺有缘，宝林寺在唐初贞观年间的重修和兴盛与惠能的到来具有密切关系。宝林寺的重新修葺，自然是地方信众出财出力。但如果没有惠能的到来，宝林寺在初唐的四众云集、一时兴盛和再次修葺也就无从提起了。

四、乐昌坐禅念经

韶州是佛教重镇，所以惠能北上求法的准备阶段是在韶州一带度过的。惠能为了早日获得禅宗正法，得到印可，取得正式的传法权，并没有在曹溪太多逗留，而是抓紧时间，利用一切机会打好基础，充实自己。因为此时惠能虽然已经听诵过《金刚经》并有所悟，但毕竟没有得到禅宗大师的印可，连和尚的身份也没有得到。当他得知乐昌也有禅师，教授弟子诵经坐禅，便又到了乐昌。因为他在家乡没有读书机会，对于和尚念经也是“业余”地听诵，更没有坐禅的经历。要准备出家当和尚，修法成佛，这一课是必修的。惠能“后闻乐昌县西石窟有远禅师，遂投彼学坐禅。大师素不曾学书，竟未披寻经论。时有惠纪禅师，诵《投陀经》。大师闻经叹曰：‘经义如此，今我空坐何为?’至咸亨五年，大师春秋卅有四（杨曾文注：应为三十七）。惠纪禅师谓大师曰：‘久承蕲州黄梅山忍禅师开禅门，可往彼修学。’大师其年正月三日，发韶州往东山寻忍大师。策杖涂跣，孤然自行，至洪州东路。时多暴虎，大师独行山林无惧。遂至东山，见忍大师。”① 乐昌离韶州不远，因为惠能平时不曾进入学校读书，对于经书也只是听诵理解的多，需要多方做好北上求师认可的准备。这也是惠能离开曹溪到乐昌的一个重要原因。当时曹溪宝林地方信众为他修葺道场，挽留他住在宝林寺修行施化，但他暗想：“本誓求师，而贪住寺取乎道也，何异却行归舍乎？”② 于是，“明日遂行，至乐昌县西石窟，依附智远禅师，侍座谈玄”③。虽然惠能在韶州曲江曹溪宝林寺建立了自己的人脉关系，找到了自己的位置，但他求师的目的没有达到，他是不会半途而废的。到了乐昌，惠能做了两件事情：一是跟随智远禅师学习坐禅；二是跟随惠纪禅师听讲、学习《投陀经》。惠能虽然崇拜五祖，但他也结合自己的实际——不多识文字、不曾披寻经论，发出“经义如此，今我空坐何为”的感叹。在咸亨五年（674 年），“惠纪禅师谓大师曰：‘久承蕲州黄梅山忍禅师开禅门，可往彼修学。’大师其年正月三日，发韶州往东山，寻忍大师。策杖涂跣，孤然自行。至洪州东路，时多暴虎。大师独行山林无惧，遂至东山，见忍大师。”④ 惠能在乐昌的时间虽然不长，但这是惠能赴黄梅前的一个重要修学准备阶段。至于惠能为什么离开乐昌，除了要达到他既定的求师目标以外，直接原因就是他不喜欢坐禅，并且听从智远禅师的劝告：“远曰：‘观子神姿爽拔，殆非常人。吾闻西域菩提达摩传心印于黄梅，汝当往彼参决。’师辞去，直造黄梅之东禅。”⑤ 但文献记载也有说劝他到黄梅修学的是惠纪禅师：“惠纪禅师谓大师曰：‘久承蕲州黄梅山忍禅师开禅门，可往彼修学。’”⑥到乐昌西石窟坐禅并诵习《投陀经》，以致后来离开这里，或许都是惠能自己的原因。总之，惠能到乐昌修习，确实是历史事实，对此乐昌地方志也有记载。《乐昌县志》卷二十“西石岩”条云：“在县治西北三里，旧志所谓石室仙踪者是也。石室高三丈余，左右各有窦可通，左窦上有六祖石床，相传往黄梅归曾憩于此。”⑦ 假如惠能从黄梅回来也到过乐昌，那就说明，他到乐昌不止

---

①④⑥ 杨曾文校．敦煌新本六祖坛经．北京：宗教文化出版社，2011.

② （宋）赞宁．宋高僧传（上册）．范祥雍点校．北京：中华书局，1987.

③ （宋）释普济．五灯会元（上册）．苏渊雷点校．北京：中华书局，1984.

⑤ （宋）释道元．景德传灯录（卷五“惠能”）．成都：成都古籍书店，2000；（宋）释普济．五灯会元（上册）．苏渊雷点校．北京：中华书局，1984.

⑦ 刘运锋．乐昌县志．文津馆，1931.

一次，而是至少两次。

五、大庾岭夺法

惠能在黄梅五祖那里，经过八个月的修学，得到了五祖印可，以及禅宗传法衣钵。惠能得法以后，还没有回到岭南，就在江西和广东交界的大庾岭上演了争夺传法衣钵的惊险一幕。五祖将传法衣钵传给惠能后便闭门不言，引起了弟子们的怀疑，他便说："众人散去，此间无佛法，佛法已向南去也。我今不说，于后自知。""忍大师别能大师，经停三日，重告门人曰：大法已行，吾当逝矣。"① 当时，一位原是四品官、俗姓陈氏的惠明（敦煌新本《六祖坛经》记为惠顺）禅师听闻惠能将传法衣钵带到了岭南，随即就追赶了过去。其实想追回衣钵的并不止惠明一人，而是有数百人。惠明首先追到大庾岭，赶上了惠能。惠能立即将衣钵放在了石头上，但惠明却说："来不为衣钵，不审和尚上初付嘱时更有何言教？愿垂指示。"② 惠明也是一个有身份的禅师，虽然对惠能得到传法衣钵感到意外和愤愤不平，却不愿意就这样把传法衣钵抢走。惠能当即"为明禅师传嘱授密言。惠明唯然受教，遂即礼辞。明语能曰：'急去急去，在后大有人来相迩逐。'能大师即南行。""至来朝，果有数百人，来至岭，见明禅师。禅师曰：'吾先至此，不见此人。问南来者亦不见，此人患脚，计未过此。'诸人却向北寻。明禅师得言教，犹未晓悟，却居庐山峰顶寺三年，方悟密语。明后居蒙山，广化群品。"③ 以上是《曹溪大师传》的记述。

敦煌新本《六祖坛经》也有类似记述，而且是以惠能自述的口气记载的："两月中间，至大庾岭。不知向后有数百人来，欲拟捉惠能，夺衣法。来至半路，尽总却回。唯有一僧，姓陈名惠顺，先是四品将军，性行粗恶，直至岭上，来趁把着。惠能即还法衣，又不肯取，言：'我故远来求法，不要其衣。'能于岭上便传法惠顺。惠顺得闻，言下心开。能使惠顺却向北化人。"④

《祖堂集·弘忍传》还有较为详细的关于大庾岭夺法的记述。惠能在黄梅得到五祖传法衣钵之后，便悄悄地离开了，一直向岭南奔走。但消息很快被五祖的其他弟子知晓，于是其他僧众自发起来"捉惠能，夺衣法"，一直追到了大庾岭。惠明是曾当过武将、性格粗鲁的

①②③④ 杨曾文校．敦煌新本六祖坛经．北京：宗教文化出版社，2011.

僧人，最先追上惠能。惠能给他衣钵他又不拿，表示“远来求法，不为其衣”。惠能当即说：“静思静思，不思善，不思恶，正与摩（按，当为‘与么’，意为‘这么’）思不生时，还我本来明（按，即惠明，或作惠顺）上座面目来。”[①] 而在兴圣寺本《六祖坛经》则记述为：“不思善，不思恶，正与么时，如何是上座本来面目。”[②]

佛教禅宗法嗣传承是禅宗可持续发展的重要问题，在禅宗内部自然引起高度重视。禅宗的传承，在五祖之前只有付法嘱咐，没有传衣的惯例，但在印度佛教早有传衣的说法。杨曾文先生曾举过《付法藏因缘传》和《大唐西域记》中的两个实例。而五祖弘忍传法嗣给六祖惠能，是一个特例。一是惠能在五祖身边时间太短，只有八个月。二是惠能还没有出家，虽然必然要出家做和尚，但当时还只是一个行者。三是五祖看中了惠能对佛教义理和禅法的非凡理解和敏捷的应变能力[③]。四是东山法门已经逐渐弘传北方，而在岭南还是一个薄弱环节，选惠能为法嗣正好由他来填补这个空白。弘忍从禅宗全局长远发展考虑，传法嗣给这位来自岭南的年轻行者也是合理的。而弘忍门下其他的众多高徒、上座，在中原北方自立门户都不是问题，但他们要在岭南发展却比较困难。只有惠能可以接地气，在岭南发展东山禅法。惠能在大庾岭上被惠明追赶，知道追赶者是为传法袈裟而来，于是干脆把袈裟放在石头上，让其拿走，自己躲在草丛中。袈裟和生命相比，生命还是第一位的。太昌本《六祖坛经》记载说：“一僧俗姓陈，名惠明，先是四品将军，性行粗慥。极意参寻，为众人先，趁及惠能。惠能掷下衣钵于石上，曰：‘此衣表信，可力争耶？’能隐草莽中。惠明至，提掇不动，乃唤云：‘行者，行者，我为法来，不为衣来。’惠能遂出，盘坐石上，惠明作礼云：‘望行者为我说法。’惠能云：‘汝既为法而来，可屏息诸缘，勿生一念，吾为汝说。’明良久，惠能云：‘不思善，不思恶，正与么时，那个是明上座本来面目。’惠明言下大悟。”[④] 这里记载得更为详细真实。惠能在遭遇强力争夺传法袈裟的时候，警告：“这个传法袈裟是传法的信物（或象征），是用力气可以争得到吗？”惠能的警告肯定对惠明发生了作用。他提掇不动袈裟是假，加上一个钵盂，整个包袱也不会太重。要么是他要

①②③ 杨曾文校．敦煌新本六祖坛经．北京：宗教文化出版社，2011.

④ （明）释太仓禅师刻本．六祖坛经·自序品第一．韶关：曲江曹溪南华寺珍藏，2002.

拿包袱，惠能一喊，他又搁下了；要么是惠明只是拿了一下，又放下，人身子没动。《六祖坛经》上的“提掇不动”，应该用标点断开，是惠明“提掇，不动”。如果要是真的像强盗抢夺财物那样，惠明早就可以拿着衣钵跑走了，惠能不一定能够追得上。惠能这时虽然只是一个行者，但也是出自弘忍的同门师兄弟，惠能在寺庙中修行的时间虽然短，地位没有惠明高，但他是五祖印可的传法师。这些，惠明是知道的。惠明追赶惠能，也是脑子一热，肯定不是五祖指授。他要是真的把五祖传给惠能的衣钵抢回去了，他自己想想这事情既不好处理，也没法向五祖交代。何况，以自己的身份，明目张胆地强抢传法衣钵，也不合适。惠明在惠能叫喊之后，头脑才开始有所清醒。于是，惠明才有了对惠能的回应：“行者，行者，我为法来，不为衣来。”向惠能说明了，自己是为了求法、护法，不是为了传法袈裟而来的。这样一来，惠能才和惠明有了共同语言，有了对话的基础。惠能从草丛中出来以后，坐在石头上，看看惠明到底是什么态度和打算。惠明这时真的主动向惠能施了个礼，并请他说法。既然如此，惠能也就做一个顺水人情：你既然是为法而来的，那就请屏息诸缘，不要受任何人际关系影响和牵扯，也不要产生任何念头，然后我再给你继续说法。惠明静心沉默良久，惠能才说：“不生善念，也不生恶念，或者不思念善，不思念恶，正是这种状态之下，你惠明上座才能看到自己的本来面目。”惠明听了以后，恍然大悟。惠能说的这些，似乎是在讲禅理，实际上也是理论联系实际，切中了惠明最初产生的强抢衣钵念头的要害。惠明之所以追到大庾岭，是惠能带走传法衣钵后的群众舆论效应驱使的，不少资深和尚出于嫉妒心理，或者是平均主义以及不服气心理发生作用，而没有站在五祖的立场上，考虑东山法门的全局和可持续发展问题，便想通过下层群体自发的力量，抢回衣钵，改变五祖的布局和传嗣的事实。惠能在警告了惠明传宗信物衣钵袈裟是不可用强力争夺得到的以后，对惠明产生了重大警示作用。惠明向惠能求法，实际上也不是真心话。但惠能却能够抓住时机，利用佛教禅理“无念”来告诫惠明，并且客气地称他为“上座”，肯定他本来就是具有“不思善，不思恶”的面目。而强抢传法袈裟，则是违背禅法的。惠能很机智，这里他说的意思是，惠明本来的面目是“不思善，不思恶”的，因为有了一念之差，才追到了大庾岭。其实，即便是惠明抢夺了传法

袈裟，他也不一定能做成六祖。弘忍的传法袈裟，分量很重，代表了在岭南传扬东山法门的重大责任和任务，只有惠能才承受得起。

惠明听到惠能上述含义深刻的禅语，意犹未尽，“复问云：‘上来密语密意外，还更有密意否?’惠能云：‘与汝说者，即非密也。汝若返照，密在汝边。’明曰：‘惠明虽在黄梅，实未省自己面目。今蒙指示，如人饮水，冷暖自知，今行者即惠明师也。’惠能曰：‘汝若如是，吾与汝同师黄梅，善自护持。’”惠明是想向惠能打探五祖传法时还有什么其他密语和密意。假如得到这些重要信息，也会对自己的行化有所帮助。惠能的回答也很巧妙：要是给你说了就不是密语了，如果你能够自己体会，返照自身，密语就在你的身边。惠明似乎若有所悟地说：“我虽然在黄梅多年，但还没有认识自己的本来面目，现在经你指点，就像人饮水那样，是冷是暖，只有自己才知道。你现在就是我的师父了。”惠能说：“你如果能这样，你我都是五祖弘忍的弟子，都应该好自为之，护持禅法。”二人分别之时，惠明又问到他今后的去向。惠能告诉他：“逢袁则止，遇蒙则居。”① 惠明施礼后就离开了。惠明回至大庾岭下，对追赶惠能的众和尚说，前方都是悬崖绝壁，没有惠能的踪影，应该沿别的道路寻找他。惠明说了假话，但众人都信以为真。惠能得以安全到达岭南，又到了韶州曹侯村。惠明后来在江西袁州蒙山一带弘法，成为一方有名的禅师。因为认了惠能做师父，后改名释道明，以避讳和师父重名。如今的韶关南雄大庾岭上的梅关古道旁边，仍然存有六祖寺、衣钵亭和衣钵石。

六、黄梅归来重建宝林寺

太仓本《六祖坛经·机缘品第七》有这样的记载：“师自黄梅得法，回至韶州曹侯村，人无知者。② 时有儒士刘志略，礼遇甚厚。志

① （明）释太仓禅师刻本．六祖坛经·自序品第一．韶关：曲江曹溪南华寺珍藏，2002．“逢袁则止，遇蒙则居”，“袁”是袁州，治所在今天的江西宜春市。“蒙”是蒙山，这里是指古袁州境内的蒙山，地处今江西上高、新余、分宜三县之间。

② （明）释太仓禅师刻本．六祖坛经·机缘品第七．韶关：曲江曹溪南华寺珍藏，2002．在《机缘品第七》第一行末“人无知者”之后，有小字注云：“旧本云：师去黄梅至曹侯村，住九月余日。然师前自云：不经三十余日便至黄梅。乃见求道之切，岂可逗留。故今依作回至。”其实，据相关文献记载，惠能去黄梅之前在曹溪修学时间是三年，而从黄梅得法回来在曹溪一带的时间是九个多月。

略有姑为尼，常诵《大涅槃经》。师暂听，即知妙义，遂为解说。尼乃执卷问字。师曰：‘字即不识，义即请问。’尼曰：‘字尚不识，曷能会义。’师曰：‘诸佛妙理，非关文字。’尼惊异之，遍告里中耆德云：‘此是有道之士，宜请供养。’有魏武侯玄孙曹叔良及居民，竞来瞻礼。时宝林古寺自隋末兵火已废，遂于故基重建梵宇，延师居之，俄成宝坊。师住九月余日，又为恶党寻逐。师乃遁于前山，被其纵火焚草木。师隐身挨入石中得免。石今有师趺坐膝痕。因名避难石。师忆五祖怀会止藏之嘱，遂行隐于二邑焉。”[①] 这一记载和惠能黄梅求法之前来曹溪宝林寺似乎有些雷同，其实还是有差别的。惠能到黄梅求法的前后，都在韶州曹溪停留过，只是时间的长短不一。黄梅求法之前，本不想在此长停，因为种种原因，却停留了三年。回来以后，本想通过这里建立的良好人脉关系居住下来，准备弘扬东山禅法，却一直被恶人寻逐，抢夺传法袈裟，导致自身命若悬丝，不能长期停留。惠能在黄梅得法之后，又回到了曹侯村，而且是在神不知鬼不觉的情况下悄悄回来的。这次到曹侯村，他的朋友儒士刘志略对他礼遇有加，惠能不再和他们一块在白天劳作，而是直接到宝林寺及无尽藏比丘尼那里为之讲解《大涅槃经》的经义。因为惠能见解独到，更加受到无尽藏尼的敬重，于是她遍告乡里的德高望重之人：惠能“是有道之士，宜请供养”，建议当地把在黄梅得法的惠能供养在寺庙中弘传禅法。曹侯村有一个曹操的后人叫曹叔良，带领居民纷纷来惠能这里瞻礼。惠能作为即将出家的行者，不会长久待在曹侯村，适宜的去处就是曹溪宝林寺。这时的宝林古寺，在隋末兵火之后，几乎已经废毁。上次惠能来时虽然经过修葺，但只是临时性地修修补补，勉强能让惠能和信众容身立足而已。自从惠能去了乐昌，再到黄梅，过了这么长时间，宝林寺的状况已经难以想象了。曹溪地方为了留住已经得法悟道的惠能大师，于是在宝林寺废毁的破庙故基上，再行规划，重建梵宇。经过一番紧张的施工营建，没多久，宝林寺就慢慢地有了模样，成了一个名副其实的弘扬禅法的宝林道场。惠能大师在这里住了九个多月，又出现恶党寻逐事件。这些恶人结伙为党，据说不仅有道内的人，也有道外之人，或者是官府人员，都有可能。因为当时的惠能虽然在黄梅得法，但仍然只是一个行者。他在禅宗界和韶州曹溪地方具

① （明）释太仓禅师刻本．六祖坛经·机缘品第七．韶关：曲江曹溪南华寺珍藏，2002.

有一定名气，如要公开传禅，势必吸引和聚集成百上千民众，自然会引来官府注意。再者，根据唐初的规定，隶籍寺门的和尚才有公开的传法权，尽管有了传法衣钵作为信物，这只是得到了禅宗内部的认可，并没有得到官府的批准。何况禅宗东山法门内部还有人不服气，甚至因嫉妒怨恨而追杀。难怪弘忍嘱咐惠能，要“怀止会藏”，三年内不要弘法。一来做继续修学准备，二来可以躲避官府。毕竟官府为了保证徭役赋税的正常开展，对于编民的搜检是不会松懈的。惠能作为下级流官后代，是没有不服徭役的特权的。惠能在寺庙中躲藏不住，逃到寺庙前边几里路之远的深山之中，还能被追逐者找到逃跑方位和范围，并且敢于放火烧山，显然不可小觑这些追逐者的实力。

惠能从黄梅回来以后，默认地方村民信众重建梵宇，应该是有在此长期弘法的想法。但这只是曹溪地方和惠能的一厢情愿，能不能得到佛教禅宗界和官府的认可，那是另外一回事。在久居宝林弘法的设想破灭以后，惠能才想起五祖大师怀止会藏、三年勿弘的教导，遗憾地离开了韶州曹溪宝林寺，到怀集、四会一带的深山老林中，过了一段真正的隐居生活。

关于六祖惠能的避难石，《曹溪通志》卷一“古迹”有如下记载：“在寺南五里，三石品列，其中独巨。师居宝林九月，忽然心动，预知恶党寻害，遁于前山。恶党果至，遂纵火焚草木，师隐身挨入石中得免。石色红紫，深二三尺，宛如一龛。旧经云，今有师趺坐膝痕及衣布之纹，故名。”① 韶关地区一带多红砂岩，属于喀斯特地貌区，丹霞山就是此类。石色红紫与放火烧山关系不大。旧时志书记载带有神话色彩是自然的。避难石石龛中的衣纹，其实就是石头间自然生长的夹纹，虽然可以想象成袈裟的衣纹，但也与惠能避难藏身没有关系。

不仅如此，“在寺西十里，有巨石卓起，高十数丈，其半有岩。《曹溪通志》：‘能禅师常隐居于此。’后僧即岩中祀师。父母提刑耿南仲大书‘招隐’二字刻于石，督学周公有诗。”② 也可以理解为惠能可能在黄梅得法以后，不止在一个地方隐居避难。

惠能离开宝林寺避难，是不得已而为之。他不得不混迹于猎人中，等待时机，再实现弘法愿望。惠能在黄梅得法后，过大庾岭到韶州曹侯村和宝林寺，是熟门熟路，也很想永久居留下来，只是解决不了恶人寻

①② （清）释真朴重修．曹溪通志（卷一）．杨权等点校．香港：梦梅馆，2008.

逐的问题。惠能避难多年（有说是十六年，有说六年，有说三五年），不仅是在四会和怀集，还包括韶州和新州。《历代法宝记》说，六祖惠能“在十七载中，或在新州，或在韶州，或隐于四会、怀集”。

六祖惠能既要避难，首先考虑的是安全。韶州曹溪有他的朋友和信众，自然会尽力保护他的安全，韶州曹溪一带应该是他的第一选择。但事实证明，曹溪宝林寺太显眼，离交通要冲韶州很近，还是会出现恶人寻逐的危险。他回到新州故乡，也更近情理。即便母亲不在人世，也有乡亲故旧不能释怀。但是，最安全的地方自然是四会和怀集的深山老林。

七、剃度后大力扩建宝林寺

南朝梁天监元年（502 年）韶州曹溪宝林寺兴建起来以后，几经兴废。到了唐初，宝林寺近于废毁。由于惠能的出现，宝林寺一再出现生机。只是因为惠能没有正式的和尚身份，情况特殊，兴盛时期持续不长。但是，正因为惠能的到来，曹溪宝林寺才得到一次重修、一次重建。宝林寺这两次修建，便有了香火兴盛的机缘与开端。真正使宝林寺兴盛的机会，还是惠能第三次到来之后。那就是惠能在广州法性寺（今光孝寺）剃度后，再次从南海回韶州曹溪。这一次，是宝林寺发展历史上真正意义上的大力扩建。

当惠能在四会、怀集等地避难隐居多年以后，终于有了一个机会。在听印宗法师讲解《涅槃经》时，他因参与风幡之论而得以显示六祖面目，并且在广州法性寺落发受戒。不久，印宗法师就向他提出了“久在何处住”的问题。惠能似乎胸有成竹，很干脆地答道：“韶州曲江县南五十里曹溪村故宝林寺。”①

第二年，惠能离开了广州法性寺，没有回他的家乡新州，而是直接到了韶州曲江宝林寺。“次年（676 年）春，师辞众，归宝林。印宗与缁白送者千余人直至曹溪。时荆州通应禅师与学者数百人，依师而住。师至曹溪宝林，睹堂宇湫隘，不足容众。欲广之，遂谒里人陈亚仙，曰：‘老僧欲就檀越求坐具地，得不？’仙曰：‘和尚坐具几许阔？’祖出坐具示之，亚仙唯然。祖以坐具一展，尽罩曹溪四境。四天王现身，坐镇四方。今寺境有天王岭，因兹而名。仙曰：‘知和尚

---

① 杨曾文校．敦煌新本六祖坛经．北京：宗教文化出版社，2011.

法力广大，但吾高祖坟墓并在此地，他日造塔，幸望存留。余愿尽舍，永为宝坊。然此地乃生龙白象来脉，只可平天，不可平地。’寺后营建，一依其言。师游境内山水胜处，辄憩止，遂成兰若一十三所。今曰花果院，隶籍寺门。”①

惠能真是与韶州曹溪有缘，黄梅求法往来都曾在曹溪停留，广州剃度以后又毅然回到了曹溪宝林寺。尤其是惠能去黄梅前后，之前停留曹溪是为了修学，之后停留是为弘法做准备。虽然无尽藏尼、曹叔良及村民都作出了努力，投入了极大热情，但是由于种种原因，当时都没能顺利地留下惠能。这在惠能看来，应该是很对不住曹溪村民和信众的。惠能经过多年的修行准备，出了家，受了戒，具有了弘传东山法门的资格，再也不用像原来那样东躲西藏了。惠能来曹溪的原因，或许是为了报答曹溪四众，或许是多年来和曹溪结的缘，或许是韶州曹溪所处的进退可据的优越地理位置，要么是曹溪宝林寺具备了禅宗丛林发展的诸多有利条件。尽管曹溪宝林寺和广州法性寺相比，没有弘扬禅法的宽广梵宇和道场，也还没有像法性寺那样地处城市通衢、人气鼎盛，几乎一切都必须白手起家，大部分事情都得从头开始，但是，惠能仍然选择了曹溪宝林寺。因为曹溪宝林寺也有它的诸多优势。它最早是由西国（印度）智药三藏选址并提议创建。智药大师自南海经曹溪口，掬水而饮，香美异常，于是对弟子说：“此水与西天之水无别，溪源上必有胜地，堪为兰若。”② 随流溯源直上，来到曹溪一带。他四顾山水回环，峰峦奇秀，乃叹了口气说：“宛如西天宝林山也。”智药大师又对曹侯村居民说：“可于此山建一梵刹。一百七十年后，当有无上法宝于此演化。得道者如林，宜号宝林。”③ 当时的韶州牧侯敬中表奏朝廷，得到了梁武帝的支持，题写了“宝林”二字作为匾额，终于在这里建成了一座梵宫。这事发生在天监三年（504 年）。这就是宝林寺的由来。

惠能下定决心来到宝林寺，自然面临诸多需要解决的困难和问题。宝林寺堂宇湫隘，不足容众，最迫切的问题是扩建和重建。要扩建和重建，又面临两个问题：一是宝林寺在兵荒马乱时寺庙被烧毁以后，寺庙的诸多地产已经改变了归属者，大都归了地方乡绅陈亚仙所有；二是重建兰若，必须有足够的钱财、物质。但这两个问题都被惠

①②③ 杨曾文校．敦煌新本六祖坛经．北京：宗教文化出版社，2011.

能解决了。

首先，宝林寺要解决地产恢复或回归问题。解决这个问题困难肯定大，但还非得解决不可。解决的办法自然是谈判，于是，惠能便直接找陈亚仙谈。由于流传下来的经典和历史文献记载得不太详细，只能知道惠能和陈亚仙谈判的结果和大概情况。具体细节只能根据当时的客观情况进行假想推理和判断。据新中国成立后曲江县南华禅寺重印的《南华小志》记载，六祖惠能得法南归，比丘尼无尽藏倡率居民信众重修宝林寺旧院以让六祖居住，但惠能避难于四会等地，直到他剃度后回到宝林寺，“寺地多为乡人陈亚仙所有。寺中堂宇湫隘，无以容众。六祖乃向陈亚仙乞地。亚仙感其诚，遂尽舍以为寺产。于是地方人士大发信心，施舍财帛，筑成兰若十三所，而以宝林为主刹”①。惠能和陈亚仙的谈判是成功的，既机智又灵活，既保住了陈亚仙的祖墓，宝林寺又得到了地产。惠能谈判的依据可能是他从无尽藏尼或宝林寺其他和尚处得来的原有寺产地图。图不展开，自然不会大于坐具，图一展开包含曹溪四境。至于四大天王现身和显灵，应该是后来者的附会和神化，不足为信。

至于宝林寺建成兰若十三所，其实只有十二所，加上宝林寺主刹才是十三所，总称为花果院。惠能走遍境内山水风景极佳之处，再将那些合适的地方选定为新的禅寺基址。通过逐步努力，在宝林寺周边一带建立了名为花果院的十二所兰若。这十二所兰若包括：①兴云寺，居库前；②资圣寺，居石宝坪；③当林寺，居曹岗；④宝兴寺，居演山显村；⑤高泉寺，居潭溪；⑥望云寺，居木坪；⑦崇云寺，居杨梅田头山；⑧灵山寺，居双石头尾，即虎榜山水口；⑨厚峰寺，居谭田头，即高陂角；⑩郁林寺，居其田；⑪东林寺，居苍村；⑫深峰寺，居社溪。隶籍寺门的这些寺每年要向上院纳香米120石。② 而这十三所兰若，到唐朝以后，除了宝林寺（宋改为南华寺），其他都被毁弃了。

不仅如此，宝林寺大力扩建以后，惠能不忘旧恩，在卓锡泉（即九龙泉）右边专门建了一处庵宇，供无尽藏师姑居住修行。通过这次对宝林寺的大力扩建，惠能就在韶州曹溪弘扬东山法门。惠能以宝林寺弘法为主，同时再到其他兰若居留，处处讲经弘法。通过惠能对曹

---

① 南华禅寺．南华小志．1992.

② （清）释真朴重修．曹溪通志（卷一）．杨权等点校．香港：梦梅馆，2008.

溪宝林寺的大力扩建和重建及禅宗资源的整合，周边的佛教别院和茅棚也都归属到宝林寺门下。宝林寺通过惠能的住持和经营，进入鼎盛时期。

那么，惠能扩建宝林寺和重建禅林梵宇，经费来自何处呢？主要是靠地方人士大发信心，施舍财帛。陈亚仙就是一个对宝林寺有着特殊贡献的著名乡绅。旧本《曹溪通志》上还专门刊登了一幅《舍山檀越陈亚仙像》，落款是："东莞沙门超彦绘刊大小曹溪图以酬夙愿谨识。"① 可见，宝林寺对于陈亚仙的舍山捐助也是念念不忘的，并给予其足够的重视和地位。后来，宝林寺在扩建和重建过程中，也尊重了陈亚仙的意见，保留了他的祖墓碑文。至今，陈亚仙祖墓的墓碑还镶嵌在六祖灵照塔北面中间的墙壁上。其实，惠能作为刚刚出家受戒的和尚，自身一穷二白，他要白手起家建造传禅兰若和宝林道场，除了得到官府支持之外，主要就是依靠地方人民和信众。在惠能刚刚剃度来到曹溪之初，他就和韶州地方官韦璩建立了良好关系。韦璩带领韶州地方官员进山礼请惠能大师到韶州城中大梵寺开坛说法，开法讲经由地方长官主持，场面宏大，接连数日，请教解惑，还办大会斋，并且坚持挽留惠能在大梵寺住持弘法。惠能最终没有答应韦璩的挽留，还是回到了宝林寺。在韶州城开缘说法期间的大会斋，就是以韶州府衙出面为惠能举办的斋会，请了不少客人，包括韶州衙门大小官员、儒宗学士、地方名流、八方信众，人员成千上万，大大扩大了禅宗在韶州的影响，为东山法门在岭南的弘扬开启了一个良好的端绪。斋会声势浩大，吃斋饭是表面现象，为宝林寺捐助才是它的重要作用。

惠能选择在韶州曹溪宝林山弘扬东山法门，具有重要的原因和深远的意义。惠能出生的新州，是广东又一个佛教盛行、寺院众多的地区；他得到禅法真传于黄梅，那里有著名的五祖弘忍大师；他又剃度出家受戒于广州法性寺（光孝寺），这里不仅是通都大邑，又是岭南的一个政治、经济、文化中心，而且也有众多禅法寺院和道场。可是惠能没有为报恩而回到家乡新州，也没有留在黄梅继续弘法修行，更没有留在广州弘法，而是选择了条件艰苦的粤北韶州曹溪宝林寺，作为他永久弘法之地。他在广州出家受戒后，一直到七十六岁圆寂，一

① （清）释真朴重修．曹溪通志（卷一）．杨权等点校．香港：梦梅馆，2008.

生在韶州四十多年（见印顺《中国禅宗史》）。而且惠能选择在韶州弘法应该是主动的，不是被动的。这个中原因，早已引起禅学者的注意。

著名禅学家印顺认为："惠能没有去黄梅时，曾经在曹溪小住。从黄梅回来，到过曹溪。《略序》曰'归宝林'，也有到过曹溪的意思。从广州经大庾岭而到黄梅，一定要经过韶州。惠能在经过时，可能在韶州小住，有多（不）少相识的人。过去，'虽犹为恶人寻逐'，不能安定下来。现在出了家，受了具足戒，在广州受到缁素的崇敬，曹溪僧众也就表示欢迎了。这应该是惠能回曹溪的原因。"① 印顺大师的说法自然很有道理，但仍意犹未尽。他主要是从人际关系方面（缘）来考虑的，只是主观方面的原因。惠能选择韶州弘法的原因应该是多方面的。惠能黄梅求法，在那里只待了八个月。来往路过韶州，有的说在韶州"修道经三年"（见杨曾文校《曹溪大师传》），又有说惠能从黄梅南归，在韶州曹溪一带（包括招隐寺）隐藏，遭恶人寻逐，时间都比在黄梅长，有"九月余"②，叫"小住"不妥。笔者认为，惠能选择韶州曹溪宝林寺弘法，具有以下多方面的原因：①韶州是岭南佛教传播的重镇。初唐时岭南的韶州地区已是寺院林立、高僧云集、信徒众多。尤其是宝林寺历史悠久，名闻岭南，这一带具有良好的佛教群众基础。②曹溪宝林寺具有优美的地理环境。宝林寺北靠宝林山，南面曹溪水，群山环抱，景色优雅，是一块真正的风水宝地。它与韶州和曲江城若即若离，不远不近。禅宗具有关注民众、农禅并举的山区丛林特色，宝林寺远离尘嚣，又不太过偏僻，是南宗禅发展的最佳地域选择。③韶州具有惠能的诸多人脉关系和信众。如刘志略、无尽藏尼、曹叔良、韶州刺史韦璩等。④韶州具有相对便捷的交通条件。五祖传法给惠能，具有关系禅宗发展全局的长远考虑。因此，惠能弘禅的基地选在韶州最为有利。宝林山既远离尘嚣，又处于南北交通的要冲。既不像广州，属于闹市通衢；也不像新州，太过偏僻。⑤韶州具有禅宗向南北发展的战略地位。韶州进退可据，具有把东山法门和南禅向全国发展弘扬的优越位置。

惠能把韶州确立为禅宗的弘法基地，进可以越过南岭，到达长江流域和中原地带；退可以据守岭南，拟或远化海外。韶州的重要战略

---

① 印顺．中国禅宗史．南昌：江西人民出版社，2007.

② （明）释太仓禅师刻本．六祖坛经·机缘品第七．韶关：曲江曹溪南华寺珍藏，2002.

地位，对禅宗思想的弘扬与传播大有意义。

总之，五祖弘忍慧眼识惠能，有意识地选他作为禅宗在岭南的传承代表。惠能选择曹溪宝林寺作为南禅弘扬基地，得以远离尘嚣，避免了政治权力的过多影响和羁系。惠能确实不负重托，依托岭南，植根曹溪，通过数十年的不懈努力，终于为南派禅宗打下了雄厚的基础。又经过众多弟子的艰苦努力，终于使南禅越过南岭，传播到中原大地。《六祖坛经》（以下简称《坛经》）的横空出世和六祖地位的奠定也就顺理成章了。

八、大梵寺开缘说法

六祖惠能在黄梅得法、广州剃度以后，毅然回到韶州弘法。惠能以后，禅宗一系的传承不再是靠衣钵一脉单传，而是“多头并弘”。惠能在韶州数十年，为禅宗的发展贡献巨大，被认为是中国南禅宗的实际创始人。惠能成为六祖，不仅是依靠五祖弘忍的传授衣钵和传心秘诀，还和他在韶州长期弘法并演绎《坛经》关系重大。后来的南派禅宗，自然离不开六祖惠能，但更离不开《坛经》。惠能剃度出家受戒回到韶州以后，做的重要事情很多。诸如扩大宝林寺地产，复兴禅宗道场，肇建兰若十三所等。还有一件事也很重要，就是应韶州刺史韦璩之邀，到韶州城中大梵寺（位于今韶关市西河，即武江河之西）开缘说法。所讲演内容由曲江弟子法海记录并流传了下来，逐步演变成禅宗的传宗法宝，即后来的《坛经》。到了宋代，因为韶州西河经常遭遇洪水，郡人便在武江以东的韶州城区新建了大鉴寺（位于今韶关市区步行街南头向东兴隆街，今俗称冬菇街）。现在有不少人误认为大鉴寺就是六祖演绎《坛经》之地。依据《韶州府志》和《曲江县志》进行考证可知，《坛经》的演绎之地主要是在武江西的大梵寺，而不是在武江东的大鉴寺。

惠能到韶州城内大梵寺开坛说法，它的缘起是韶州刺史韦璩。韦璩素仰惠能德望，惠能在广州剃度之际，就向惠能发出邀请，请他到韶州大梵寺主持法席，讲经说法。“上元中，正演畅宗风，忽惨然不悦。大众问曰：胡无情绪耶？曰：迁流不息，生灭无常，吾师今归寂矣。凶赴至而信。乃移住宝林寺焉。时刺史韦据（璩）命出大梵寺，

苦辞，入双峰曹侯溪矣。”① 上元是唐高宗李治的年号，共三年。紧接着是仪凤年，是在惠能出家之前。惠能得法以后，不忘祖师，得到自己的传法祖师弘忍圆寂的消息，哀伤自然溢于面上。到了韶州，刺史韦璩请他到城中大梵寺，不仅是简单地讲经说法，还要挽留他在大梵寺做住持 。经过“苦辞”，惠能才得以回到宝林寺。

敦煌新本（也称敦煌博物馆本、敦博本）《坛经》开头就说：“惠能大师于大梵寺讲堂中，升高座，说摩诃般若波罗蜜法，授无相戒。其时座下僧尼道俗一万余人，韶州刺史韦璩及诸官僚三十余人、儒士三十余人，同请大师说摩诃般若波罗蜜法。刺史遂令门人僧法海集记，流行后代及学道者，承此宗旨，递相传授，有所依约，以为秉承，说此《坛经》。”② 明泰仓本《六祖大师法宝坛经》说：“时大师至宝林，韶州韦刺史名璩与官僚入山，请师出于城中大梵寺讲堂为众开缘说法。师升座次，刺史官僚三十余人，儒宗学士三十余人，僧尼道俗一千余人，同时作礼，愿闻法要。”③ 大梵寺讲堂开缘说法听讲的人数，不同版本的记载虽有不同，但主要史实却是相同的。刺史韦璩对惠能大师十分尊重，带领韶州府官员亲自进山邀请他到大梵寺开缘说法。开缘说法不是一般的传法，而是公开地说法传禅，这些说法内容由弟子法海记录了下来。大范围的说法，人数会多。小范围的说法，有请教、问疑，人数会少一些。在大梵寺对僧俗弟子徒众的公开说法、传禅、授戒等，构成了《坛经》的重要部分，也是《坛经》的中心内容，是《坛经》的主体。一般认为，《坛经》主要由三部分组成：一是惠能对僧俗徒众的公开说法、传禅、授戒等，即于大梵寺登坛“说摩诃般若波罗蜜，授无相戒”部分；二是生平简历部分；三是惠能与弟子间的问答（教示机缘），惠能临终嘱咐及有关《坛经》编传部分。④第一部分是《坛经》的中心内容，是全书的主体。敦煌本《坛经》第一部分约占全书的48%。第二、三部分是附属部分。第二部分约占全书的9%，和第一部分同时形成。第三部分约占37%，形成较晚。第二、三部分后来变化很大，不断增加相关内容。如此看来，《坛经》的主体和中心内容是在大梵寺形成的，并加上生平简历。这

① （宋）赞宁．宋高僧传（卷八“惠能传”）．北京：中华书局，1987.

②④ 杨曾文校．敦煌新本六祖坛经．北京：宗教文化出版社，2011.

③ （明）释太仓禅师刻本．六祖坛经·自序品第一．韶关：曲江曹溪南华寺珍藏，2002.

已经占了敦煌本《坛经》一大半的内容。说《坛经》是后来神会创作，或者说是惠能临终前带领弟子在新州演绎创作，都不可信。有的国外学者，甚至国内学者，不详察历史事实，把大梵寺和大鉴寺混为一谈，在各种场合、图书、期刊中，大谈惠能在大鉴寺开缘说法，演绎《坛经》。其实，大鉴寺与惠能演绎（或讲说）《坛经》根本就没有一点关系。惠能讲说《坛经》是在唐朝韶州西河（武江西）的大梵寺，而大鉴寺是建于南宋绍定（1228—1233年）年间韶州府治之南武江之东兴贤坊的一座新的禅宗道场。如今韶关西河武江西岸的光孝路一带，应该就是大梵寺的旧址。而大鉴寺，是在武江之东、浈江之西，在宋代韶州府治之南的兴贤坊。宋绍定间转运使石不矜修建大鉴寺，只是为了弘扬禅法，塑惠能像以为号召，并不是把河西的大梵寺搬迁到府治之南武江之东。韶州河西的大梵寺，几经易名、演变，改称过开元寺、崇宁寺、报恩光孝寺，但从没有改称过大鉴寺。到明清时期的韶州、曲江地方志书，在“寺观”或“名胜”的条目下，基本上都有报恩光孝寺（大梵寺名称的演变）和大鉴寺的记载。这说明，在宋朝以后，有很长一段时期，大梵寺和大鉴寺是并存的。①

明朝刘应期的《重建报恩光孝寺记》叙述了光孝寺重建的情况：“予尝览往故寺宇之兴衰，有数而所关且巨。光孝古寺，比郡瞰河，肇于唐开元。仪凤间，郡守韦公请六祖说《坛经》于此。道场始开，历数百年，沿革不一。宋绍兴中得赐额曰报恩光孝寺，其场再振。今据（距）宋又数百年，断墙残草，殊非旧观。郡侯陈公命僧疏劝增修，恢复仪凤、绍兴之世。界由仪凤至今，兴隆者三世，次相去久，近如有期者。群僧承命欢呼，上民喁喁。心计曰俗，谓修寺储诞，岂知其兴衰有关于时哉！”②

刘应期撰此碑记是明朝的事。此后，在明清两朝，地方志记载韶州城曾并存过两个佛寺：一个是报恩光孝寺，也称大梵寺，曾经称为开元寺，又改称崇宁寺，就是唐代韶州刺史韦璩请惠能说《坛经》的地方。期间遭遇江水泛滥，被水淹毁，得到多次重修。另一个佛寺是大鉴寺，是南宋后建的。它不是大梵寺的改建和搬迁，只是因为地方崇拜惠能，用大鉴禅师的名义，另起炉灶重新建造的一个禅宗道场。

① 广东历代方志集成·韶州府卷．广州：岭南美术出版社，2008.
② 康熙《曲江县志》（卷二“揽胜·寺观”）.

同治本《韶州府志》卷二十六“寺观”之下，在记载了报恩光孝寺之后，还记载了大鉴寺：“大鉴寺在府治南兴贤坊。宋绍定间转运使石不矜建，提点刑狱郑林记。明洪武间修，嘉靖十八年重建。国朝康熙十二年知府马元重修。（旧志）寺有宋元丰三年宝钟。款赣州王纯舍充供养。”接着，又著录了《明符锡重修大鉴寺疏》，该疏不外是述说重修大鉴寺的重要性，其中写道：“大鉴寺者，韶阳古刹也。肇自宋中，盛于明季。卢居士曾遗只履用启佳名，石大夫初辟精庐。几经再造，良以真源。随注掘井得泉，遂令慧业增新。披雾就日，灰平浩劫。独留晴雪洒长松，缘广传灯屡听修风清。”① 可见，大鉴寺的建造是借惠能名义以“用启佳名”罢了。唐朝惠能的足迹不可能踏进他圆寂后五百年才建的大鉴寺。“大鉴禅师”是唐宪宗元和十年（815年）在惠能圆寂百年以后追褒赐予的谥号。宋代韶州人借用了“大鉴禅师”这个名号在另外一个地方新建了一个寺庙，后人自然不能望文生义、触景生情，见有“大鉴”就浮想联翩，进而把大鉴寺混同为大梵寺，当作惠能升高座讲《坛经》的地方。在惠能去世后，以他名义在韶州新建的寺庙有很多，不能一见六祖寺庙，就把它说成是惠能最初演绎《坛经》的地方。只有宝林寺（今曲江曹溪南华寺），是惠能大梵寺讲经回来后和弟子答疑问对、进行机缘开示的地方，很多相关内容后来都被写进了《坛经》。

九、曹溪弘法

韶州刺史韦璩礼请惠能到大梵寺升座开缘说法，一连数日，又是答疑解惑，又是大聚会斋，既密切了禅宗和官府的关系，又教化了民众。韦璩出于对惠能的崇敬，想让他留在大梵寺主持法席，但惠能还是经过“苦辞”，回到了宝林寺，在曹溪一带持续弘法数十年。惠能具体的弘法轨迹和内容，由于文字记载的缺失，已经难以查考，但他在曹溪弘法的重要内容在流传下来的《坛经》中也有所反映。曹溪说法：一是对周边僧俗信众的共同说法，如说般若波罗蜜法、顿教法门、坐禅、定慧关系、西方净土及授无相归依三身佛戒、发四弘誓愿、说无相忏悔、授无相三皈依戒、说无相灭罪颂、无相颂等。二是对周围弟子的说法，带有针对性，或者说是因材施教，如对志诚说戒、定、

① 广东历代方志集成·韶州府卷．广州：岭南美术出版社，2008.

慧，对法达讲述《法华经》要义，对智常讲四乘法义，对神会讲佛性，对十弟子讲三科法门三十六对，临终前授真假动静偈、真佛解脱偈、自性真佛解脱颂及付法嘱托等。[①] 还有关于二十年后有人“定佛教是非，竖立宗旨”，五祖传衣付法颂，惠能二颂，历代祖师（从七佛、迦叶至惠能为四十代），逝后奇瑞，《坛经》传承等。这些属于《坛经》第三部分的内容，杨曾文等先生已经做了较为细致的研究，在此不再赘述。但惠能在曹溪弘法期间，有一个“竟不奉诏”问题，有进一步探讨的必要。

惠能在韶州曹溪期间，大力弘扬东山法门，倡导顿教，门下信众骤然增多，影响迅速扩大。武则天、唐中宗等都曾敕书征召惠能到京城供养，但他都以老疾相辞，“竟不奉诏”，最终没有听从皇帝的诏请。对于“竟不奉诏”，自20世纪二三十年代开始有学者对这一史实产生怀疑，后来一直争论不断。

（一）皇帝征召惠能的真实性

历史文献对皇帝诏请惠能进京供养之事记载很多。唐代王维《六祖能禅师碑铭》中记载说：“则天太后、孝和皇帝并敕书劝谕，征赴京城。禅师子牟之心，敢忘凤阙；远公之足，不过虎溪。固以此辞，竟不奉诏。遂送百衲袈裟及钱帛等供养。”[②] 这次“竟不奉诏”的理由，是“禅师子牟之心，敢忘凤阙；远公之足，不过虎溪”。

《曹溪大师传》中说：“至神龙元年正月十五，敕迎大师入内。表辞不去。”[③] 这次是派中使薛简带着唐中宗[④]的敕书，认为惠能“禀承有依，可往京城施化，缁俗归依，天人瞻仰”。但是，惠能推辞了，他还上了一个《韶州曹溪山释迦惠能辞疾表》（以下简称《辞疾表》），申明理由：“惠能生自偏方，幼而慕道，叨为忍大师嘱咐如来心印，传西国衣钵，授东土佛心。奉天恩遣中使薛简，召能入内。惠能久处山林，年迈风疾。陛下德包物外，道贯万民，育养苍生，仁慈黎庶，旨弘大教，钦崇释门。恕惠能居山养疾，修持道业，上答皇恩，

---

① 杨曾文校．敦煌新本六祖坛经（附编二）．北京：宗教文化出版社，2011.

② 全唐文（第三二七卷）；王右丞集（第二十五卷）．

③ 杨曾文校．曹溪大师传．林有能主编．六祖惠能思想研究．香港：香港出版社，2007.

④ 原文为唐高宗。杨曾文先生考证指出：神龙元年不可能是高宗，而是中宗，因是武则天和唐中宗的权力交接期间，故如此。

下及诸王太子。谨奉表。释迦惠能顿首顿首。”① 惠能《辞疾表》中“不奉诏”的主要理由是“久处山林，年迈风疾”。

柳宗元《赐谥大鉴禅师碑》说：“大鉴始以能劳苦服役，一听其言，言希以究，师用感动……中宗闻名，使幸臣再征，不能致，取其言以为心术。其说具在，今布天下，凡言禅皆本曹溪。”② 柳宗元只是说唐中宗一再征召惠能到京城供养，惠能都没有去，并没有说具体的原因。

明正统本《六祖大师法宝坛经》的“征诏第八”云：“则天、中宗诏曰：‘朕请安、秀二师宫中供养，万机之暇，每究一乘。’二师推让云：‘南方有能禅师，密受忍大师衣法，传佛心印，可请彼问。今遣内侍薛简，驰诏迎请，愿师慈念，速赴上京。师上表辞疾，愿终林麓。’”③ 诸本《坛经》，对皇帝征召六祖惠能到宫中供养，都有内容类似但时间和表达方式不一的记述。如有的在《坛经》中记为“征诏品”，有的记为“唐朝征诏第八”，有的记为“护法品第九”等。

对于唐中宗一再征召惠能到京城施化的真实性，在20世纪二三十年代，胡适先生认为唐中宗征召惠能的诏书“是伪造的诏书”④，主要理由是唐中宗诏书不见于《唐大诏令集》，也不见于当时保存的两个最古本的《六祖坛经》，只见于后来经过增删的《六祖坛经》。到了21世纪初，杜继文先生等在《中国禅宗通史》中也说：“唐王朝是否征召过惠能，是个悬案。史中所附敕文之鄙粗，所记历史之错乱，只能是出自某个半通文墨者的伪造。后来好事者的精加工，补救了它们的缺陷，愈显其伪。”⑤

杨曾文先生经过考证认为，王维的《六祖能禅师碑铭》（以下简称王维《碑铭》）早于《曹溪大师传》三四十年，而柳宗元的《赐谥大鉴禅师碑》又比《曹溪大师传》晚三十多年，⑥ 因此对于皇帝征召

① 杨曾文校．曹溪大师传．林有能主编．六祖惠能思想研究．香港：香港出版社，2007.

② 钱育渝．原禅．贵阳：贵州人民出版社，2001；释妙峰．曹溪：禅研究．北京：中国社会科学出版社，2002.

③ 广东省佛教协会编．六祖坛经集成．六祖大师法宝坛经，2012；六祖大师法宝坛经（曹溪原本）．

④ 胡适．坛经考之一．近现代著名学者佛学文集·胡适集．北京：中国社会科学出版社，1995.

⑤ 杜继文，魏道儒．中国禅宗通史．南京：江苏人民出版社，2008.

⑥ 杨曾文校．曹溪大师传．林有能主编．六祖惠能思想研究．香港：香港出版社，2007.

惠能的事实存在和意义做了充分肯定。

上述三种文献都是记载唐朝皇帝征诏惠能赴京施化之事的重要文献，都是完成于唐朝。王维和柳宗元都是当时颇具名声、地位的文人学者，不至于违犯唐朝“诈为制书”（见《唐律疏议》卷二十五）律条，去编造皇帝征召惠能的事实，冒获被绞死重罪的危险。这些文字有的是镌刻在石碑上，要长久公之于众的。“陋僧”再无知，也知道保全自己的性命，不会明目张胆地去伪造诏书文字，伪造一本《曹溪大师传》的小册子，给自身和禅门带来祸患。

胡适证伪武则天、唐中宗征召惠能京城施化诏书的一个重要证据，是说这些诏书不载于《唐大诏令集》中。《唐大诏令集》确实是用皇帝口气发布的官方文书的汇编，而实际上大都是臣僚执笔的职务作品，它有多方面的缺失。一是《唐大诏令集》的现存各本，都不是编纂者完成时的原貌，全书缺了23卷，即缺少了第十四至二十四卷，第八十七至九十八卷。二是编纂者宋绶及其子宋敏求在编纂过程中也多有疏失和遗漏。《唐大诏令集》的初始内容是宋绶收集的，当时他没来得及将其编纂成书就去世了，其子宋敏求后来才把收藏多年的旧稿拿出来编辑。宋敏求完成书稿的时间离他父亲宋绶离世已有30年。这样，宋氏父子从收集到完成《唐大诏令集》的时间，离武则天诏请惠能至少有三百年。时间的久远，必然会有文献散落缺失的可能。三是诏令由文人学士代笔，多有曲笔回护问题，内容的缺失和不完整是必然的。不能说《唐大诏令集》没有记载的诏令，就不是事实，就是伪造的东西。后人对《唐大诏令集》作过补充和再补充。如李希泌等于2003年12月在上海古籍出版社出版了《唐大诏令集补编》，它比《唐大诏令集》的1 688条多出了四千余条。《唐大诏令集补编》卷三十著录一条《遣送六祖衣钵谕刺史杨瑊勅》：“朕梦感禅师请传法袈裟却归曹溪，今遣镇国大将军刘崇景顶戴而送。朕谓之国宝，卿可于本寺如法安置，专令僧众亲承宗旨者，严加守护，勿令遗坠。”① 这条摘自《全唐文》第五十七卷的代宗朝颁布的敕书，离惠能圆寂仅50年。唐代宗迎送六祖传法袈裟敕书的真实性应该是没有疑问的。这样，同样收入《全唐文》的武则天、唐中宗征召惠能诏书应该也是真实的。至今，韶关南华寺仍藏有武则天圣旨一件。武则天圣旨文字也见诸清

① 李希泌主编．唐大诏令集补编（卷三十）．上海：上海古籍出版社，2003.

释真朴重修的《曹溪通志》①。

韩升、张达志等学者认为，唐朝的诏令收集，仅有《唐大诏令集》和《唐大诏令集补编》还不够，还需要补订。在前人的基础上，他们完成了《唐大诏令集补订》，在上述二书的基础上，增补了唐代诏令一百多条。

根据王维、柳宗元碑文，《全唐文》，《唐大诏令集补编》及《曹溪大师别传》的记载，可以肯定地说：武则天、唐中宗征召惠能京城施化诏书是存在的。根据唐朝皇帝在两京供养神秀、慧安、神会等禅宗大师的先例和史实，也可以推定武则天、唐中宗征召惠能京城施化之事是符合逻辑的历史事实。

有了这一逻辑推理，我们就有理由和必要对后面发生的“竟不奉诏”的原因作进一步深入的探讨。

（二）惠能“竟不奉诏”的原因

惠能多次受到皇帝诏请，确实“竟不奉诏”，拒绝赴京城施化。至于“竟不奉诏”的原因，主要有两种情况：

一是以王维《六祖能禅师碑铭》所言“禅师子牟之心，敢忘凤阙；远公之足，不过虎溪”为代表，“竟不奉诏”包含了保持禅宗祖师传统的目的。

二是《曹溪大师传》中说的“表辞不去”。中使薛简带着皇帝的敕书请他赴京，他上了一个《辞疾表》：“惠能久处山林，年迈风疾。”② 这是惠能“不奉诏”的明确表白的理由。后来的诸本《坛经》(宋明）也都依前所述，“上表辞疾”，“竟不奉诏”。

惠能“竟不奉诏”的原因，王维说对了，但不完全，也不明确；《曹溪大师传》中的“上表辞疾”，也是不奉诏的理由，但也不完全。惠能“竟不奉诏”的主要原因应该从以下几个方面来认识：

1. 坚决继承禅宗祖师不奉诏、不当国师的传统

佛教在封建时代，离不开最高统治者的支持。前朝释道安就说，不依国主，则法事难立。但是，惠能作为岭南的禅宗祖师，既不能数典忘祖，又不敢得罪皇帝。如果不奉诏，是有风险的。作为流官后裔

---

① （清）释真朴重修．岭南名寺志（之七）．曹溪通志．杨权等点校．香港：梦梅馆，2008.

② 杨曾文校．曹溪大师传．林有能主编．六祖惠能思想研究．香港：香港出版社，2007.

的惠能，对此不会不顾忌。王维在《六祖能禅师碑铭》中所表述的惠能“竟不奉诏”的缘由“禅师子牟之心，敢忘凤阙；远公之足，不过虎溪”是准确的，符合惠能的实际。惠能对于皇帝的征召，虽然感到无法从命，但也要说些感恩戴德的话，再找个理由来拒绝。王维引用了《庄子》中的一个故事：“中山公子牟谓瞻子曰：身在江湖之上，心居乎魏阙之下。”比喻惠能也像中山公子牟对瞻子说的那样：“我虽身居江湖之上，心思却时常留在宫廷里。”不仅如此，他还借晋代僧人惠远居住庐山东林寺送客不过溪的自我约定，作为惠能不奉诏赴京的历史依据：惠远与陶渊明、道士陆静修边走边聊，不知不觉过了虎溪，山上老虎见状骤然吼鸣，三人只好大笑而别。惠能不下山应诏赴京，坚持以上两个理由，是可以应付得过去的。第一个理由是感恩朝廷，虽然不奉诏，但仍然心系宫阙；第二个理由，远足不出山是佛家既有的先例。

惠能不奉诏还有一个原因，就是禅宗祖师具有“不奉诏”的传统。四祖道信就是一位多次不奉诏的禅宗祖师。唐朝贞观年间，太宗皇帝由于仰慕四祖道信的道风，很想一睹他的风采，于是下诏邀请。殊不知道信拒不奉诏。一次下诏不来，便再次诏请，结果四祖还是推辞不来。太宗也很执着，于是就三次、四次下诏。最后一次下诏时，太宗为了逼四祖下山进京，还特别交代使者说：如果人不来，就把他的头取来。使者上了山，宣读了诏书，四祖不仅“竟不奉诏”，而且还神色不变地伸出脖颈，让使者割了他的头带到京城给皇帝复命。使者非常惊讶，也不敢动手，只得回去报告了皇帝。唐高宗也曾下诏请五祖弘忍进京，他同样也不奉诏。道信和弘忍，都有敕命入宫，又都有拒绝入宫的经历。惠能作为传宗大师，对于前代祖师之行事传统，自然要景行唯谨。

《曹溪大师传》记载了弘忍传衣法给惠能后到了九江驿的一段告诫：“后有邪法竞兴，亲附国王大臣，蔽我正法。汝可好去。”① 可见，祖师把亲附国王大臣的行为看成了歪门邪道。惠能对于弘忍的临别嘱咐，无论如何是不会忘怀的。神秀、慧安在京城成为僧首，受到了朝廷和大臣的崇拜，他“竟不奉诏”也就合情合理了。但这个原因，惠能又不能作为不奉诏的理由表达出来。惠能为了继承禅宗祖师传统，

---

① 杨曾文校．敦煌新本六祖坛经．北京：宗教文化出版社，2011.

为了护法，只能托病相拒。所以，后来的《坛经》就干脆把惠能的不奉诏当作护法来看待。传承统续和护持正法就是惠能“竟不奉诏”的一个主要原因。

2. 惠能以老疾相辞“竟不奉诏”，其实别有隐衷

朝廷对惠能的征召，事实上也不止一次。第一次惠能找理由推辞掉了，没有奉诏进京。假如第二次还以老疾为由，效果就不好了。但是，惠能既要坚持祖师不奉诏的传统，又不能得罪皇帝，这就需要拿出智慧来处理这个问题。

皇帝第一次遣使征召惠能赴京未成，又下了第二次诏书。皇帝征召惠能和神秀有关。“神龙元年上元日，则天中宗诏云：‘朕请安秀二师，宫中供养，万几之暇，每究一乘。二师推让云：南方有能禅师，密受忍大师衣法，传佛心印，可请彼问。今遣内侍薛简，驰诏迎请。愿师慈念，速赴上京。’师上表辞疾，愿终林麓。”① 《曹溪大师传》记述得更加详细。慧安和神秀贵为国师，接受了朝廷供养。惠能和神秀同出弘忍门下，神秀一再向皇帝推荐惠能来京施化，还亲自写信邀请。但是，惠能要继承先祖传统，坚持不奉诏赴京，又不能因此得罪朝廷，确实比较为难。对于朝廷，惠能说了一些冠冕堂皇感谢恩宠的话，不让皇帝怪罪；同时还通过使臣，说出自己的隐衷，让使臣和神秀予以理解。

惠能《辞疾表》说自己“年迈风疾”，不能奉诏赴京。当时惠能六十多岁，确实是到了好生毛病的老年。但惠能和神秀相比，又小了许多。惠能是否真患有风疾，自然无法查考。但惠能确实是托病不赴京城的，而且有诸多原因和隐衷。

一是惠能顾虑“吾形不扬，北土之人见斯短陋，或不重法”。惠能在《辞疾表》中说的是给皇帝看的冠冕堂皇的表面文字，他私下对使臣说的话，才是“竟不奉诏”的真实原因和理由。《唐荆州当阳山度门寺神秀传》说：“禅师身长八尺，庬眉秀目威德巍巍，王霸之器也。初，秀同学能禅师与之德行相埒，互得发扬无私于道也。尝奏天后请追能赴都，能恳而固辞。秀又自作尺牍序帝意征之，终不能起。谓使者曰：‘吾形不扬，北土之人见斯短陋，或不重法。’”② 惠能一边

① 法海编集，憨山大师勘校．六祖法宝坛经·护法品第九．

② （宋）赞宁．宋高僧传（卷八）．北京：中华书局，1987.

通过使臣呈递辞表文书；同时，还私下向使臣说了在辞表中不便说的话。"吾形不扬，北土之人见斯短陋，或不重法"，应该是惠能"竟不奉诏"的直接原因。惠能生长在岭南，黄梅求法时就被视为"獦獠"。这种阴影长久不能消除。惠能担心北方人见了自己这个形貌短陋的禅师，恐怕连带他的南宗禅法也不被看重。何况，在北方两京，皇帝已经召集了不少诸山长老高僧大德，在内道场供养。慧安、神秀已经捷足先登、先入为主，成为两京道场的首领，被称为两京法主，三帝国师。虽然神秀很真诚地亲自书写信函邀请惠能赴京，惠能始终坚信自己的事业在岭南。

二是惠能要遵守"先师记，吾以岭南有缘，且不可违"的弘法原则。惠能生长在岭南新州，在湖北黄梅得法，在广州剃度，却终生弘法于曹溪，严格地把握了禅宗的丛林发展特点。尤其是在数十年的弘法过程中，坚持足不过武溪①。可见，惠能当时坚持禅宗先祖"不奉诏"的传统，主要是为了保持禅宗的丛林特色和农禅并举的宗风。惠能不去京城，主要还是他坚信自己的事业与"岭南有缘"。

在朝廷下诏征召惠能赴京供养时，惠能呈递了辞表，在向使臣说了一番"吾形不扬，北土之人见斯短陋，或不重法"的话之后，接着他还说了一句："又先师记，吾以岭南有缘，且不可违也。"② "记"在佛教语言中，是佛祖对弟子或发愿心修行的人的预言，所针对的对象是成果、做佛之事。"记"在佛教中很是讲究和受重视的。特别是"玄记"（也称悬记），是指佛祖遥记修行者未来证果、成佛的预言。

惠能之缘不在北方而在岭南，既是他自己的体认，也是客观存在。可以从两个方面来看，一方面惠能生长在岭南新州，除了黄梅求法时到了湖北五祖弘忍处，修习了八个月的时间，其后一生都是在岭南度过，终老于林麓，足不过武溪。他七十六岁圆寂，除了青少年时期在家乡，再加上避难隐居和剃度出家，活动在新州（今新兴县）、怀集、四会、广州等地的时间不到一半，而大部分时间是在韶州曹溪宝林寺

① （清）马元纂修．康熙韶州府志（卷七"名胜志"）．广东历代方志集成．广州：岭南美术出版社，2008. 武溪在韶关（古代称韶州、韶阳）城西，也叫西河或武江。惠能曾在西河（韶州城西）大梵寺讲说《坛经》。其后，就回到了韶州城东南数十里的曹溪山宝林寺，营建兰若十三所，曾住下院广果寺。除了回家乡新州，向北不再远行，人称足不过武溪，就是向北脚步没有超过武江。

② （宋）赞宁．宋高僧传（卷八）．北京：中华书局，1987.

一带弘法。惠能到黄梅求法之前，有过一段时期的修法准备。先是在去黄梅之前结识刘志略，在无尽藏尼处诵习《涅槃经》，还到过乐昌西石窟远禅师处坐禅、惠纪禅师处诵《投陀经》，然后才到黄梅求法。回到岭南后，先落脚韶州曹溪宝林寺，因为那地方和自己有缘，有人脉关系。在韶州曹溪待了一个时期，因为仍被恶人寻逐，才又到了怀集、四会和家乡新州。这是所说的避难时期。

另一方面，手抄的敦煌本、敦博本、旅博本《坛经》都说惠能“大师往曹溪山，韶、广二州行化四十余年”①。这是惠能在广州正式剃度以后的事。从惠能由广州光孝寺来到韶州曹溪山，受韶州刺史韦璩之邀，在韶州西河大梵寺开缘说法以后算起，在韶州（包括广州等地区）行化了四十多年。可知，惠能大半生的时光都是在曹溪山度过的。这样看来，惠能首先是和曹溪山宝林寺有缘，其次是和岭南有缘。缘，不仅包括人缘，还包括地缘。而人缘和地缘又具有一致性。

三是让南宗禅接地气，保持农民性和地方性。接地气是当今新潮时尚语言。其实，古代文献《礼记·月令》、《周礼·考工记》记载的孟春三月，就有“天气下降，地气上腾”、“地中之气”。“橘逾淮而北为枳，鸜鹆不逾济，貉逾汶则死，此地气然也”。这说明不同地区有不同气候。“接地气”表面上是接地中之气，实际上还有适应特定地域环境的意义，进一步可以引申为，只有地气和天气上下相接，在自然界才会出现生机盎然的状态。

再说惠能，当皇帝下诏要他到京城接受供养的时候，以他的智慧，他再三思考去与不去的利弊得失。南宗禅是惠能经过数十年努力打造的适合在岭南发展的禅宗门派，一旦自己作为禅宗传宗的祖师，当了皇帝国师和京城法主，那么整个南宗禅的发展就会是前景堪忧、前途难料。这会使南方禅宗徒众没了着落，和他长期联系的广大岭南农民及信众也失去了联系的机会，就没了缘分。生于斯、长于斯的惠能及其南宗禅，就是在岭南本土化了的佛教禅宗门派，既保持有农禅并举的禅宗传统，又有浓郁的岭南地方特色。再说，历来的朝廷对于佛教，利用之意多，推重之意少。朝廷支持佛教发展，主要在于利用。支持的同时还包含着利用和羁系。在北宗神秀等已经先入为主的情况下，南宗禅祖师惠能更没有必要再到京城施化。惠能如若很快去了京城，

① 广东省佛教协会编．六祖坛经集成．2012．三种版本的书名标题均为《南宗顿教最上大乘摩诃般若波罗蜜经六祖惠能大师于韶州大梵寺施法坛经一卷．兼授无相戒弘法弟子法海集记》。

南宗禅有可能在北方水土不服，在南方的根基也可能受到动摇。他个人可能得到一些崇高地位，但失落的有可能将是整个禅宗大业。其实神秀对于朝廷的供养也是不能适应的，只是他到了京城内庭已经是身不由己了。神秀曾经向朝廷申请要回到原处，但是，既然来了就难以离去。对于禅宗大师来说，尊荣富贵不是他们所考虑的东西，他们注重的是禅宗大业的发展。在这一点上，惠能的智慧超过了神秀。“竟不奉诏”是惠能的大智慧，也是他把握住了南宗禅接地气的原则。

总之，六祖惠能在岭南弘传南宗禅法著名以后，皇帝一再召请他到京城施化，惠能都“竟不奉诏”。自从胡适对此史实进行证伪之后，杜继文等人也认为朝廷征召惠能及诏书是假的。这些史实虽然已经由杨曾文等学者进行了研究考实，但为了论析惠能“竟不奉诏”的真实原因，只有先梳理辨析史实真伪，然后再对惠能“竟不奉诏”的原因做进一步探讨。由于朝廷征召并非一次，惠能“竟不奉诏”仅有一个“老疾相辞”的理由是不完全、不真实的，而且，这也不是“竟不奉诏”的真正原因。惠能既要坚决继承禅宗祖师固有的不奉诏、不当国师的传统，又顾虑自己“吾形不扬，北土之人见斯短陋，或不重法”，还要遵守“先师记，吾以岭南有缘，且不可违”的弘法原则，更要接地气、保持南禅宗的山乡农民性和地方性，才是“竟不奉诏”的真正原因。通过对惠能的“竟不奉诏”原因的全面考察，彰显了惠能恪守祖师传统的严肃禅风，通过发挥自身的大智慧，达到了“竟不奉诏”的目的，使南宗禅的特性得以保全，这也是南宗禅可持续发展的生命力所在。

十、惠能曹溪弘法行迹传说

惠能的后半生就是在曹溪度过的。来到曹溪后，除了应韶州刺史韦璩之邀到城中大梵寺说法，他的弘法行迹主要集中在曹溪一带。

大梵寺开缘说法，已如上述。

曹溪弘法，创建花果院兰若十三所。

重建月华寺。《曹溪通志》记载：“蒙瀍月华寺，乃智药三藏肉身所在，盖亦时重建，今无所考。先寺居新巡检司左，因毁，居民众议舍财复移至溪百余步小岭之下。前佛殿、山门，后祖师肉身殿，并左右廊舍小备。南华寺舍田若干，岁收银六两以供香灯。”①

---

① （清）释真朴重修．岭南名寺志（七）．曹溪通志（卷二）．杨权等点校．香港：梦梅馆，2008.

韶关市西联以西有一片松山郁郁葱葱，那里有一座新的寺庙。传说是南华寺的前身，是六祖到过的地方。①

拜石。在寺北天王岭前。古记祖师于此拜佛，膝痕尚在。②

坐石。在象山之麓。祖师喜玩山水，常日打坐石上，痕迹尚在。③

卓锡泉。在寺后一里许。六祖欲浣所授衣，苦无美泉，因见寺后山林郁茂，瑞气盘旋，师振锡卓地，泉应手而出，乃跪膝浣衣石上。至今流溢香美，甚宜瀹茶，东坡有铭。④

招隐岩。在寺西十里，有巨石卓起，高十数丈，其半有岩。《曹溪通志》记载："能禅师常隐居于此。"后僧即岩中祀师。父母提刑耿南仲大书"招隐"二字刻于石，督学周公有诗。⑤

飞锡桥。寺后伏虎亭下有石桥。相传祖师望云于此，慨然叹曰："予亲陇在南，而锡驻于此。"因名。桥上有亭，侣梅陈公扁曰"洗心"。顺治辛卯年重修。⑥

① 黄就．韶关市武江区文史传奇（内部资料）．2002.

②③④⑤⑥ （清）释真朴重修．岭南名寺志（七）．曹溪通志（卷二）．杨权等点校．香港：梦梅馆，2008.

第一编　惠能与韶州结缘

韶州曹溪在禅宗发展中的地位

惠能与韶州曹溪宿昔有缘，新州出生，黄梅得法，广州剃度，却在韶州曹溪弘法四十多年，并把真身永久地留在了曹溪宝林寺。韶州曹溪是惠能黄梅求法的准备出发地，又是他回到岭南的首选避难地，还是禅宗宝典《坛经》的演绎创作地。曹溪宝林寺更因为惠能的到来而得到繁荣发展，最终成为岭南禅宗祖庭。惠能在韶州培育了一大批禅宗大师，他们又背靠岭南，立足曹溪，挺进中原，最终推动南禅顿宗发展成花开五叶、五家七宗的繁盛局面，“凡言禅皆本曹溪”也就顺理成章了。禅宗文化在韶州曹溪的发展使韶文化大观园中增添了新的姿采。

佛教传入中国，改变了中国宗教历史发展的结构与格局。西汉“罢黜百家，独尊儒术”之后，不仅有了道教的崛起，又从印度传来了佛教，从此开始了儒释道在中国此消彼长的局面。自海上来中国传教的菩提达摩禅师在广州上岸，进入内地，在建康（今南京）与梁武帝话不投缘，便“一苇渡江”，到了北魏，最后在嵩山少林寺面壁九年，成了禅宗的初祖。后来，他把从印度带来的传宗信物袈裟和衣钵传给了二祖慧可，慧可传给了三祖僧璨，僧璨传给了四祖道信，道信传给了五祖弘忍，弘忍又传给了六祖惠能。到了六祖，袈裟和衣钵就不再一脉单传，而是凭借传宗法宝《坛经》实施禅宗的多头并弘。这样，达摩禅经过四祖道信、五祖弘忍、六祖惠能的相继弘扬，开始成为中国佛教的主流。禅宗内部虽然也有分化和对立，但最终还是统一到了岭南的曹溪禅派，正如唐代文学家柳宗元所说的“凡言禅皆本曹溪”。说到曹溪，自然会联想到南华寺；说到南华寺，自然会联想到六祖惠能；说到惠能，自然会联想到南禅宗。尤其是自唐宋以来的一千多年，禅宗在中国的传承绵延不断，影响深远。把禅宗纳入中国宗教历史层面，纳入岭南文化层面实施的研究，已经是硕果累累，不乏真知灼见。但从区域文化学或者历史地理学角度对惠能及其禅宗进行研究探讨，特别是把惠能禅与韶州曹溪联系起来进行研究，更能凸显韶州曹溪这个特殊的地理位置对禅宗发展所起的重要作用。在韶关市大力推进地方文化建设，努力建构粤北区域文化中心的前提下，探究韶州曹溪在惠能禅宗发展过程中的重要地位和作用，对认识禅宗文化在韶文化中的地位有重要意义，也是韶文化研究的题中应有之义。

一、韶州曹溪是惠能到黄梅求法的出发地

惠能要到黄梅求法，有一个准备过程，并不是一下子就下定了决心，径直到了黄梅。惠能本来只是一个山村樵夫，即便再聪明智慧，也不可能靠在路边一听闻《金刚经》，就能够和禅宗五祖弘忍大师侃侃而谈，讨论佛性，而应该有一个准备过程。而这个准备过程的完成，就在韶州及曹溪。这在《曹溪大师别传》、《宋高僧传》、《景德传灯录》中都有记载。如《景德传灯录》说：

师遽告其母，以为法寻师之意。直抵韶州，遇高行士刘志略，结为交友。尼无尽藏者，即志略之姑也，常读《涅槃经》。师暂听之，即为解说其义。尼遂执卷问字，师曰："字即不识，义即请问。"尼曰："字尚不识，曷能会义？"师曰："诸佛妙理，非关文字。"尼惊异之，告乡里耆艾云："能是有道之人，宜请供养。"于是居人竞来瞻礼。近有宝林古寺旧地，众议营葺，俾师居之。四众雾集，俄成宝坊。师一日忽自念曰："我求大法，岂可中道而止。"明日遂行，至乐昌县西山石室间，遇智远禅师。师遂请益，远曰："观子神姿爽拔，殆非常人。吾闻西域菩提达摩，传心印于黄梅，汝当往彼参决。"师辞去，直造黄梅之东禅，即唐咸亨二年也。

《曹溪大师别传》也有类似记载，并说惠能在韶州曹溪修道三年：

其年大师游行至曹溪，与村人刘志略结义为兄弟，时春秋三十。略有姑出家，配山涧寺，名无尽藏，常诵《涅槃经》。大师昼与略役力，夜即听经至明，为无尽藏尼解释经义。尼将经与读，大师曰："不识文字。"尼曰："既不识字，如何解释其义？"大师曰："佛性之理，非关文字能解，今不识文字何怪？”众人闻之，皆嗟叹曰：“见解如此，天机自悟，非人所及，堪可出家，住此宝林寺。”大师即住此寺，修道经三年，正当智药三藏一百七十年悬记之时也。时大师春秋卅有三。后闻乐昌县西石窟有远禅师，遂投彼学坐禅。大师素不曾学书，竟未披寻经论。时有惠纪禅师，诵《投陀经》。大师闻经叹曰：“经义如此，今我空坐何为？”至咸亨五年，大师春秋卅有四。惠纪禅师谓大师曰：“久承蕲州黄梅山忍禅师开禅门，可往彼修学。”大师其年正月三日，发韶州往东山寻忍大师。策杖涂跣，孤然自行，至洪州东路。时多暴虎，大师独行山林无惧。遂至东山，见忍大师。

当然，在不同版本的《坛经》中，也有惠能受到诵经者的指点，在新州直接到黄梅求法的说法，如明代释太仓禅师刻本《坛经》在《自序品第一》中就说，惠能于市卖柴，有一个客商让他把柴送到客店以后，惠能出门外见有人诵经，闻听经语后，心有所悟。得知所诵为从湖北黄梅五祖弘忍处传来的《金刚经》，惠能因此决心到黄梅求法，“宿昔有缘，乃蒙一客取银十两与惠能，令充老母衣量。教便往黄梅参礼五祖。惠能安置母毕，即便辞违，不经三十余日，便至黄梅。”[①]《坛经》在不同时期有不同版本，这是传禅者根据自己的需要，进行了增删。惠能从一个砍柴樵夫，只是在路边一听《金刚经》，立即开悟，就去求法，显得太过突然。结识刘志略，听讲《涅槃经》，再到乐昌西石岩学《投陀经》、坐禅等，然后再到黄梅求法，比较贴近实际。

二、韶州曹溪是惠能求法回到岭南的第一栖隐避难地

惠能在黄梅得法，有一个传说。五祖让惠能三更受法，在人尽不知的情况下，传顿教及衣钵给他，让他做六代祖，并要求他善自护念，广度有情，流布将来，无令断绝，还说了“衣为争端，止汝勿传。若得此衣，命若悬丝”一番话，并送他到九江驿上船，让他向南大行佛法。走到大庾岭，已是岭南地界。这时，得知衣法南去的数百人不服，便来追讨衣钵。曾是四品将军的惠明最先赶上了惠能。惠能将衣钵扔下，惠明却拿不动。他才又说是为法来，不为衣来，请惠能为他说法。

---

① 印顺．中国禅宗史．南昌：江西人民出版社，2007.

惠能因此才又说出“不思善，不思恶，正与么时，那个是明上座本来面目”的话，惠明于是大悟，并劝诱大家不要再追逐惠能，自己也折返原路，到江西弘扬禅法。惠能因此躲过一劫，顺利回到了韶州。大庾岭已接近韶州，长期以来大都归韶州管辖。

虽然五祖付法传衣时向惠能交代了“逢怀则止，遇会则藏”的话，但惠能在过了大庾岭以后，没有直接到四会和怀集，而是又回到了曹溪。《法宝记》说惠能恐怕有人认出他来，常隐山林，或在新州，或在韶州，十七年在俗，也不说法。可见，惠能从黄梅得法回到岭南以后，先是回到了自己的出发地韶州曹溪。因为仍然避免不了被人寻逐的危险，只好到深山老林中隐居。韶州曹溪附近有传说中的六祖避难石和招隐寺。在曲江马坝镇西南 2.5 公里处的狮子岩上有招隐岩，相传惠能为避恶僧追杀，曾在此岩洞隐蔽。《曹溪通志》载：“在寺西十里有巨石卓起，高数十丈，其中有岩，即惠能师尝隐居于此。”后来为纪念惠能，遂在狮子岩后六祖隐居的山洞口，建起招隐寺，寺内供奉六祖像，至今香火不断。岩内右上方有一石，通体圆滑，状如石椅，背靠处刻“禅石”二字。

还有传说，也是不同版本的《坛经》所记：惠能从黄梅回到韶州曹侯村，人无知者。有儒士刘志略，礼遇甚厚。住了九个月有余，又为恶党寻逐，惠能乃逃到前山。恶人找不到惠能，便放火烧山。山中有一巨石，惠能“隐身挨入石中得免。石色红紫，深二三尺，宛如一龛。旧经云，今有师趺坐膝痕及衣布之纹”①，故名“避难石”。直到惠能在韶州曹溪一带待不下去的时候，才又去了四会和怀集。所以，仅仅把怀集、四会认作惠能的避难之地，也是不全面的。

三、韶州大梵寺是《坛经》的演绎创作地

惠能为了躲避恶人寻逐，在韶州曹溪藏不住，才到了四会和怀集一带的深山老林中。五年后（也有说是十六年的）惠能因参与广州法性寺的“风动”、“幡动”与“心动”的讨论而得到印宗法师认同，加上惠能已有了弘忍所传衣法（袈裟），便在法性寺为惠能举行受戒仪式，让惠能剃度出家，对他的传扬禅法的资格予以认可，从此他可以正式开坛传禅说法。但惠能在广州时间不长，只是崭露头角，大规

① （清）释真朴重修．曹溪通志（卷一）．杨权等点校．香港：梦梅馆，2008.

模的开缘说法，是他次年回到韶州之后。

惠能之所以回到韶州曹溪，按照佛家的说法，主要是他与韶州曹溪有缘，而且还因为这里具有惠能成就禅宗发展大业无可替代的优越地理位置。

惠能在广州法性寺剃度出家后，虽然广州龙兴寺的经藏院成了惠能的开法堂，但这时惠能却认为广州并不是他的久留之地。当印宗法师问惠能“久在何处住”时，聪明的惠能知道，实际上是向他提出了一个长远发展问题，他不得不认真思考下一步的去向和归宿。惠能似乎胸有成竹，当时就予以明确答复：韶州曲江县南五十里曹溪村故宝林寺。

曹溪是流经曲江县（现为韶关曲江区）的一条小河。曹溪源头有三：一出长坪，一出狗耳岭（大宝山），一出木坪。三个源头之水流至沙溪汇合而成为曹溪。然后经中心坝、新村、南华、禅关，再经龙岗水口虎榜山下注入北江。曹溪，因溪水流经曹侯村而得名，相传曹侯村是三国时期魏武帝曹操后代隐居之处。南华禅寺就坐落在广东省曲江县城马坝镇东南5.6公里、韶关市东南22公里处的曹溪中游河畔。南华寺始建于南北朝梁武帝天监元年（502年）。天监三年（504年），寺庙建成，梁武帝赐名“宝林寺”，后又更名为“中兴寺”、“法泉寺”。至宋开宝元年（968年），宋太祖敕赐名“南华禅寺”，沿用至今。因禅宗六祖在此弘法，也称六祖道场。南华寺背倚宝林山，面对曹溪河。东邻沙溪，南接石堡，西至禅关，千山围绕，一水潆洄。人称岭南无双福地、第一禅林。这是曹溪现在的地理概念，当然唐代的曹溪在后来无太大变化。

曹溪宝林寺处在离韶州城数十里风景幽静的宝林山中，具有丛林禅宗教派发展的方便道场，不像广州的光孝寺处在都市通衢。佛教在唐朝的传播过程中，形成了各种宗门派别，禅宗只是其中一支。五祖传法给惠能，不仅因为他有过人的智慧，最重要的是想让他作为一方大师人物，扩大禅宗在岭南的传播与发展。否则，弘忍何不在黄梅公开宣布，由惠能接任六祖，并让他在黄梅长期弘法？惠能将自己的弘法据点选在韶州曹溪，既可以在岭南弘法，也便于吸纳内地信众。中原流民要到岭南，大庾岭和韶州是主要通道。新州虽然是惠能的家乡，但相比较而言，有些偏远，只能吸引土著山民信众，不利于吸引中原移民，或者说中原南徙的客家人。广州的法性寺，虽有一些便利条件，但它并不便于惠能对禅的发展。唐朝有时虽然对禅宗的发展采取了灵活、宽松的政策，但是不同皇帝、不同时期，其政策也是不同的，羁系利用、限制毁灭随时都有可能发生。具有丛林文化特色的禅宗，适合于在山谷丛林中发展，不适合在都市通衢和政治中心发展。禅宗的农禅并举，也只有在水源丰富的丛山密林中才能实行。数百成千的禅僧，常年住在都市，可能连素食吃饭都成问题。而韶州的曲江，是马坝文化和石峡文化的发源地，具有岭南农耕文明的历史积淀。

惠能黄梅求法前后，都在韶州留有诸多行迹，同时也建立了诸多人脉关系。诸如儒士刘志略与惠能关系密切，他姑姑无尽藏尼，曾和惠能一起诵谈过经义。曹侯村的魏武侯玄孙曹叔良，乐昌的智远禅师、惠纪禅师等，都与惠能有过交往，或者是惠能的师傅，都成了他的人脉关系。也可以说，惠能在曹溪弘法之前，就已经和韶州曹溪结下了不解之缘。更巧的是，当时的韶州刺史韦璩，不仅是一个虔诚的佛教信仰者，也是惠能的一个崇拜者。

韶州具有相对便捷的交通条件。韶州地处粤北，是南北交通要塞和枢纽。大庾岭在当时虽然还没有经过张九龄进一步疏通，但在当时也早已经是进出岭南的重要通道之一了。韶州也是中原文化和岭南文化交汇之地。后来有人把韶州比喻为多元文化的立交桥，是有道理的。

韶州具有禅宗思想向南北发展的有利地位。禅宗的崛起，在四祖道信、五祖弘忍时代已初见端倪，信众主要是中原流民。在唐代中原发生灾荒和战乱时期，大批农民便背井离乡，向南方流徙。他们跑到相对稳定的寺庙中，坐禅务农，素食活命，比饿着肚子被抓去服徭役强。由此看来，禅宗观照的重要对象是众多下层劳动人民。湖北黄梅的弘忍五祖就收留了不少中原流民。韶州处于南北交通要冲，是中原人南下的一个必经之地。所以，惠能要在岭南发展禅宗事业，必然选择既不太偏僻，又远离尘嚣，不太靠近政治统治中心的丛林幽静之地。禅宗具有不事权贵，关注平民和劳动者的浓重色彩，在韶州确立禅宗的弘法基地，进可以越过南岭，到达长江流域和中原地带；退可以据守岭南，拟或远化海外。韶州历来是兵家必争之地，对禅宗思想的弘扬与传播，也具有重要的战略地位。

更为凑巧的是，韶州刺史韦璩热心向佛。当惠能一到曹溪，就受

到韶州官府的礼遇。地方最高官员一行亲自进山礼请惠能到城内大梵寺（后改称光孝寺）开缘说法。惠能接受了韦璩的盛情相邀，在大梵寺开缘说法授戒。其讲演内容形成了中国本土化的第一部佛教经典、禅宗的传家法宝《坛经》的主体部分。在大梵寺，韦璩率领三十多名官员，再加上当时学术界的领袖、学者等三十多人，以及僧侣、尼姑、名士、俗家弟子代表共一千余人，真算是一个很庞大的听众队伍。惠能开缘说法，不是一般的传法，而是在说法律禅的基础上进行专题答疑讲解。韦璩还安排惠能弟子法海对讲解内容进行了现场记录。法海集记的《坛经》，是类似《论语》体裁的语录体著作。它的大部分内容是在大梵寺完成的。惠能在韶州演绎创作的《坛经》，开始不是叫经，只是曹溪传禅的内部法宝。成为经是后来的事，是在惠能六祖地位奠定以后。

当然，随着《坛经》后来在禅宗内部的进一步传播，内容也发生了一些变化。由于时间推移，加上宗门内部派别较多，在传禅的时候，各派为了争正宗，抬高自己一派，不仅在《坛经》中添加新的内容，还删减一些对自己不利的内容。因此，《坛经》后来出现了不同版本，文字越来越多。从最初的六千多字，发展到后来的一万两千多字。无论如何，《坛经》的主要内容和基本思想都是惠能的，《坛经》作为禅宗思想宗本经典的地位是不可动摇的。尽管后来胡适提出了《坛经》的作者是神会的观点，但很快就受到了学术界的批评和否定。

四、曹溪宝林寺和惠能在唐朝的双向互动发展

惠能与韶州有缘，在黄梅得法前，就曾在韶州的曹溪宝林寺居留。后来又返回岭南，把曹溪作为首选的避难处所。正是惠能与韶州曹溪宝林寺结缘，才使曹溪宝林寺得以兴盛和发展。韶州曹溪宝林寺也在禅宗思想的弘扬和传播的过程中得到重建和发展。如果说南派禅宗思想发展兴盛主要是缘于惠能的六祖大师身份及努力，那么，曹溪宝林寺的地缘优势也对禅宗发展兴盛起了重要的基地作用；同时，惠能也对曹溪宝林寺的发展和兴盛起了重要的作用。

曹溪宝林寺开山，相传是在南朝梁武帝萧衍天监年间。梁天监元年（502 年），西域智药三藏航海而来，初登五羊（今广州），又到曹溪口，掬水饮之，感到香美异常，便对徒弟说：此水与西天之水无异，

源上必有胜地，堪为兰若。于是溯流穷源来到山水回合、峰峦奇秀的宝林山处，倡议在此建设佛寺。韶州牧侯敬中表奏朝廷，得到梁武帝的批准，并赐额曰“宝林”，梵宫（佛寺）遂成。时在天监三年，即公元504年，这是曹溪宝林寺的肇端兴始。佛教传入中国在两汉之际，岭南虽处于边鄙之地，佛教能于六朝时期传入岭南也不算晚了。但佛教禅宗祖庭在韶州的真正兴盛和发展，是唐朝以后的事情。而且这种兴盛和发展又与六祖惠能的到来有关。曹溪宝林寺在唐朝的重修、重建、扩建，就是这种兴盛、发展的外在表现和基础。惠能在韶州期间，宝林寺开始了跨越式发展。宝林寺的每一次修建，都和惠能有着密切的关系。

1. 惠能黄梅求法前宝林寺的重修

道原《景德传灯录》记载：为了要求法寻师，惠能告别母亲，便直抵韶州。遇到刘志略，结交为友。并听无尽藏尼（刘志略之姑）诵读《涅槃经》。虽不识字，却能为她解说其义。尼惊异之余，遂告乡里耆艾，说惠能是有道之人，宜请供养。于是居民不仅竞相过来瞻礼，还共同商议，将附近已有的宝林古寺旧地加以修葺，以便惠能居住传经。一时间，宝林寺四众云集。但惠能忽然想起，自己寻求大法的目标还没有达到，岂可半途而废。于是第二天又到了乐昌县西山石室间拜师。遇智远禅师学坐禅，又在惠纪禅师处念《投陀经》，最后赴湖北黄梅东禅寺五祖处求法。可见，宝林寺在惠能到黄梅求法之前，就有过一次修缮。惠能在曹溪居留期间，有一些佛教信众，竞相前来瞻礼，听他讲经说法。但这时的宝林寺已经破败不堪，没有办法接待信众。地方上考虑到接待信众的方便，就对宝林古寺进行修葺，不过是重新加些茅草顶盖，使之能够让惠能居住，方便佛教信众听经请益。惠能一到宝林寺，四众云集，一时间使得长期以来遭受兵火摧残而破败不堪的宝林寺又人气大增，热闹起来。但是，惠能这时还很年轻，自己认为还没有得到禅法真传，并没有打算在此长久居留。所以，惠能才有先到乐昌、又赴黄梅的求法过程。宝林寺的这次重新修葺，假如没有惠能的到来，自然是无从提起的。惠能虽然走了，但他的人脉关系和影响却留在了曹溪。

2. 惠能黄梅得法后宝林寺的重建和兴盛

《六祖坛经·机缘品第七》中说，惠能在黄梅得法之后，又回到

了宝林寺。他是在大庾岭遭到追逐惊魂未定的情况下进村的，所以神不知鬼不觉。惠能很想在此久居弘法，当时的宝林寺虽然经过先前的修修补补，但惠能一走之后，又几成废墟，仍然破败不堪，不敷弘法应用，必须在旧址上重建梵宇，让惠能长期在此居住，讲经说法。前次只是对宝林寺的修葺，这次不同，是在宝林寺旧址基础上进行重建。但是，好景不长，只住了九个多月。因为宝林寺离交通要冲韶州很近，太显眼，惠能仍然不能摆脱恶人的寻逐，还是处于"命如悬丝"的境地。为了安全，惠能便到粤西北的山林中隐蔽。上一次惠能离开宝林寺是主动的，是为了谋求大法；这一次惠能回到宝林寺，经过重建梵宇，惠能一定不想离开，但因恶人寻逐而不得不离开，是被动的。惠能这次在宝林寺的九个多月时间，不长不短。说短，比他在黄梅求法的时间还长；说长，竟还不到一年。宝林寺这次重建和兴盛与惠能的回归具有直接关系。

3. 惠能剃度出家后对宝林寺的大力扩建

在惠能广州剃度之前，曹溪宝林寺就因为惠能的到来，得到一次重修，一次重建。曹溪宝林寺的两次修建，使之有了香火兴盛的机缘与开端。真正使宝林寺香火鼎盛，还是惠能在广州剃度回到韶州曹溪以后。

惠能在广州法性寺落发受戒不久，就面临印宗法师提出的"久在何处住"的问题。惠能成竹在胸地回答："韶州曲江县南五十里曹溪村故宝林寺。"惠能回到曹溪，自然又有了新的问题。数百信众跟了过来，但曹溪宝林寺堂宇潮湿狭隘，无法容纳这么多人居住和听经。最急迫的，就是宝林寺的扩建。惠能想扩建宝林寺，但周边土地为地方豪绅陈亚仙所占有。封建时代的地方乡绅最看重的是土地，要想从他们的手中弄到土地，应该是最困难的。惠能通过巧妙交涉，得到许可。接着，惠能开始勘察地界，规划建筑，最终建成了兰若十三所。其中的宝林道场，就是西印度智药三藏，自南海经曹溪口，掬水而饮，认为香美异常，向其徒众说的溪源上必有胜地堪为兰若的地方。这是一个玄机，又好像是一个神话传说，传说里面最多具有历史的一些影子，但惠能完成了曹溪宝林寺的征地扩建确是历史事实。

惠能不在广州永久居住弘法，自有他的诸多理由。来到韶州，庙宇建筑条件自然比不上广州。在唐代惠能的家乡新州也是佛教发达的

地区，自然也有他的人脉关系。但他也没有回到新州，还是毅然回到韶州，并开始面对和要解决遇到的诸多问题和困难。宝林寺周边土地属于当地士绅陈亚仙。要扩建宝林寺，非找陈亚仙谈判不可。惠能向陈亚仙求得了所谓的“一坐具”拟或是“一袈裟”的地方，无论是买的，或者是接受的施舍，都不是很简单的事情。解决这些问题，光有智慧不行，还要有很大的胆略和良好的人缘关系。假如没有惠能先前在宝林寺附近和地方民众长期建立起来的良好人缘关系，光靠天王显灵等办法，是难以获得土地的。但无论如何，惠能把宝林寺扩建的土地问题解决了。这其中，惠能是发挥了巨大智慧，显示了巨大胆略，更重要的一点，反映了他在曹溪地方已有的良好人缘和影响。

惠能要通过宝林寺发展禅宗传教事业，没有地盘和传播场所（道场）是不可能的。更主要的是，惠能永久住锡曹溪，给宝林寺的进一步发展带来了契机。曹溪一带很快建成了十三所佛寺建筑。这样，惠能得以利用这样一个优越的环境在岭南弘扬禅法。韶州曹溪是惠能在岭南弘法成就六祖基业的最佳选择，惠能也成为曹溪宝林寺最终发展成禅宗祖庭的决定因素。可以说，惠能和韶州曹溪是双向互补、相辅相成的关系。

五、结语

惠能在韶州曹溪修持弘法四十多年，完成了《坛经》。他在知道自己即将不久于人世之时，有一天把门人法海、志诚、法达、神会、智常、智通、志彻、志道、法珍、法如等叫到跟前，向他们作临终嘱咐，要他们在自己灭度后各为一方大师，递相传授《法宝坛经》，普度众生。在惠能数十年的努力之下，最终在曹溪培养了一大批禅宗大师。这批大师又从韶州曹溪出发，向南北两个方向发展。岭南是南禅宗发展的大后方和根据地；同时，他们立足韶州曹溪，向岭北长江、黄河两个流域发展。柳宗元“凡言禅皆本曹溪”的说法印证了这一成就。韶州曹溪在南禅顿宗成长发展壮大进程中发挥了重要基地作用，也是惠能禅宗传宗经典《坛经》主要内容创作完成的摇篮地。经过南禅顿宗大师们的艰苦努力，终于在中国出现了曹溪法乳孕育禅宗花开五叶、五家七宗的繁盛局面。惠能和韶州的缘分根深蒂固，即便是在他圆寂新州之后，又通过烧香飘烟指向的规则，将自己的真身永久地

留在了曹溪南华寺。后来，在岭南、内地、海外形成的六祖惠能崇拜之风，无不直指韶州曹溪南华寺。如今，在举国开展地方文化建设的高潮中，运用历史地理学地域观念和理论，重新认识韶州曹溪在禅宗文化发展中的重要地位和作用，对丰富韶文化大观园具有实际意义。

惠能与韶州曹溪结缘

惠能（638—713年）自谓祖籍河北范阳（今河北涿州），因其父亲卢行瑫为官，“左降流于岭南，作新州百姓。出身不幸，父又早亡，老母孤遗住居南岭，艰辛贫乏于市卖柴”①。惠能生长在新州（1～24岁，638—661年），得法于黄梅五祖弘忍大师，剃度于法性寺（光孝寺，667年），弘法于韶州曹溪（667—713年）。这样，惠能在湖北黄梅五祖弘忍大师处八个月，得到传法衣钵，然后南返岭南，栖隐四会、怀集五年，才在广州法性寺落发出家。不久又离开法性寺，到了韶州曹溪宝林寺，一直在韶州弘扬禅法三十七年。在韶州的时间一共四十多年，直到七十六岁时回到新州，圆寂于故乡。事实上，虽然惠能出生在新州，又在新州圆寂，但他一生绝大部分时光是在韶州度过的。惠能圆寂后，新州地方首领要把惠能供养于家乡国恩寺，但通过刺史的调停，惠能肉身最终被迎回韶州曹溪供奉，使南宗禅法灵魂和精神的象征永远地留在了南华寺。这说明，惠能与韶州曹溪有缘；同时，惠能与韶州曹溪的结缘，不仅因为韶州具有独特的岭南人文环境和地理环境，也是他在岭南弘扬南宗禅法并成为禅宗六祖的必然选择。

① 惠能．坛经·行由品第一．

一、惠能一生与韶州曹溪宝林寺三次结缘

惠能在韶州的活动，或者说与曹溪宝林寺的结缘，至少有三次。

第一次，在惠能远赴湖北黄梅求法之前，曾到韶州曹溪宝林山。“惠能‘少失父母，三岁而孤’，是说三岁时没有父，而后母亲又亡故，然后才离开新州北上求法。惠能北上求法路过曹溪，是唐高宗咸亨元年（670 年），他时已届三十（三十三岁）。”① 这一年，“（惠能）大师游行至曹溪，与村人刘志略结义为兄弟”。因为“略有姑出家，配山涧寺，名无尽藏，常诵《涅槃经》。大师昼与略役力，夜即听经至明，为无尽藏尼解释经义。尼将经与读，大师曰：‘不识文字。’尼曰：‘既不识字，如何解释其义？’大师曰：‘佛性之理，非关文字能解，今不识文字何怪？’众人闻之，皆嗟叹曰：‘见解如此，天机自悟，非人所及，堪可出家，传此宝林寺。’大师即住此寺，修道经三年……后闻乐昌县西石窟有

惠能

① 杨曾文．《曹溪大师传》及其在中国禅宗史上的意义．林有能主编．六祖惠能思想研究（三）．香港：香港出版社，2007.

智远禅师，遂投彼学坐禅。大师素不曾学书，竟未披寻经论。时有惠纪禅师，诵《投陀经》。大师闻经叹曰：‘经义如此，今我空坐何为？’至咸亨五年，大师春秋卌有四（杨曾文注：应为三十七）。惠纪禅师谓大师曰：‘久承蕲州黄梅山忍禅师开禅门，可往彼修学。’大师其年正月三日，发韶州往东山寻忍大师。策杖涂跣，孤然自行，至洪州东路。时多暴虎，大师独行山林无惧。遂至东山，见忍大师”。

作为年代久远的传说，和历史会有一定距离。但是，传说带有一定的历史影子，在没有确凿可证的信史发现之前，这些传说也是具有参考意义的。惠能在远赴蕲州黄梅求法之前，曾先到了韶州曹溪。在韶州曹溪做了三年修禅学习准备。这里的学习，和在家乡时有所不同。在新州家乡，虽然唐初岭南溪洞地区（包括新州）已经是佛教盛行，寺院众多，但佛寺的名气还远不如韶州。所以，惠能才北上韶州，利用刘志略出家为尼的姑姑的引荐，修习禅法。因为惠能的修禅基础较好，曹溪的修禅也不能使惠能满足。随后先是去投乐昌智远禅师，又经惠纪禅师教诵《投陀经》，都不能令他满意。惠能素来不注重读经坐禅，不愿空诵打坐，注重体悟经义，所以，他又到了著名的禅宗五祖弘忍大师那里。在韶州曹溪宝林寺的三年修禅学习准备，虽然没有使惠能满足，但比起在新州家乡的修习，应该有很大不同。一是修习的内容专业。在家乡的修禅体悟，充其量是业余的，内容会比较零星。因为他还要上山砍柴并拿到集市变卖，换来米醋油盐以维持家中生计。二是修习的时间比较充裕。到了韶州，惠能孑身一人，没有更多的劳务。三是可以拜访到更加著名的禅师。唐初岭南溪洞地区的新州，在北方中原来看，依然是“獦獠”生活的蛮荒地带，虽然佛教兴盛，寺院众多，但它仍然没有办法和广州、韶州地区相比。

惠能黄梅求法路过曹溪时结识的刘志略的姑姑无尽藏尼

惠能弘法数十载的曹溪宝林寺

第二次，惠能从黄梅得到禅法衣钵南归，先到了曹溪宝林寺。惠能在黄梅八个月，得法后就南归了。过长江，经九江驿，直到岭南。弘忍门徒众多，得知五祖将衣法传给惠能，自有心中不服者，便立即往南向惠能追讨衣钵。其中就有任过四品将军的惠明，一直追到大庾岭，惠能将衣钵给惠明，惠明称“我为法来，不为衣来”，惠能告诉他：“不思善，不思恶，正与么时，那个是明上座本来面目。”要他北上化人，惠明大悟，惠能才得以平安回到岭南。① 还有的说：“师自黄梅得法。回至韶州曹溪村，人无知者……有魏武帝玄孙曹叔良及居民，竞来瞻礼。时，宝林古寺，自隋末兵火已废。遂于故基重建梵宇，延师居之，俄成宝坊。师住九月余日，又为恶党寻逐。师乃遁于前山，被其纵火焚草木，师隐身挨入石得免。石今有师趺坐膝痕及衣布之纹，因名避难石。师忆五祖怀会止藏之嘱，遂行隐于二邑焉。”② 由于后来传说版本的不同，得法后留居韶州的情况略有差异。《曹溪大师传》谓：“能大师归南，路至曹溪，犹被

惠能黄梅求法槽厂舂米图

① 印顺．中国禅宗史．南昌：江西人民出版社，2007.
② 六祖大师法宝坛经．西祠胡同网，2009－03－11.

人寻逐。便于广州四会、怀集两县界避难，经于五年，在猎师中。”①

韶州曹溪是惠能从湖北黄梅得到弘忍衣钵后南归的第一个重要落脚点。他到了曹溪宝林寺，不仅免不了被人追寻讨要传法衣钵的惊慌，还仍然具有“命若悬丝”的危险。惠能在宝林寺不安全，便又立即离开宝林寺，于是躲在不远的曲江县狮子岩后山半山腰的山洞里避难，后人将此处称为招隐寺。最终因为曹溪宝林寺和招隐寺等地都不是安稳藏身之所，于是他才又不得不栖隐于四会和怀集两县的山林猎人队伍之中。

佛教（包括禅宗）传承，讲究衣钵信物。“传衣表示传法，争衣实际是争法”。惠能以年轻行者身份即承传宗法嗣，不易令人信服，因此面临诸多争夺衣法的风险。他何尝不想在韶州立即传扬弘大禅宗佛法，无奈如弘忍所言“自古传法，气如玄丝”，禅者传法有正统之争，弘法困难重重。惠能虽然与曹溪有缘，但时机仍然不成熟，于是只好先隐居山林，等待时日。

第三次，广州法性寺出家后，重返韶州曹溪宝林寺。

位于韶关曲江马坝狮子岩的招隐寺

刘禹锡在唐元和十三年（818年）为惠能撰《大鉴禅师第二碑》（《全唐文》第六一〇卷），其中说：“大鉴生新州，三十出家，四十七年而没，百有六年有谥。”② 这一传说与《坛经》及神会的最早说法相近，与事实相合。乾封二年（667年），惠能因参与讨论广州法性寺的“风动”、“幡动”与“心动”而得到印宗法师的器重，加上惠能已有了弘忍所传法宝（衣钵袈裟），便在法性寺举行受戒仪式，为惠能剃度，对他的传扬禅法的资格予以认可。

惠能开法受戒回法性寺以后，广州法性寺的经藏院成了惠能的开

① 杨曾文．《曹溪大师传》及其在中国禅宗史上的意义．林有能主编．六祖惠能思想研究（三）．香港：香港出版社，2007.

② 印顺．中国禅宗史．南昌：江西人民出版社，2007.

法堂。但这时惠能却面临了一个新的问题：是长期在广州法性寺传扬禅法，还是另谋弘法宝地？当印宗法师问惠能“久在何处住”时，惠能知道，实际上是给他提出了长远打算的问题，让他认真思考下一步的去向和打算。惠能似乎胸有成竹，当机予以明确答复：“韶州曲江县南五十里曹溪村故宝林寺。”后来，印宗法师便召集僧俗人众千余人将惠能送归了韶州曹溪宝林寺。“师辞众归宝林。印宗与缁向，送者千余人，直至曹溪。时荆州通应禅师与学者数百人，依师而住。师至曹溪宝林，睹堂宇湫隘，不足容众，欲广之。遂谒里人陈亚仙，曰：‘老僧欲就檀越求坐具地，得不?’仙曰：‘和尚坐具几许阔?’祖出坐具示之。亚仙唯然。祖以坐具一展，尽罩曹溪四境……师游境内山水胜处，辄憩止，遂成兰若十三所。今曰华果院，隶籍寺门。”[①] 从此，惠能在韶州开始了他数十年弘扬禅法的事业。

正是这数十年的韶州弘法，才使惠能“德音远播”，声名鹊起，“既而道德遍覆，名声普闻”。[②] 惠能禅宗的影响不仅遍及岭南，而且还影响到了两京皇室和海外。“故能五天重迹，百越稽首。”“九重延想，万里驰诚。思布发以奉迎，愿叉手而作礼。则天太后，孝和皇帝并敕力劝谕，征赴京城。”这些尽管是带有浓厚崇佛色彩的文学语言，但惠能禅化波及百越，从南洋、印度诸国引来礼敬和请益的信众，确是事实。[③] 惠能韶州弘法并不只是在曹溪宝林寺一个地方，而是“兰若十三所”。到了晚年，惠能自知不久于世，才回到新州圆寂。

惠能和韶州曹溪结下的缘分，在惠能圆寂后，仍然得到深化。他的遗体，被迎回韶州曹溪，永久供养。

惠能在岭南活动大半个世纪之久，再加上他在岭南禅界形成的地位和影响，因此，在他圆寂后，几个地方都想迎葬供养他的遗体。尤其是家乡一带和他有特殊关系的溪洞地区的地方首领，也想把他的遗体供养于他家乡新建的国恩寺。经过韶州曹溪惠能的门徒与国恩寺的一番力争，惠能的遗体得以迎还韶州宝林寺（南华寺）安葬。

曹溪宝林寺将惠能大师迎还韶州以后，弟子们将他的遗体进行了特殊的加工处理。“大师头颈，先以铁牒封裹，全身胶漆……有刺客

---

① 宗宝．六祖大师缘起外纪．六祖大师法宝坛经（附录）．林有能主编．六祖惠能思想研究（三）．香港：香港出版社，2007.

②③ 印顺．中国禅宗史．南昌：江西人民出版社，2007.

来取头，移大师出庭中，刀斩数下。众人唯闻铁声，惊觉，见一孝子奔走出寺，寻迹不获。”① 惠能在世之时，因得到五祖衣钵而被人寻逐，那是为了争得禅宗传法正统。惠能死后，仍然有人争他的尸身、头颅，仍然和争夺禅法传承的正统有关。或许惠能真的是和韶州曹溪有缘，他的真身永久地留在了韶州曹溪宝林寺。这不仅证明了他和韶州宝林寺（南华寺）的缘分，也使他开创的南派禅宗精神和灵魂永远地留在了韶州宝林寺。

二、惠能选择韶州曹溪宝林山的原因

惠能，638 年生于广东新州。新州是一个佛教盛行、寺院众多的地区。他于黄梅得到禅法真传，因为那里有著名的五祖弘忍大师。他落发剃度出家受戒于广州法性寺（光孝寺），广州不仅是通都大邑，又是岭南政治、经济、文化中心，还有著名寺院可以弘扬禅法。可是惠能没有因为有报四重恩思想而选择在家乡新州传禅弘法，也没有留在黄梅继续修持，更没有留在广州开堂讲法，而是选择了粤北的韶州作为他长远弘法之地。

惠能在韶州的时间最长。可以说，惠能一生最宝贵的年华都是在韶州度过。他 24 岁去黄梅向五祖求法之前，在韶州居留三年，这不仅是一般的居住，更是求禅法之前的集中学习和准备。30 岁在广州出家受戒，一直到 76 岁圆寂，一生在韶州四十多年（印顺《中国禅宗史》）。而且惠能在韶州的弘法选择，应该是主动的，而不是被动的。这内中原因，早已引起禅学者的注意。

印顺说：“惠能没有去黄梅时，曾经在曹溪小住。从黄梅回来，到过曹溪。《略序》曰‘归宝林’，也有到过曹溪的意思。从广州经大庾岭而到黄梅，一定要经过韶州。惠能在经过时，可能在韶州小住，有多（不）少相识的人。过去，‘虽犹为恶人寻逐’，不能安定下来。现在出了家，受了具足戒，在广州受到缁素的崇敬，曹溪僧众也就表示欢迎了。这应该是惠能回曹溪的原因。”② 印顺大师的这一说法很有道理。但仍让人有意犹未尽之感。他这里主要是从人际关系方面来考虑而得出的结论，只是主观方面的原因，而惠能选择韶州弘法的原因

① 杨曾文校．曹溪大师传．林有能主编．六祖惠能思想研究（三）．香港：香港出版社，2007.

② 印顺．中国禅宗史．南昌：江西人民出版社，2007.

应该是多方面的。惠能黄梅求法，在那里只待了八个月时间。来往路过韶州，有的说在韶州“修道经三年”，有的说惠能从黄梅南归，在韶州曹溪一带（包括招隐寺）隐藏，遭恶人寻逐，时间都比在黄梅长，不能叫“小住”。可以说，惠能在去黄梅之前，就对韶州曹溪有较为深刻的了解和感性认识。就当时的情况看，韶州和岭南诸多地方相比，具有多方面的特点和优势。

1. 韶州是岭南佛教传播的重镇

东晋以后，以韶州为中心的粤北，佛教非常盛行，它在南朝就传译有与中国禅宗思想有直接渊源的《大乘起信论》，同时又是多种佛教宗派和思想汇集的重镇。[①] 因此可以说，唐初岭南的韶州地区是寺院林立、高僧云集、信徒众多的地区。尤其是宝林寺历史悠久，名闻岭南和中原。

2. 韶州曹溪宝林寺具有优美的地理环境

梁武帝天监元年（502 年），西域智药三藏在曹溪“掬水而饮，香美异常”，遂“开山立寺宝林”。尤其是宝林寺北靠宝林山，南面曹溪水，群山环抱，景色优雅，是一块真正的风水宝地。它与韶州和曲江城若即若离，不远不近。南派禅宗基本上是适合于在丛林中发展的山林宗教文化，又有不事权官、关心平民和劳动者的倾向，惠能选择韶州，便于远离尘嚣，又不过于偏僻，应该是在岭南弘扬禅法的最佳地方。

3. 惠能在韶州具有诸多人脉关系

韶州地处粤北，是南北交通要塞和枢纽，是进出岭南的重要通道之一。惠能黄梅求法前后，在韶州都留有诸多行迹，同时也建立了一些人脉关系。诸如儒士刘志略，与惠能关系密切。还有他的出家的姑姑无尽藏尼，曾和惠能一起诵谈过经义。曹侯村的魏武帝玄孙曹叔良、乐昌的智远禅师等，都与惠能有过交往，都是他的人脉关系。总之，惠能与韶州有缘。此缘不仅仅是因为惠能去黄梅来往于韶州的“小住”，而主要是缘于南派禅宗思想与韶州地理环境和人文条件。

4. 韶州具有相对便捷的交通条件

佛教通过唐朝传播，形成了各种宗门派别，禅宗只是其中一支。弘忍五祖选择惠能作为传法代表人物，不仅是因为他有禅宗的智慧聪

---

① 王承文．六祖惠能早年与唐初岭南文化考论．中山大学学报（社会科学版），1998（3）．

明，更重要的是他考虑禅宗在岭南的传播与发展，对于这一点，惠能也会有体悟。因此，惠能考虑到禅法南宗的传播与发展，其基地选在韶州最为便利。宝林山既远离尘嚣，又处于南北交通的要冲。如选在广州，背离了南法禅宗山林宗教文化发展的特质；选在新州，又太过偏僻，对禅宗发展和联络与交流不利。韶州可以说是占据南禅发展弘扬的优越地理位置。

5. 韶州具有禅宗思想向南北发展的战略地位

禅宗思想观照的重要对象是众多下层劳动人民。湖北黄梅的弘忍五祖就收留了不少中原流民。韶州处于南北交通要冲，是中原人南渡的必经地之一。所以，惠能要发展自己的禅宗事业，必然选择既不太偏僻，又远离尘嚣，不太靠近政治统治中心的地方。惠能禅宗又具有不事权贵，关注平民和劳动者的浓重色彩，在韶州确立禅宗的弘法基地，进可以越过南岭，到达长江流域和中原地带；退可以据守岭南，拟或远化海外。韶州在军事地理上的战略价值，对禅宗思想的弘扬与传播，对岭南禅宗基地的建立，大有借鉴意义。

三、结语

中国的禅宗，自达摩始祖连续数代传至五祖弘忍，再传到六祖惠能。六祖虽然是祖贯河北范阳的大族，但却是生长在岭南新州的百姓。唐初处于岭南溪洞地区的新州，佛教寺院众多，但它在岭南的地位和名气，依然无法与广州和韶州相比，太过偏僻。因此，惠能的南宗禅无法通过溪洞地区得到弘扬发展。惠能在广州法性寺落发受戒，表面看来是机缘巧合，实则是一种有意识的选择。受戒后的惠能，从长远考虑，选择了韶州曹溪来弘扬发展南宗禅法，更是一种胸有成竹的果断选择。只是到晚年，惠能考虑到报恩与叶落归根，才圆寂于家乡新州。这正如明代著名禅宗大师憨山德清所言，六祖惠能的南宗禅“其根发于新州，畅于法性，浚于曹溪，散于海内。是知文化由中国渐被岭表，而禅道实自岭表达于中国”①。正是由于惠能生在新州，才使他创立的南宗禅有了下层劳动人民的思想基础。新州由于处在溪洞地区，因为太过偏远荒僻，难以使之作为基地，使南派禅宗得到发展。广州一带虽有制旨寺、法性寺，如作为南禅弘扬基地，难以远离尘嚣，

① （明）释德清．题门人超逸书《华俨经》后．憨山大师梦游全集（卷八）．

难免受到权贵官府的羁系，背离了山林禅宗的原始特征。而只有韶州，地处岭南进出咽喉，具有南禅发展的多种条件。因此可以说，岭南文化孕育南派禅宗大师惠能，五祖弘忍慧眼选中了惠能。作为禅宗在岭南的传承代表，惠能确实不负重托，依托岭南，植根曹溪，带领弟子门徒，通过数十年的不懈努力，终于为南派禅宗打下了雄厚的基础。又经过惠能众多南禅弟子的艰苦努力，终于使南禅越过南岭，在“安史之乱”后的唐代，利用有利时机，开辟了一片新的天地。《坛经》的横空出世和六祖地位的奠定也就顺理成章了。

惠能生长在岭南，是岭南的特定文化滋养和孕育了他。惠能具有聪明智慧，通过刻苦努力，使五祖弘忍基于禅宗在岭南的弘扬发展考虑，选择了他作为禅宗向岭南发展的代表。惠能进一步选择了韶州曹溪这个有利位置作为基地，对禅宗进行了革命性变革，使之更适合为中国人民大众接受。同时，也为唐朝统治阶级的佛教政策所认可。成为六祖的惠能，既不是新州（新兴）的，也不是广州的或者四会、怀集的，更不是韶州（韶关）曹溪南华寺的，而是岭南的、禅宗的。他之所以成为六祖，他的南派禅宗弟子门徒付出了无法言表的巨大努力和血与生命的代价。

惠能与宝林道场的重修和扩建

六祖惠能与韶州有缘，在黄梅得法前，就曾在韶州的曹溪宝林寺居留。到底有几次，每次有多长时间，由于禅宗主张教外别传、不立文字，因此现在很难说得很清楚很具体。流传下来的文献资料，对惠能在韶州的具体记载又不一致。但是，惠能在黄梅得法前后在韶州宝林寺居住不止一次，确是事实。而且，正是惠能与韶州曹溪宝林寺结缘，才使曹溪宝林寺得以兴盛和发展。惠能代表的南派禅宗以韶州曹溪宝林寺为根据地，不断兴盛和发展。韶州曹溪宝林寺也在禅宗思想的弘扬和传播的过程中得到重建和发展。如果说南派禅宗思想发展兴盛主要是缘于惠能的六祖大师身份及努力，那么，曹溪宝林寺的地缘优势也为这种发展兴盛起了重要的作用；同时，惠能也为曹溪宝林寺的发展和兴盛起了重要的促进作用。

因惠能而得到重修的曹溪宝林道场

曹溪宝林寺开山，相传是在南朝梁武帝萧衍天监年间。“梁天监元年，西域智药三藏航海而来，初登五羊，至法性寺，以所携菩提树一株，植于宋求那跋陀三藏所建戒坛之前……及至南海到曹溪口，掬水饮之，香美异常。谓其徒曰：‘此水与西天之水无疑，源上必有胜地，堪为兰若。’乃溯流穷源至此，四顾山水回合，峰峦奇秀。叹曰：‘宛如西天宝林山也。’因谓居民曰：‘可于此山建一梵刹，一百七十年后，当有无上法宝于此演化。得道者如林，宜号宝林。’”① 韶州牧侯敬中表奏朝廷，得到梁武帝的批准，并赐额曰“宝林”，梵宫（佛寺）遂成。时在天监三年，即公元504年。佛教传入中国是在两汉之际，岭南虽处于边鄙之地，佛教于六朝时期传入岭南也不算晚了。但佛教禅宗祖庭在韶州的真正兴盛和发展，是唐朝及其以后的事情，而这种兴盛和发展又与六祖惠能的结缘密不可分。尤其是惠能在世之日，韶州宝林寺就开始不断地发展。这种发展的一个侧面，就是宝林寺的重修、重建和扩建。惠能在世之日，随着他的影响的不断扩大，宝林寺逐步得到发展。每一次修建，都和惠能有着密切关系。

无尽藏尼的庵堂

道原《景德传灯录》记载：“师（惠能）遽告其母，以为法寻师之意，直抵韶州。遇高行士刘志略，结为交友。尼无尽藏者，即志略

① （清）曹溪通志（康熙年间重修）.

之姑也，常读《涅槃经》。师暂听之，即为解说其义。尼遂执卷问字，师曰：‘字即不识，义即请问。’尼曰：‘字尚不识，曷能会义？’师曰：‘诸佛妙理，非关文字。’尼惊异之，告乡里耆艾云：‘能是有道之人，宜请供养。’于是居人竞来瞻礼。近有宝林古寺旧地，众议营葺，俾师居之。四众云集，俄成宝坊。师一日忽自念曰：‘我求大法，岂可中道而止。’明日遂行。至乐昌县西山石室间，遇智远禅师，师遂请益。远曰：‘观子神姿爽拔，殆非常人。吾闻西域菩提达摩。传心印于黄梅，汝当往彼参决。’师辞去，直造黄梅之东禅，即唐咸亨二年也。忍大师一见，默而识之。”① 这里说的是惠能黄梅求法之前的事。这次惠能在曹溪居留期间，有一些崇拜他的民众，竞相前来瞻礼。但这时的宝林寺已经破败不堪，没有办法接待信众。考虑到便于接待信众，便对宝林古寺进行修葺。重新加些茅草顶盖，能够让惠能居住下来，让佛教信众能够听经请益就是了。惠能初到宝林寺就展示了独到的智慧和才华，惠能对佛经的独到悟解，通过无尽藏尼的宣传，引来四众云集，一时间使得长期以来遭受兵火摧残而破败不堪的宝林寺又热闹起来。传扬佛教禅宗大义的道场得以重修，当然，这次不是大兴土木的重建，而是重新修葺。因为惠能这时还没有得到禅法真传，还没有传法资格，没有在此长久居留的打算。不久，惠能到了乐昌，到西石岩石窟寺智远禅师那去了。虽然时间不长，宝林寺还是出现了四众云集、一时兴盛的局面。很明显，宝林寺的重修和兴盛与惠能的到来具有密切关系。宝林寺的重新修葺是地方居民出力出财。假如没有惠能的到来，宝林寺的最初修葺和兴盛也无从提起。

二、惠能黄梅得法后宝林寺的重建和兴盛

“师自黄梅得法，回至韶州曹侯村，人无知者。时有儒士刘志略，礼遇甚厚。志略有姑为尼，常诵《大涅槃经》。师暂听，即知妙义。遂为解说。尼乃执卷问字。师曰：‘字即不识，义即请问。’尼曰：‘字尚不识，焉能会义。’师曰：‘诸佛妙理，非关文字。’尼惊异之，遍告里中耆德云：‘此是有道之士，宜请供养。’有魏武侯玄孙曹叔良及居民，竞来瞻礼。时宝林古寺自隋末兵火已废，遂于故基重建梵宇，延师居之，俄成宝坊。师住九月余日，又为恶党寻逐。师乃遁于前山，

① （宋）释道元．景德传灯录（卷五“惠能”）．成都：成都古籍书店，2000.

被其纵火焚草木。师隐身挨入石中得免。石今有师趺坐膝痕。因名避难石。师忆五祖怀会止藏之嘱，遂行隐于二邑焉。”① 这是说，惠能在黄梅得法之后，又回到了宝林寺。当时的宝林寺，虽然经过修修补补，但经过战争兵火，已经破败不堪，几成废墟。为了让得法悟道的惠能在此讲经说法，于是就在宝林寺旧址上“重建梵宇”，实际上是重建佛寺和屋宇庙舍。此前的宝林寺几成废墟，不堪传道弘法之用，必须在旧址上重建，才可以让惠能留下。重建以后的宝林寺，香火居然又旺盛起来。这次宝林寺的重建和兴盛也和惠能有直接关系。

这时的惠能虽然在黄梅得法，但还没有剃度出家，处在“恶人寻逐”的危难中，想在韶州落脚并长期弘法暂时还不可能。六祖惠能这次在韶州宝林寺待的时间显然比在黄梅东禅寺要长，但最终还是根据五祖弘忍“逢怀则止，遇会则藏”的嘱咐离开了宝林寺，逃到深山老林中去避难。惠能避难多年（有说是十六年，有说六年），是在四会和怀集，还包括韶州和新州。《历代法宝记》说，六祖惠能“在十七载中，或在新州，或在韶州，或隐于四会、怀集”。

既然是避难，首先考虑的就是安全。韶州曹溪有惠能的朋友和信众会尽力保护他，又可以传道弘法，本应是首选。但事实证明，宝林寺太显眼，离交通要冲韶州很近，还是摆脱不了“命似悬丝”的险境。回归故乡新州也近情理，他总要看望一下久别的老母亲。即便母亲不在人世，也有乡亲不能忘怀。最安全的自然是四会和怀集的深山老林，在此避难也是正理。

三、惠能剃度出家后对宝林寺的大力扩建

隋以前韶州曹溪宝林寺的建立，与惠能没有关系。到了唐初，宝林寺近于废毁。由于惠能的出现，宝林寺又有了生机。只是情况特殊，持续时间不长。但是，正因为惠能的出现，曹溪宝林寺得到一次重修，一次重建。宝林寺的这两次修建，使之有了香火兴盛的机缘与开端。真正使宝林寺进入鼎盛的时机，是惠能剃度后再回韶州曹溪弘法。

惠能在广州法性寺落发受戒、开堂讲法不久，印宗法师就提出了“久在何处住”的问题。惠能很干脆地回答：“韶州曲江县南五十里曹溪村故宝林寺。”

---

① 丁福保. 六祖坛经笺注·机缘品第七. 济南：齐鲁书社，2012.

“次年（676 年）春，师辞众归宝林。印宗与缁向，送者千余人，直至曹溪。时荆州通应禅师与学者数百人，依师而住。师至曹溪宝林，睹堂宇湫隘，不足容众，欲广之。遂谒里人陈亚仙，曰：‘老僧欲就檀越求坐具地，得不?’仙曰：‘和尚坐具几许阔?’祖出坐具示之。亚仙唯然。祖以坐具一展，尽罩曹溪四境。四天王现身，坐镇四方。今寺境有天王岭，因兹而名。仙曰：‘知和尚法力广大，但吾高祖坟墓并在此地，他日选塔，幸望存留。余愿尽舍，永为宝坊。然此地乃生龙白象来脉，只可平天，不可平地。’寺后营建，一依其言。师游境内山水胜处，辄憩止，遂成兰若十三所。今曰华果院，隶籍寺门。其宝林道场，亦先是西国智药三藏，自南海经曹溪口，掬水而饮，香美异之。谓其徒曰：‘此水与西天之水无别，溪源上必有胜地，堪为兰若。’随流至源上，四顾山水回环，峰峦奇秀。叹曰：‘宛如西天宝林山也。’乃谓曹侯村居民曰：‘可于此山建一梵刹。一百七十年后，当有无上法宝于此演化。得道者如林，宜号宝林。’”①

宝林寺后山卓锡泉门牌

宝林寺曹溪山门

① 宗宝．六祖大师缘起外纪六祖大师法宝坛经（附录）．林有能主编．六祖惠能思想研究（三）．香港：香港出版社，2007.

上面所说好像是一个神话传说。但传说里面也有历史的影子和真实。惠能完成了曹溪宝林寺的扩建确是事实。而四大天王现身，则是被神话了。惠能不在广州永久居住弘法，自有他的诸多理由。来到韶州，有些条件也比不上广州。但惠能毅然来了，并开始面对和解决遇到的问题和困难。最急迫的问题，就是宝林寺的扩建问题。因为宝林寺堂宇破败，狭小潮湿，惠能带来的数百弟子信众，怎么也容不下，何况还要向社会上俗家信众传播禅宗教义。宝林寺周边土地是当地士绅陈亚仙的。要扩建宝林寺，非找陈亚仙解决不可。经过惠能和陈亚仙一番智慧的对话，陈亚仙居然答应了惠能的要求。解决这一问题，需要巨大的智慧和胆略。禅宗要通过宝林寺发展，没有地盘和传播场所（道场）是不可能的。惠能向陈亚仙求得所谓的“一坐具”拟或是“一袈裟”的地方，无论是买的，或者是接受的施舍，都不是很简单的事情。惠能代表禅宗宝林寺也会作出一些让步和牺牲，比如他同意在宝林寺保留陈亚仙的家族祖坟。更主要的是，恢复地产给宝林寺的进一步发展带来了契机，曹溪一带很快建成了十三所佛寺建筑，根据后来台湾禅宗大师印顺的研究可知，惠能也因此可以在多处居留，讲经弘法。通过这次宝林寺扩建，惠能还在卓锡泉（即九龙泉）右边专门建了一处庵宇供无尽藏尼居住。后经历代僧人重修扩建，最终建成了一个规模很大的女众修持院。除建有富丽堂皇的佛殿外，还有能住上百尼姑的两排楼房以及斋堂、客堂、功德堂等。通过惠能对曹溪宝林寺的扩建和整合，周边的佛教别院和茅棚也都归属到宝林寺门下了。

神龙元年（705 年），唐中宗李显复位后，于正月十五即下诏敕迎六祖惠能到京城大内供养，惠能以年迈风疾表辞不去。中使薛简以辞表奏闻，唐中宗又赏赐给惠能磨衲袈裟一领及绢五百疋，以为供养。神龙三年，唐中宗又“敕下韶州百姓：可修大师中兴寺佛殿及大师经坊，赐额为法泉寺，大师生缘新州故宅为国恩寺”①。景云二年（711

宝林寺藏经阁

① 杨曾文校．曹溪大师传．林有能主编．六祖惠能思想研究（三）．香港：香港出版社，2007.

年)，惠能在曹溪山宝林寺造佛塔，于先天二年（713 年）工程还未完成，惠能便催促早点完工，说自己该走了。由于皇帝的下诏和赏赐，惠能的名声更大。尤其是赐额“法泉寺”，为曹溪禅宗道场掀开新一轮的发展和兴盛的序幕。也正是这个时期，宝林寺改称法泉寺。到了宋朝开宝元年（968 年），宋太祖敕“南华禅寺”名，这一名称一直被沿用下来。

赵朴初题写的南华禅寺匾额

六祖惠能一生活动在唐朝时期。除了他的禅宗思想不断发展变化，逐步向国内外传播以外，他所弘法三十七年的宝林寺，也在他生前得到发展和壮大，并具有相当规模。因此，宝林道场的发展兴盛和六祖惠能南禅宗的发展壮大息息相关。

莫昌龙　李明山　供稿

惠能“竟不奉诏”的史实与原因

惠能出生在新州（今广东新兴县），北上求法路过韶州曹溪曹侯村与宝林寺结缘，还到过乐昌坐禅，再到湖北黄梅寺八个月，得到了五祖所传禅宗衣钵。折返岭南以后，又在曹溪逗留，因为被人寻逐，便隐遁怀集、四会等地，多年后才在广州剃度。很快，就又回到了曹溪宝林寺（今南华寺），行化四十多年①。七十六岁圆寂，把真身永久地留在了韶州宝林寺。在韶州曹溪期间，惠能大力弘扬东山法门，倡导顿教，门下信众骤然增多，影响迅速扩大。惠能在曹溪弘法期间，唐中宗等都曾敕书征召惠能到京城供养，但他都以老疾相辞，“竟不奉诏”，最终也没有听从皇帝的诏请。对于“竟不奉诏”，自从20世纪二三十年代有学者对这一史实产生怀疑，后来就一直争论不断。假如历史上没有这一事实存在，后面的研究也无从谈起了。

一、关于惠能“竟不奉诏”史实的真伪问题

王维《六祖能禅师碑铭》中记载说：“则天太后、孝和皇帝并敕书劝谕，征赴京城。禅师子牟之心，敢忘凤阙；远公之足，不过虎溪。固以此辞，竟不奉诏。遂送百衲袈裟及钱帛等供养。”② 这次“竟不奉诏”的理由，是“禅师子牟之心，敢忘凤阙；远公之足，不过虎溪”。

① 广东省佛教协会编·六祖坛经集成.2012；敦煌本《坛经》第29页；敦博本《坛经》第77页；旅博本《坛经》第148页。印顺著《中国禅宗史》也认同惠能在广、韶二州施化四十多年（667—713年），见中国禅宗史.南昌：江西人民出版社，2007.

② 全唐文（第三二七卷）；王右丞集（第二十五卷）.

《曹溪大师传》[1] 中说："至神龙元年正月十五，敕迎大师入内。表辞不去。"这次是派中使薛简带着唐中宗[2]的敕书，认为惠能"禀承有依，可往京城施化，缁俗归依，天人瞻仰"。但是，薛简并没能顺利完成皇帝的任务，惠能还上了一个《辞疾表》，申明"不奉诏"的理由，好让薛简交差。《辞疾表》说："惠能生自偏方，幼而慕道，叨为忍大师嘱咐如来心印，传西国衣钵，授东土佛心。奉天恩遣中使薛简，召能入内。惠能久处山林，年迈风疾。陛下德包物外，道贯万民，育养苍生，仁慈黎庶，旨弘大教，钦崇释门。恕惠能居山养疾，修持道业，上答皇恩，下及诸王太子。谨奉表。释迦惠能顿首顿首。"[3] 惠能《辞疾表》中"不奉诏"的主要理由是"久处山林，年迈风疾"。

柳宗元《赐谥大鉴禅师碑》说："大鉴始以能劳苦服役，一听其言，言希以究，师用感动……中宗闻名，使幸臣再征，不能致，取其言以为心术。其说具在，今布天下，凡言禅皆本曹溪。"[4] 柳宗元只是说唐中宗一再征召惠能到京城供养，但惠能都没有去，具体的原因却没有说。

明正统本《六祖大师法宝坛经》的"征诏第八"中云："则天、中宗诏曰：朕请安、秀二师宫中供养，万机之暇，每究一乘。二师推让云：南方有能禅师，密受忍大师衣法，传佛心印，可请彼问。今遣内侍薛简，驰诏迎请，愿师慈念，速赴上京。师上表辞疾，愿终林麓……简蒙指教，豁然大悟，礼辞归阙，表奏师语。其年九月三日，有诏奖谕师。曰：师辞老疾，为朕修道，国之福田。师若净名，托疾毘耶，阐扬大乘，传诸佛心，谈不二法。薛简传师指受如来知见。朕积善余庆，宿种善根。值师出世，顿悟上乘。感荷师恩，顶戴无已，并奉磨衲袈裟及水晶钵。敕韶州刺史修饰寺宇。赐师旧居为国恩寺。"[5] 后来，诸本《坛经》对皇帝征召六祖惠能到宫中供养都有内容

---

① 杨曾文校．曹溪大师传．林有能主编．六祖惠能思想研究（三）．香港：香港出版社，2007.

② 原文为唐高宗。杨曾文先生考证指出：神龙元年不可能是高宗，而是中宗，因是武则天和唐中宗的权力交接期间，故如此。

③ 杨曾文校．曹溪大师传．林有能主编．六祖惠能思想研究（三）．香港：香港出版社，2007.

④ 钱育渝．原禅．贵阳：贵州人民出版社，2001；释妙峰主编．曹溪：禅研究．北京：中国社会科学出版社，2002.

⑤ 广东省佛教协会编．六祖坛经集成·六祖大师法宝坛经．2012；六祖大师法宝坛经（曹溪原本）．

类似，但时间和表达方式不一的记述。如有的《坛经》将其记为“征诏品”，有的记为“唐朝征诏第八”，有的记为“护法品第九”。

对于唐中宗一再征召惠能到京城施化的真实性问题，在20世纪二三十年代就有人提出质疑，甚至直接对收入《全唐文》的唐中宗诏请惠能敕文的真伪提出了疑问。胡适先生以“大胆假设，小心求证”著称，他认为唐中宗征召惠能的诏书“是伪造的诏书”①，主要理由是唐中宗诏书不见于《唐大诏令集》，也不见于当时保存的两个最古本的《坛经》，只见于后来经过增删的《坛经》。到了21世纪之初，杜继文先生等人在《中国禅宗通史》中也说：“唐王朝是否征召过惠能，是个悬案。史中所附敕文之鄙粗，所记历史之错乱，只能是出自某个半通文墨者的伪造。后来好事者的精加工，补救了它们的缺陷，愈显其伪。”②

胡适先生作为学术大家介入佛教禅宗研究，对促进这一领域的发展并引起世人的关注，作用自然是巨大的，并且得到学术界的肯定。但他运用所谓“大胆假设，小心求证”的治学模式所得出来的结论，也引起了学术界的非议。最早，钱穆先生就对胡适研究《坛经》得出的结论就有过訾议。胡适研究《曹溪大师传》（也称《曹溪大师别传》）得出的一些结论，如他认为《曹溪大师传》是“一个无识陋僧妄作的一部伪书，其书本身毫无历史价值”③ 等观点，也受到杨曾文先生的批评和辩正。杨曾文先生经过考证，认为王维的《六祖能禅师碑铭》早于《曹溪大师传》三四十年，而柳宗元的《赐谥大鉴禅师碑》又比《曹溪大师传》晚产生三十多年。④ 杨对征召事实的存在和意义作了充分肯定。

王维《六祖能禅师碑铭》、《曹溪大师传》和柳宗元《赐谥大鉴禅师碑》，这三种文献都是记载唐朝皇帝征诏惠能赴京施化之事的重要文献，都是完成于唐朝。王维和柳宗元都是当时颇具名声地位的文人学者，不至于违犯唐朝“诈为制书”（见《唐律疏议》卷二十五）律

---

① 胡适．坛经考之一．近现代著名学者佛学文集·胡适集．北京：中国社会科学出版社，1995.

② 杜继文，魏道儒．中国禅宗通史．南京：江苏人民出版社，2008.

③ 胡适．坛经考之一（跋《曹溪大师别传》）．郭朋编．坛经（第二版）．成都：巴蜀书社，1996.

④ 杨曾文校．曹溪大师传．林有能主编．六祖惠能思想研究（三）．香港：香港出版社，2007.

条，去编造皇帝征诏惠能的事实，冒获被绞死重罪的危险。王维和神会关系再好，对惠能再崇拜，也不敢受托伪造皇帝诏书文字，去招来杀身之祸。何况，这些文字有的还要镌刻到石碑上，要长久公之于众的。即便是再无知的“陋僧”，也知道保全自己的性命，不会明目张胆地去伪造诏书文字，无中生有地让惠能和皇家搭上关系，伪造一本《曹溪大师传》的小册子，给自身和禅门带来祸患。

胡适证伪武则天、唐中宗征诏惠能京城施化诏书的一个重要证据，是说这些诏书不载于《唐大诏令集》中。《唐大诏令集》确实是用皇帝口气发布的官方文书汇编，而实际上大都是臣僚执笔的职务作品。它可以补新旧《唐书》、《通典》、《唐会要》、《册府元龟》等在这方面的不足，但同时它又有多方面的缺失。一是《唐大诏令集》的现存各本，都不是编纂者完成时的原貌，全书缺了23卷，即缺少了第十四至二十四卷，第八十七至九十八卷。这23卷所包含的诏令数目可观。二是编纂者宋绶及其子宋敏求在编纂过程中也多有疏失和遗漏，商务印书馆、中华书局等出版此书时都有明确说明。《唐大诏令集》的初始内容是由宋绶收集，当时他没来得及编纂成书就去世了。其子宋敏求是北宋史官，因“忤权解职”，无所事事，于是把收藏多年的旧稿拿出来进行了编辑。宋敏求完成书稿的时间是熙宁三年（1070年）九月，距他父亲宋绶离世已有30年。宋氏父子收集完成《唐大诏令集》的时间，距武则天诏请惠能也有至少三百年的时间。时间久远，必然会使文献的散落缺失成为可能。三是诏令由文人学士代笔，多有曲笔回护问题，内容的缺失和不完整是必然的。不能说在其他多种文献中有记载，而《唐大诏令集》没有记载诏令，就不是事实，就是伪造的东西。对于唐朝皇帝诏请惠能赴京施化之事及其诏书，也应作如是观。何况，《唐大诏令集》中没有的，不一定是不存在的。《唐大诏令集》中有的东西，也不一定是事实。正因为如此，后来人们通过进一步研究，对《唐大诏令集》作了补充和再补充。如李希泌等于2003年12月在上海古籍出版社出版了《唐大诏令集补编》，它比《唐大诏令集》收集到的诏令1 688条，多出四千余条。《唐大诏令集补编》卷三十著录一条《遣送六祖衣钵谕刺史杨瑊勅》：“朕梦感禅师请传法袈裟却归曹溪，今遣镇国大将军刘崇景顶戴而送。朕谓之国宝，卿可于本寺如法安置，专令僧众亲承宗旨者，严加守护，勿令遗坠。”① 这是朝廷出于对禅宗的敬重或者利用，在六祖惠能去世后征召禅宗传法袈裟赴内庭。或许是曹溪僧侣追请索要，代宗以托梦为由，派人携敕书将六祖传法袈裟一并送回曹溪。这条摘自《全唐文》第五十七卷的代宗朝颁布的敕书，离惠能圆寂仅50年。唐代宗迎送六祖传法袈裟敕书的真实性应该是没有疑问的。这样，同样收入《全唐文》的武则天、唐中宗征召惠能的诏书应该也是真实的。至今，韶关南华寺仍藏有武则天圣旨一件。武则天圣旨文字也见诸清释真朴重修的《曹溪通志》②。

韩昇、张达志等学者认为，唐朝的诏令收集，仅有《唐大诏令集》和《唐大诏令集补编》还不够，还需要补订。在前人的基础上，他们完成了《唐大诏令集补订》，在上述二书的基础上，增补了唐代诏令一百多条。当然，这都是胡适证伪武则天、唐中宗征诏惠能京城施化诏书以后的事。

因此，仅凭《唐大诏令集》不记载武则天、唐中宗征诏惠能京城施化诏书，并不能断言这些诏书及其史事就是伪造的。仅凭《唐大诏令集》著录与否，就断定“竟不奉诏”的真伪是不可靠的。根据王维、柳宗元碑文，《全唐文》，《唐大诏令集补编》及《曹溪大师别传》的记载，可以肯定地认为：武则天、唐中宗征诏惠能京城施化的诏书是存在的。根据唐朝皇帝在两京供养神秀、慧安、神会等禅宗大师的先例和史实，也可以推定武则天、唐中宗征诏惠能京城施化之事是符合逻辑的历史事实。

有了这一逻辑推理，我们就有理由和必要对后面发生的“竟不奉诏”的原因作进一步的探讨。

二、惠能“竟不奉诏”的原因

惠能“竟不奉诏”，拒绝朝廷征召去京城施化问题，不止一次出现在唐代碑刻和文献中。后来《坛经》的几种版本，也都有“竟不奉诏”的类似记载。

“竟不奉诏”，“竟”可以作多种解释。可以作“终了”、“最终”、

① 李希泌．唐大诏令集补编（卷三十）．上海：上海古籍出版社，2003.

② （清）释真朴重修．曹溪通志．岭南名寺志（之七）．杨权等点校．香港：梦梅馆，2008.

“终于”、“到底”解释，也可以作“自始至终”、“一直”、“居然”、“竟然”等多种解释。对于“竟不奉诏”，还可以理解为皇帝多次下诏，惠能都没有奉诏。也可以理解为皇帝直接下诏邀请，惠能居然（竟然）没有奉命。因为按照一般人的心态，能得到皇帝的召请，是很难得的荣幸和恩宠，是求之不得之事。得此恩宠，“竟不奉诏”，又是让常人不可理解和诧异的。受到皇帝的召请，有可能一步登天，带来荣华富贵。如果“不奉诏”，则可能会带来灾难和祸患，这在中国秦汉以至隋唐历史上确有前例可循。

史料记载，惠能“竟不奉诏”主要有两个原因：

一是以王维《六祖能禅师碑铭》所言“禅师子牟之心，敢忘凤阙；远公之足，不过虎溪”为代表，“竟不奉诏”的原因是为了保持禅宗祖师的传统。

二是“年迈风疾”。《曹溪大师传》中说：“至神龙元年正月十五，敕迎大师入内。表辞不去。”这次是派中使薛简带着皇帝的敕书，认为惠能“禀承有依，可往京城施化，缁俗归依，天人瞻仰”。但是，薛简并没有完成皇帝的任务，惠能还上了一个《辞疾表》，申明理由，好让薛简交差。《辞疾表》中称：“惠能久处山林，年迈风疾。”① 这是惠能“不奉诏”的主要理由。宋代以后诸本《坛经》也都依前所述，“上表辞疾”“竟不奉诏”。

惠能“竟不奉诏”的原因，王维说对了，但不完全；《曹溪大师传》中及其类似的“上表辞疾”，也是理由，但也不完全。惠能“竟不奉诏”的主要原因应该从以下几个方面来认识：

（一）坚决继承禅宗祖师不奉诏、不当国师的传统

佛教禅宗发展到唐朝，有智慧的高僧大德心中也十分清楚：禅宗离开最高统治者的支持，是难以存在和发展的。前朝释道安就说：“不依国主，则法事难立。”对于这些，依惠能的大智慧，自然也了然于心。但是，他作为岭南的禅宗祖师，自然不能数典忘祖。皇帝的召请赴京，自然是对岭南禅宗的重视。如果不奉诏，是有风险的。在中国封建时代，诏书就是法令。在官场和世俗社会，别说不奉诏，就是“奉诏不谨”、“奉诏不恭”、“奉诏不敬”，都会有丢官、丧命的危险。

① 杨曾文校．曹溪大师传．林有能主编．六祖惠能思想研究（三）．香港：香港出版社，2007.

这在中国秦汉以后的历史上不乏其例。出身流官家庭的惠能，对此不会不顾忌。王维在《六祖能禅师碑铭》中所表述的惠能“竟不奉诏”的缘由“禅师子牟之心，敢忘凤阙；远公之足，不过虎溪”是准确的，符合惠能的实际。惠能对于皇帝的征召，虽然感到无法从命，但也要显得毕恭毕敬，说些感恩戴德的话，再找一个恰当的理由来拒绝。明明不想去京城，又不能说去京城不好，还要把京城说成是自己时时不能忘怀的“凤阙”。王维引用了《庄子》中的一个故事：“中山公子牟谓瞻子曰：身在江湖之上，心居乎魏阙之下。”比喻惠能也像中山公子牟对瞻子说的那样：“我虽身居江湖之上，心思却时常留在宫庭里。”不仅如此，他还借晋代僧人惠远居住庐山东林寺送客不过溪的自我约定，作为惠能不奉诏赴京的历史依据：惠远与陶渊明、道士陆静修边走边聊，不知不觉过了虎溪，山上老虎见状骤然吼鸣，三人只好大笑而别。惠能不下山应诏赴京，坚持以上两个理由是可以应付得过去的。第一个理由，是感恩朝廷，虽然不奉诏，但仍然心系宫阙；第二个理由，远足不出山是佛家既有的先例。

惠能不奉诏还有一个原因，就是禅宗祖师具有“不奉诏”的先例和传统。对这一点，惠能即便是没有直接表达出来，也是很重要的客观事实。四祖道信就是多次不奉诏的禅宗祖师。唐朝贞观年间，太宗皇帝由于仰慕四祖道信的道风，很想一睹他的风采，于是就下诏邀请。殊不知道信拒不奉诏。一次下诏不来，便再次诏请，结果四祖还是推辞不来。太宗也很执着，于是就三次（有的记载是四次）下诏。第三次下诏时，太宗为了逼四祖下山进京，还特别交代使者说：如果人不来，就把他的头取来。使者上了山，宣读了诏书，四祖不仅“竟不奉诏”，而且还神色不变地伸出脖颈，让使者割了他的头带到京城给皇帝复命。使者非常惊讶，不敢动手，只得回去报告了皇帝。当时天下初定，皇帝为了笼络人心，不但没有取四祖的头，而且表示了更加宽容的态度，对四祖厚加赏赐。惠能虽然以不识字自命，但他对祖师之事不能不知。惠能自己作为传宗大师，对于前代祖师之行事传统，自然要景行唯谨。至于神秀等的接受征召，那是值得研究的另外一个问题。

据《传法宝记》的记载和描述，道信的禅法十分简单，主要包含两项内容，一是坐禅，二是作务（即劳作、劳动）。道信每每劝门人说：努力勤坐，坐为根本。能作三五年，得一口食塞饥疮，即闭门坐，

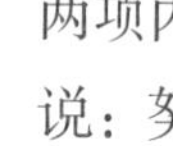

莫读经，莫共人语。这种“作”，不是指一般的日常行为，而特指农业劳动。祖师禅是特别讲究自立的，所谓自立，不仅仅是禅学的自悟自修，主要是指禅在经济上的自养，政治上的自立，摆脱政治和经济依赖性。所以，禅宗道场一般都建立在诸省交界处，或者是偏远省份，这都有助于实现这种自立。在政治上自立，就是和皇室政权保持一定距离，不入宫廷，不当国师。在道信和弘忍时代，都有敕命入宫，又都有拒绝入宫的传说，这便形成了一个传统。

《曹溪大师传》记载了弘忍传衣法给惠能后到了九江驿的一段告诫：“后有邪法竞兴，亲附国王大臣，蔽我正法。汝可好去。”① 这一嘱咐可以理解为两层意思：一是安全抵达岭南；二是好自为之，弘扬正法，别做对不住祖师的事。惠能对于弘忍的临别嘱咐，无论如何也是不会忘怀的。皇帝征召时，神秀、慧安已在京城成为僧首，受到朝廷和大臣的崇拜，惠能“竟不奉诏”也就合情合理了。但这个原因，惠能又不能作为不奉诏的理由表达出来。惠能为了继承禅宗祖师传统，为了护法，只能托病婉拒。所以，后来《坛经》就干脆把惠能的不奉诏当作护持禅宗正法来看待，说成“护法”，并把这些内容作为一个重要部分独立出来。传承统续和护持正法就是惠能“竟不奉诏”的一个主要原因。

禅宗四祖、五祖的传统，假如到了六祖那里就改变了，还叫什么禅宗？还是什么六祖？禅宗祖师都到京城当了国师，还谈什么农禅并举？还保持什么丛林特色？这一点，惠能是把握得比较好的。

禅宗作为丛林文化，惠能了然在心。他在广州剃度之后，印宗法师曾询问过他的长久弘法去向（“久在何处住”），他当即成竹在胸地回答：“韶州曲江县南五十里曹溪村故宝林寺。”② 广州的光孝寺地处城市通衢，经济、文化都比较发达，弘法道场比韶州的曹溪山宝林寺好得多。惠能为何不在广州长住弘法，选择粤北偏远的曹溪山呢？很明显，这是惠能出于对禅宗丛林发展的长远考虑。假如禅宗弘法道场设在政治、经济、文化发达的城市，就很难获得清净，难免受到各种因素的影响和羁系。

---

① 杨曾文校．敦煌新本六祖坛经．北京：宗教文化出版社，2011.

② 杨曾文校．曹溪大师传．林有能主编．六祖惠能思想研究（三）．香港：香港出版社，2007.

（二）惠能“竟不奉诏”以老疾相辞，其实别有隐衷

朝廷对惠能的征召，事实上不止一次。第一次惠能找了个“老疾”的理由推辞掉了，没有奉诏进京。假如第二次还用以前的理由，显然是不合适的。但是，惠能既要坚持祖师不奉诏的传统，又不能太刺激朝廷、得罪皇帝，这就需要拿出智慧来解决这个问题。

皇帝第一次遣使下诏征召惠能赴京未果，又下了第二次诏书。皇帝这次征召惠能与神秀有关。《坛经》的“护法品第九”中说：“神龙元年上元日，则天中宗诏云：‘朕请安秀二师，宫中供养，万几之暇，每究一乘。二师推让云：南方有能禅师，密受忍大师衣法，传佛心印，可请彼问。今遣内侍薛简，驰诏迎请。愿师慈念，速赴上京。’师上表辞疾，愿终林麓。”①

《曹溪大师传》说得更加详细：“朕虔诚慕道，渴仰禅门，召诸州名山禅师，集内道场供养，安、秀二德，最为僧首。朕每谘求，再推南方有能禅师，密受忍大师记，传达摩衣钵，以为法信，顿悟上乘，明见佛性。今居韶州曹溪山，示悟众生，即心是佛。朕闻如来以心传心，嘱咐迦叶，迦叶辗转相传，至于达摩。教被东土，代代相传，至今不绝。师既禀承有依，可往京城施化，缁俗归依，天人瞻仰。故遣中使薛简迎师，愿早降至。神龙元年正月十五日下。”② 慧安和神秀虽然贵为国师，接受了朝廷供养，但仍然不敢忘记自己的身份。尤其是神秀，与惠能同出弘忍门下，为了能够共同弘扬禅法，一再向皇帝推荐惠能来京施化。在一次诏请不来的情况下，神秀又亲自写信邀请。但是，惠能要继承先祖传统，坚持不奉诏赴京，又不能因此得罪朝廷，也确实比较为难。不过，惠能还是凭借自己的智慧达到了既不开罪朝廷，又能不奉诏赴京的目的。对于朝廷，惠能说了一些冠冕堂皇感谢恩宠的话，找一些说得过去的理由，不让皇帝怪罪；同时还通过使臣，说出自己隐衷，让使臣和神秀予以理解。

《辞疾表》云：“惠能生自偏方，幼而慕道，叨为忍大师嘱咐如来心印，传西国衣钵，授东土佛心。奉天恩遣中使薛简，召能入内。惠能久处山林，年迈风疾。陛下德包物外，道贯万民，育养苍生，仁慈

---

① 法海编集，憨山大师勘校．六祖法宝坛经・护法品第九．

② 杨曾文校．曹溪大师传．林有能主编．六祖惠能思想研究（三）．香港：香港出版社，2007.

黎庶，旨弘大教，钦崇释门。恕惠能居山养疾，修持道业，上答皇恩，下及诸王太子。谨奉表。释迦惠能顿首顿首。"[①] 惠能的辞表是要给皇帝看的，所以内容和口气写得比较委婉，谦虚地说自己生在岭南偏僻山区，因慕道得弘忍传承如来心印。受皇帝恩宠有幸诏惠能入内。因久处山林，年迈风疾，不能赴京。但居山养病，修持道业，也可以上报皇恩。既说出了对朝廷感恩戴德的话，又找了一个"年迈风疾"的正当理由，最终还是不奉诏赴京接受供养。神龙年间惠能已六十多岁，确实是进入老年，到了好生毛病的年纪。但是，惠能的年纪和神秀相比，又小了许多。风疾是指风痹、半身不遂等症，惠能是否真有风疾，自然无法查考。但是以年老有病作为不赴京阙的理由也是足够了。其实，在外人看来，惠能是托病不赴京城的。除了前述原因之外，还有以下隐衷：

1."吾形不扬，北土之人见斯短陋，或不重法"的顾虑

如果说惠能在《辞疾表》中说的是给皇帝看的冠冕堂皇的表面文字，那么，他私下对使臣说的话，才是"竟不奉诏"的真实原因和理由。赞宁在《宋高僧传》卷八"唐荆州当阳山度门寺神秀传"中说："禅师身长八尺，厖眉秀目威德巍巍，王霸之器也。初，秀同学能禅师与之德行相埒，互得发扬无私于道也。尝奏天后请追能赴都，能恳而固辞。秀又自作尺牍序帝意征之，终不能起。谓使者曰：'吾形不扬，北土之人见斯短陋，或不重法。'"[②] 惠能一边通过使臣呈递辞表文书，一边私下向使臣说了在辞表中不便说的话，诸如"吾形不扬，北土之人见斯短陋，或不重法"应该也是惠能"竟不奉诏"的直接原因。惠能生长在岭南，黄梅求法时就被视为"獦獠"。这种阴影，长期不能消除。北方人见了自己这个形貌短陋的禅师，恐怕连自己的南宗禅法都会被看轻。当时在北方两京，皇帝已经召集了诸山大德禅师在内道场供养。慧安、神秀已经先入为主，成为两京道场的首领。或许是二人没有得到五祖的传法衣钵，感到底气不足，才推荐惠能赴京施化的。虽然神秀很真诚地亲自书写信函邀请惠能赴京，惠能始终坚信先师弘忍的预言和教诲，坚信自己与岭南有缘。惠能年纪轻轻就被弘忍授予禅宗衣钵，其中一个重要考虑，就是禅宗在岭南的可持续发

---

① 杨曾文校．曹溪大师传．林有能主编．六祖惠能思想研究（三）．香港：香港出版社，2007；杨曾文校．敦煌新本六祖坛经．北京：宗教文化出版社，2011.

②（宋）赞宁．宋高僧传（卷八）．北京：中华书局，1987.

展问题，这在弘忍向惠能传法时也有所交代。禅宗在北方的发展有神秀等大师，无需再传任何信物就已经绰绰有余，无需弘忍费心。而惠能则不同，年纪轻轻，尚未出家，主持岭南大片地域禅宗的弘扬发展大业，虽有聪明才智，却难免不被人信服。因此，弘忍唯独把衣钵传给了惠能，而其他禅宗大师，诸如神秀，本来道行高深，拜师弘忍之初，弘忍就对他加以默认许可，深加器重，推为上座师。弘忍还对人说，自己度人很多，至于悬解圆照没有能超过神秀者。事实如此，在弘忍圆寂后，神秀住江陵当阳山玉泉寺，不仅四海缁徒向风而靡，还应朝廷征召到宫廷道场弘法，成为两京法主、三帝国师。能够肩舆上殿，接受最高统治者的跪礼，地位可谓崇高。神秀越到晚年，越是达到地位的高峰。神秀在世之时，已经在朝廷先入为主，惠能再到京城，弘法地位也不可能超过神秀等人。这些，都是惠能加以考虑的因素。

2. “先师记，吾以岭南有缘，且不可违也”的弘法原则

惠能生长在岭南新州，在湖北黄梅得法，在广州剃度，却终生弘法于曹溪，严格地把握了禅宗的丛林发展特点。尤其是在数十年的弘法过程中，坚持足不过武溪[①]。可见，惠能当时坚持禅宗先祖不奉诏的传统，主要是为了保持禅宗的丛林特色和农禅并举的宗风。惠能不去京城，主要还是他坚信自己的事业与“岭南有缘”。

在朝廷下诏征召惠能赴京供养时，他呈递了辞表，在向使臣说了一番“吾形不扬，北土之人见斯短陋，或不重法”的拿不到台面上的话之后，接着他还说了一句：“又先师记，吾以岭南有缘，且不可违也。”[②]“记”在佛教语言中，是佛祖对弟子或发愿心修行的人的预言，所针对的对象是成果、做佛之事。“记”在佛教中是很讲究和受重视的。特别是“玄记”（也称悬记），是指佛祖遥记修行者未来证果、成佛的预言。

惠能之缘不在北方而在岭南，既是他自己的体认，也是客观存在，这可以从两个方面来看。惠能生长在岭南新州，除了黄梅求法到了湖北五祖弘忍处，修习了八个月的时间，其后一生都是在岭南度过的，

---

① （清）马元纂修．康熙韶州府志（卷七“名胜志”）．广东历代方志集成．广州：岭南美术出版社，2008. 武溪在韶关（古代称韶州、韶阳）城西，也叫西河或武江。惠能曾在西河（韶州城西）大梵寺讲说《坛经》。其后，就回到了韶州城东南数十里的曹溪山宝林寺，营建兰若十三所，曾住下院广果寺。除了回家乡新州，向北不再远行，人称足不过武溪，就是向北脚步没有超过武江。

② （宋）赞宁．宋高僧传（卷八）．北京：中华书局，1987.

终老于林麓，足不过韶州的武溪江。他七十六岁圆寂，除了青少年时期在家乡，再加上避难隐居和剃度出家，活动在新州（今新兴县）、怀集、四会、广州等地的时间不到一半，而大部分时间是在韶州曹溪宝林寺一带弘法。惠能到黄梅求法之前，有过一段时期的修法准备。先是在去黄梅之前结识刘志略，在无尽藏尼（刘志略姑母）处诵习《涅槃经》，还到过乐昌西石窟智远禅师处坐禅，到惠纪禅师处诵《投陀经》，然后才到黄梅求法。回到岭南后，先落脚韶州曹溪宝林寺，因为那是他熟悉的地方，有他自己的人脉关系。在韶州曹溪待了一个时期，因为仍被恶人寻逐，才又到了怀集、四会和家乡新州。这是所说的避难时期。

手抄的敦煌本、敦博本、旅博本《坛经》都说惠能“大师往曹溪山，韶、广二州行化四十余年”[1]。这是在惠能广州正式剃度以后的事。从惠能由广州光孝寺来到韶州曹溪山，曾受韶州刺史韦璩之邀，在韶州西河大梵寺开缘说法以后算起，在韶州（包括广州等地区）行化了四十多年。可知，惠能大半生的时光都是在曹溪山度过的。这样看来，惠能首先是和曹溪山宝林寺有缘，其次是和岭南有缘。缘作为人们互相进行联系的机会，放弃或者错过这种机会，对事业的发展都会产生不利影响。缘，不仅包括人缘，还包括地缘。而人缘和地缘又具有一致性。

3. 让南宗禅接地气，保持农民性和地方性

接地气是当今新潮时尚语言。其实，古代文献《礼记·月令》、《周礼·考工记》记载的孟春三月，就有“天气下降，地气上腾”、“地中之气”。“橘逾淮而北为枳，鸜鹆不逾济，貉逾汶则死，此地气然也。”[2] 这说明不同地区有不同气候。“接地气”表面上是接地中之气，实际上还有适应特定地域环境的意义，进一步可以引申为，只有地气和天气上下相接，在自然界才会出现生机盎然的状态。

再说惠能，当唐朝皇帝下诏要他到京城接受供养的时候，以他的智慧，他肯定会再三思考去与不去的问题。南禅宗是惠能经过数十年努力打造的适合在岭南发展的禅宗门派，一旦作为禅宗传宗的祖师只是为了个人尊荣富贵，当了皇帝国师和京城法主，那么整个南禅宗的

① 广东省佛教协会编．六祖坛经集成．2012。三种版本的书名标题均为《南宗顿教最上大乘摩诃般若波罗蜜经六祖惠能大师于韶州大梵寺施法坛经一卷．兼授无相戒弘法弟子法海集记》。

② 周礼·考工记．

发展就会前景堪忧、前途难料。这不仅使南禅宗徒众没了着落，他和长期联系的广大岭南农民也失去了联系的机会，就没了缘分。生于斯长于斯的惠能及其南禅宗，就是在岭南本土化了的佛教禅宗门派，既保有农禅并举的禅宗传统，又有浓郁的岭南地方特色。再说，历来的朝廷对于佛教，利用之意多，推重之意少。朝廷支持佛教发展，主要在于利用。支持的同时还包含着利用和羁系。在北宗神秀等已经先入为主的情况下，南禅宗祖师惠能更没有必要再到京城接受供养。假如惠能真的去了两京，南禅宗有可能到北方水土不服，他在南方的根基也可能受到动摇。他个人可能得到一些像神秀那样的崇高地位，但失落的有可能将是整个禅宗大业。其实神秀对于朝廷的供养也是不能适应的，只是他到了京城内庭已经是身不由己了。神秀曾经向朝廷申请，要回到原处，但是，既然来了就难以离去。对于禅宗大师来说，尊荣富贵不是他们所考虑的东西，他们注重的是禅宗大业的发展。在这一点上，惠能的智慧超过了神秀。“竟不奉诏”是惠能的大智慧，也是他把握住了南宗禅接地气的原则。

三、结论

六祖惠能在岭南弘传南宗禅法著名以后，唐朝皇帝一再召请他到京城施化，惠能“竟不奉诏”。自从胡适对此史实进行证伪之后，杜继文等也认为朝廷征召惠能及诏书是假的。这些史实虽然已经被杨曾文等学者进行了研究考实，但为了论析惠能“竟不奉诏”的真实原因，有必要再梳理史实真伪，然后对惠能“竟不奉诏”的原因做进一步较为深入的探讨。由于朝廷征召不只一次，惠能不奉诏仅用一个“老疾相辞”的理由是不完全、不真实的，而且，这也不是惠能“竟不奉诏”的真正原因。惠能坚决继承禅宗祖师固有的不奉诏、不当国师的传统，自己具有“吾形不扬，北土之人见斯短陋，或不重法”的顾虑，又要遵守“先师记，吾以岭南有缘，且不可违也”的弘法原则，还要接地气、保持南宗禅的农民性和地方性，才是“竟不奉诏”的真正原因。通过对惠能的“竟不奉诏”原因的全面考察，彰显了惠能恪守祖师传统的严肃禅风，他通过发挥自身的大智慧，达到了“竟不奉诏”的目的，使南宗禅的特性得以保全，这也是南宗禅的生命力之所在。

惠能的真身

一、六祖惠能生平行迹

惠能（638—713 年），又作慧能，俗姓卢，唐代新州（今广东新兴县）夏卢村人。契嵩《传法正宗记》[①] 载：（惠能）少孤，及长，采薪供母。一日闻客读经，至“应无所住而生其心”，问曰：“此法得于何人?”客曰：“此名《金刚经》，得于黄梅忍大师。”惠能由此而慕道，又蒙一客给银十两以养其母，遂辞母北行，即趋五祖——惠能于唐高宗咸亨三年（672 年）才到达湖北黄梅寺参谒禅宗五祖弘忍大师学法。

① 释契嵩．传法正宗记（卷六·震旦第三十三“祖慧能尊者传”）．

据《坛经》[①] 记载，惠能初见弘忍，弘忍问他："汝何方人，欲求何物？"惠能回答："弟子是岭南新州百姓。远来礼师，唯求作佛，不求余物。"弘忍听了仍随口说："汝是岭南人，又是獦獠，若为堪作佛？"惠能回答："人虽有南北，佛性本无南北。獦獠身与和尚不同，佛性有何差别？"弘忍听了微微吃惊，就让他随众劳动，被安排在碓房舂米，称"卢行者"。当时弘忍的徒众有七百人。在惠能入寺八个月之后，弘忍命各人呈上一首偈语，这实际上是一场考试，他要选择继承人。神秀是众僧中的首座弟子，他在半夜三更时分，独自掌灯，在佛堂的南廊写下一偈："身是菩提树，心如明镜台，时时勤拂拭，勿使惹尘埃。"清晨时，弘忍见到此偈后未予首肯，要神秀再作一偈。数日后惠能闻讯来到廊下，因他不识字，遂求人帮他在廊壁上也写下一偈："菩提本无树，明镜亦非台。本来无一物，何处惹尘埃。"弘忍看到是卢行者，就叫他退下。第二天弘忍悄悄来到碓房，以杖击碓三下，惠能会其意。当晚三更，弘忍为惠能说《金刚经》，又把世代相传的衣钵交给他，正式传他为禅宗六祖。

惠能得到传法衣钵，遵照五祖的嘱咐即刻动身返回广东。《景德传灯录》[②] 载：上座僧惠明禅师蹑迹追逐卢行者（惠能），但至大庾岭赶上时，惠明已无夺衣钵之心，反而对惠能说："我来求法，愿行者开示于我。"惠能曰："不思善，不思恶，正与么时，那个是明上座本来面目。"惠明当下大悟。惠能到岭南后，据《曹溪通志》记载："师自黄梅得法，回至韶州曹侯村。"说惠能先是隐藏在曹溪宝林寺旧址附近，并结识了村人刘志略，与之结义为兄弟，白天一起为人佣工，晚上听志略姑母无尽藏比丘尼读《涅槃经》，惠能为无尽藏析《涅槃经》之义，受到她的敬服。无尽藏乃遍召乡中耆德，称颂其道，曹叔

---

① 《坛经》，全一卷，全称《六祖大师法宝坛经》，又称《法宝坛经》、《坛经》。六祖惠能述，法海集，元代宗宝编。此为常见之流行本。另有几个版本：敦煌写本，全称《南宗顿教最上大乘摩诃般若波罗蜜经六祖惠能大师于韶州大梵寺施法坛经》，惠能弟子法海集记，全一卷，凡五十七节，不分品目，为各种版本中之最古本。日本兴圣寺本，亦称惠昕本，题为《六祖坛经》，晚唐僧惠昕编于宋太祖乾德五年（967 年）。据《郘斋读书志》、《文献通考所载》，惠昕所编共有三卷十六门，然现存者仅有二卷十一门，为南宋高宗绍兴年间（1131—1162 年）晁子健翻刻于蕲州，留传日本，由兴圣寺再行刻印。真福寺本、金山天宁寺本、大乘寺本皆属此一版本。曹溪原本，全称《六祖大师法宝经曹溪原本》，亦称契嵩本，全一卷，十品，二万余字，比敦煌写本字数多一倍，不著撰人（亦有版本署门人法海录）。有人认为此版本为契嵩所改编，亦有认为此即元代僧德异于至元二十七年之刊印本。

② （宋）释道元．景德传灯录（卷五"惠能"）．成都：成都古籍书店，2000.

良等竞来瞻礼，于是众人捐资在宝林寺故址重建寺院，延请惠能居之。后惠能暴露了行踪，又被“恶人”寻逐，就到了四会、怀集避难，隐迹在猎人中数年，直到唐高宗仪凤元年（676 年）才公开露面。据传，这年的正月初八，惠能来到广州法性寺（今光孝寺）。一天，风扬起寺庙的旗幡，两个和尚在争论到底是“风动”还是“幡动”？惠能说：“既非风动，亦非幡动，仁者心动耳。”惠能的说法，令众僧大为惊叹，引起了印宗法师的注意。至惠能出示传法衣钵，印宗反拜惠能为师。不久，印宗法师为惠能落发剃度，召集高僧名师为惠能举行了隆重的授戒仪式。次年春，惠能离开法性寺，北上到宝林寺正式开山传法。此后在宝林寺，六祖惠能开宗说法长达三十七年之久。其间，韶州刺史韦璩也常邀他到韶州城里的大梵寺讲经。惠能在大梵寺的讲经说法，后被其弟子法海汇编成《六祖大师法宝坛经》。

经过大梵寺说法，惠能名声渐著，并得到朝廷的诏请和敕赐。但惠能终其一生都偏处南方，其开创的南禅——禅宗南宗顿教的影响这时也只局限于南方，因而只是被称为“一方人物”或“弘化一方”①。与惠能不同，在北方弘法的神秀则因接受武则天的召见，被拜为“两京（长安、洛阳）法主”，后又受到中宗、睿宗礼遇，号称“三帝国师”，其所创北宗盛行一时。不过由于北宗未能得到五祖“顿门”嫡传和传宗“法衣”，始终未能将全国的禅众统一起来②。惠能去世后，由于安史之乱，两京寺院破坏严重，北宗受到沉重打击。在惠能著名的弟子神会（668—760 年）的号召下，兴起了一个全国性的破北宗、树南宗的运动③，惠能声望空前高涨，其所倡导的顿悟法门，不断得到广泛传播，遂开始奠定南禅在禅宗中的正统地位④。于是，“凡言禅皆本曹溪”⑤，曲江宝林寺（即后来的南华寺）也被公认为禅宗“祖庭”。至惠能去世百余年后的元和十年（815 年），唐宪宗追谥惠能为“大鉴禅师”，赐供奉六祖真身之塔曰“灵照塔”。唐代大文豪王维、柳宗元、刘禹锡曾先后撰有《六祖能禅师碑铭》、《赐谥大鉴禅师碑记》、《六祖大鉴禅师第二碑》。

---

① 净觉．楞伽师资记．

② （唐）张说．大通禅师碑铭；（唐）宋之问．为洛下诸僧请法事迎秀禅师表．

③④ 胡适．荷泽大师神会传．胡适文集（第 6 册）．北京：人民文学出版社，1998.

⑤ 柳宗元．曹溪第六祖赐谥大鉴禅师碑记．

现在南华禅寺供奉的六祖惠能真身像

有论者认为，“六祖惠能是禅宗史上一个非常重要的人物，他是中国禅宗的真正创建者。他标立‘自性是佛’的宗旨提倡直接简易的顿悟法门，建立了一整套富有特色的新的佛教理论。这套理论经后世的传播和发挥，掀起了一场影响极为深远的革命，使禅宗成为笼罩佛教数百年的最大教派，‘禅’成为佛教的代名词。”① 此论颇为中肯。禅宗改变了佛教照搬天竺（印度）烦琐的神学理论和宗教礼仪的状态，强调“我心自有佛，自佛是真佛，自若无佛心，向何处求佛”，不依赖外人，人人都可以成佛，一方面使佛教玄学化和儒学化，另一方面扎根于民间基层，变为适合中国人口味的宗教，实现了中国化，使禅宗不仅在社会的中下层广为流传，而且在上层社会的士大夫阶层也产生了深远的影响，取得了战胜其他宗派的决定性胜利。随着禅宗的兴盛，自中晚唐、五代始，汉族地区的其他佛教宗派基本上都逐渐沉寂了，独尊于天下的禅宗实际上就是南宗顿教。在这个过程中，惠能实际上是空前绝后的人物，是故禅宗排祖至惠能而罢（唐德宗贞元

① 徐文明．六祖惠能的生平和思想．法藏文库硕士、博士论文集（第二卷）．佛光出版社，2001.

十二年楷定神会为第七祖而禅门未予认可)[①]，其中固然有“衣钵不传”[②] 的缘由，更深层的原因恐怕是后世无人能在创新佛教理论体系上与惠能比肩，更无从超越。

惠能于唐先天二年（713 年）八月初三坐化于新州（今新兴县）国恩寺。由于惠能在禅宗史上的崇高地位及其对信众巨大的号召力和影响力，其门人及后世禅僧在记载惠能坐化前后的情景时有意无意地渲染了诸多神奇、祥瑞现象。

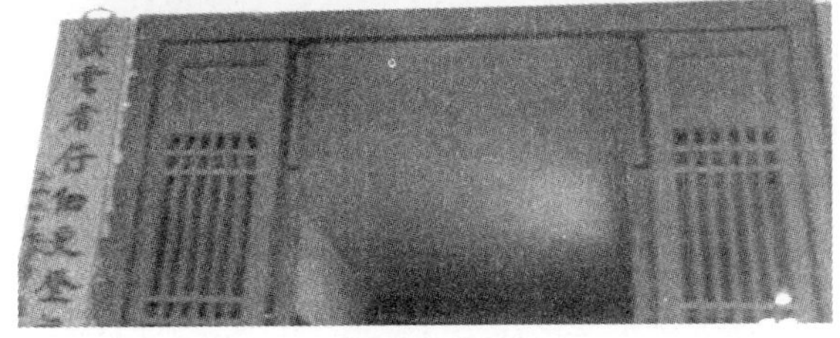

南华寺祖师殿

《坛经·付嘱品第十》云：“师于太极元年壬子，延和七月，命门人，往新州国恩寺建塔（塔龛）。仍令促工。次年夏末落成。七月一日，集徒众曰：吾至八月，欲离世间……大师先天二年癸丑岁，八月初三日，于国恩寺斋罢，谓诸徒众曰：汝等各依位坐，吾与汝别……”在交代完衣法等事宜后，“端坐至三更，忽谓门人曰：吾行

① 圆觉经大疏钞（卷三下）；禅门师资承袭图·佛祖统纪（卷四十二）.

② 《六祖大师法宝坛经·付嘱品第十》：“法海上座，再拜问曰：和尚入灭之后，衣法当付何人?”师曰：“……然据先祖达摩大师，付授偈意，衣不合传。”

供奉六祖真身的殿堂

矣。奄然迁化。于时异香满室，白虹属地。林木变白，禽兽哀鸣。”最澄《曹溪大师别传》亦云：“某月三日，（惠能）奄然端坐迁化。春秋七十有六。灭度之日，烟云暴起，泉池枯涸，沟涧绝流，白虹贯日。”惠能坐化后，门人即移其肉身至惠能此前“催令早了”① 的塔龛②封存。时围绕其肉身归所，“广韶新三郡官僚，洎门人僧俗，争迎真身，莫决所之”。“乃焚香祷曰：香烟指处，师所归焉。时，香烟直贯曹溪。十一月十三日，迁神龛并所传衣钵而回（曹溪）。”③ 到次年（开元二年）七月二十七日（或记为“次年七月二十五日出龛”），才在曹溪（宝林寺于唐中宗神龙元年敕改为“中兴寺”，三年又赐额为“法泉寺”）从龛中将惠能的肉身取出。出龛后，惠能“端形不散，如入禅定”④，“弟子方辩，以香泥上之”⑤，又“全身胶漆”⑥ 塑成真身，再以“铁叶漆布，固护师颈入塔（六祖圆寂后在宝林寺新建了木

①③⑤　六祖大师法宝坛经·付嘱品第十.

②　释契嵩《传法正宗记·卷六·震旦第三十三“祖慧能尊者传”》：“先此尝命建浮图（塔状棺）于新州国恩寺。及其年之六月六日。复促其倍工疾成。”

④　（宋）赞宁. 宋高僧传（卷八“唐韶州今南华寺惠能传”）. 北京：中华书局，1987.

⑥　最澄. 曹溪大师别传.

塔，半年后建成。这就是后来存放六祖真身的著名的‘灵照塔’，明代成化十三年改木塔为砖塔)”。故唐代王维（701—761 年）在《六祖能禅师碑铭》中云：“某月日，迁神于曹溪，安坐于某所。”由此，惠能真身坐像一直供奉于南华寺，迄今历一千三百年。

二、惠能真身所历劫难

出于宗教信仰和对祖师的崇拜，一千三百年来，惠能真身一直受到佛教禅宗信徒和官僚、士大夫的尊崇和瞻礼膜拜。然而，世事沧桑，变幻莫测。每逢乱世，生灵涂炭，六祖真身也不能幸免于劫难。综合历代各类文献，六祖真身自唐代至今，每罹于火灾、兵劫、战乱，曾经历了断首、断指、剖腹的破坏，到“文革”时更是险遭重创，保存到今天殊属不易。

“断首”是指一桩“孝子取首”的公案。事出于一个叫张净满的人，“适于洪州开元寺，受新罗国僧金大悲者，雇令取祖之首，归其国以事之”。在开元二十七年，“有刺客（张净满）来取头。移大师出庭中，刀斩数下”。只因“门人忆念取首之记，遂先以铁叶漆布，固护师颈”①，没有得逞，“众人唯闻铁声。惊觉见一孝子奔走出寺，寻迹不获”②。后经过官府的缉捕，“他日于邑之石角村果得其贼。史鞫问，贼自称姓张名净满，本汝州梁县人。吏欲以法坐之，刺史以其情不恶，乃问尊者弟子令瑫禅师。令瑫复以佛法论，欲吏原之。刺史善瑫之意亦从而恕之”③。至唐末黄巢破岭南，“寇至寺，毁大鉴左指一节持去，至此山，忽黄雾四塞，军行失道，随送返寺，礼谢而去”。寺僧将这节左指用银修复后又“为盗所窃，僧追至江，盗溺水而死”④。

五代时六祖真身又差点罹于火患。同治《韶州府志》卷三十八引黄通志：“聪公者，新州人，姓谭氏，生南汉时，自幼嗜佛，往南华寺参礼六祖，遂为沙弥，持戒律甚肃。忽一日梦祖师语曰：‘今夜三更吾当有难，汝能救我乎？’其夜寺火焚至塔殿，乃祖师圆寂之处。寺僧移之勿动，唯聪舁出山门。众大惊异。”

---

① 六祖大师法宝坛经·付嘱品第十.

② 最澄. 曹溪大师别传.

③ 释契嵩. 传法正宗记（卷六·震旦第三十三“祖慧能尊者传”）.

④ 曹溪通志（卷一“迷军山”）.

曾安放六祖真身的灵照塔

宋末、清代六祖真身又曾遭遇两次兵劫。文天祥记其被元兵俘后，押经南华寺北上见闻感遇之《南华山》一诗的附记云：“六祖禅师真身，数百年矣，为乱兵刲其心肝。乃知有患难，佛不免，况人乎。”① 清人姚福均辑《铸鼎余闻》卷四“六祖真身”一条云：“宋文信国《指南后录》有《南华山》诗，自注云：六祖禅师真身，盖数百年矣，为乱兵刲其心肝，乃知患难佛不能免，况人乎。又一题云：己卯五月十八日予以楚囚过曹溪，宿寺门下，六祖真身顷为乱兵窍其胸，探其心肝，盖意其有宝，故祸至此。”后来，“清朝咸丰年间，流窜到庙里的乱兵曾经打开过六祖真身，后来经过寺僧修整，补好了被打开的部分。”②

1934 年，六祖真身座上爬满了白蚁，把底座和存放真身木龛的一

① （元）文天祥．文天祥全集．北京：中国书店，1985.
② 何明栋主编．六祖惠能真身考．新修曹溪通志（附录）．北京：宗教文化出版社，2000.

部分都吃空了，虚云大和尚不得不重新换了底座和龛上的一部分木头。[①]

所谓“第三次剖腹”则是“文革”时期红卫兵所为。据林得众回忆说，有一年八月，数百名红卫兵气势汹汹地闯入南华寺“破四旧”。他们找到珍藏在寺内的六祖真身像及憨山、丹田和尚真身像，用菜刀从每个真身像的背后各砍开一个洞，想看看真身是真是假。结果发现真身像后背有铁杆支撑，有麻布包裹真身，虽然也看到了肋骨，但并没有像腊肉那样的肌肤。由此，红卫兵认为真身像是“假”的。于是，红卫兵运着自认为是假的三尊真身像游街三天，对围观群众展示说：“请看六祖真面目。”[②]

民国时期的惠能铜像

在一千三百年漫长的历史岁月中，六祖惠能真身像既要经受战乱

① 虚云老和尚年谱（法汇增订本）.

② 行健，呈见，冯昶．南华寺“六祖真身”保卫记．广东新闻网.

和灾祸等各种破坏，又要经受自然的长期侵蚀，能够保存到今天，确实是一件很不容易的事。

三、佛教徒葬俗演化及高僧不坏肉身葬法

佛教僧人（或佛教徒）死后保存肉身是佛教进入中国后中国化的产物。佛教在印度时盛行的是火葬，即实行的是“火焚水沉”①，佛教称火葬为荼毗，或称阇维、阇毗、阇鼻多等。佛教东传之初，中国“自释氏火葬之说起，于是死而焚尸者，所在皆然”②。然而，自南北朝一直到唐初，统治阶层往往将佛舍利的出现作为新朝建立的应天祥瑞，作为政治清明、皇帝圣睿的表征，赋予其相当强烈的政治功能，以致在社会上形成了舍利崇拜的风气。而后，隋唐至宋代有多个帝王制定政策强力推行儒家葬礼，影响所及，佛教徒葬礼（死后立即荼毗）的律例规定受到冲击③，僧人死后尸体保留一年（或更长时间）后再视完好程度选择全身葬或荼毗因此成为普遍的做法。

在唐初道宣《续高僧传》和宋代释赞宁《宋高僧传》两部僧传中，记载了不少高僧全身葬的葬法，归纳起来有以下数种：①石龛（窟）葬法。如道林“跏坐而终。停尸七日，色相无改，即于山西凿龛处之”④。智晞“结跏安坐，端直俨然，气息绵微，如入禅定……经停数日，方入石龛，颜色敷悦，手足柔软，不异生平”。道昂也是“端坐而终，卒于报应寺中”，道俗将他“还送寒陵之山，凿窟处之，经春不朽，俨然如初”⑤。世瑜死后亦“作龛坐之，三年不倒”⑥。善慧“以贞观八年四月跏坐而终，人谓入定，停于五宿，既以长逝，又不腐臭，乃合床内于窟中”⑦。宋僧宗渊死，“纸衣一袭葬焉。后开发，

---

① 南史（卷七十五“隐逸顾欢传”）.

② 永亨．搜采异闻录（卷三）.

③ （唐）道宣．续高僧传（遗身篇“论”）．台北：佛陀教育基金会出版部，1990.

④ （唐）道宣．续高僧传（卷十九“唐同州大兴国寺释道林传二”）．台北：佛陀教育基金会出版部，1990.

⑤ （唐）道宣．续高僧传（卷十九“唐台州国清寺释智晞传七”）．台北：佛陀教育基金会出版部，1990.

⑥ （唐）道宣．续高僧传（卷二十“唐绵州大施寺释世瑜传十二”）．台北：佛陀教育基金会出版部，1990.

⑦ （唐）道宣．续高僧传（卷二十九下“唐骊山津梁寺释善慧传九”）．台北：佛陀教育基金会出版部，1990.

神色宛然，弟子淡然、奉明葬之于岩穴之中矣”[①]。岩穴类于石窟。这种葬法可能对高僧肉身不作任何处理，在自然状态下将之置于开放式的自然环境之中。②塔（龛）葬法。《释氏要览》卷下：“今释氏之周身，其形如塔，故名龛。”即葬具为塔状僧棺。如禅宗四祖道信死后肉身葬于塔内，三年后“弟子弘忍等至塔开看，端坐如旧，即移往本处，于今若存”[②]。业方“后终，建塔在寺西北一里，肉身见存，而多神异焉”[③]。中唐时慧照禅师圆寂，因“定慧有功，位登不退”，于是门人“起塔供养”[④]。唐末有僧文喜，五代时遭乱兵“发喜塔，见肉身不坏，如入禅定，发爪俱长”[⑤]。普愿于唐大和年间死后，“门人奉全身于灵塔，从其教也”[⑥]。唐崇演“开成二年，终于净院，春秋八十四。以十月二十三日全身入塔云”[⑦]。义存死后亦“以其月十五日塔而藏之”[⑧]。五代时后梁存寿圆寂后“跏趺而坐，一月后髭发再生，重剃入塔”[⑨]。后周文益死后“颜貌如生”，僧侣们“具威仪礼迎引，奉全身于江宁县丹阳乡，起塔焉”[⑩]，等等。从上述文献记载来看，瘗于塔（龛）中的高僧肉身也是不作任何人工处理，以自然状态入葬。顺便提一下，这种全身入塔的葬法，称为身塔，与佛教东传之初建“窣堵坡（stupa）”以贮藏骨灰舍利的所谓灰身塔不同。[⑪]

另一种葬法则是对高僧肉身做脱水、防腐处理，并塑成真身，以期长久保存下来，作为菩萨真相永充供养。因此，在这个过程中，防腐处理和塑像是同时进行的。就是说，在对高僧肉体进行脱水处理后，要采用既达到防腐目的，又便于造像的某些方法和材料，使其真身像毕肖于高僧生前相貌。从各类相关文献记载来看，传统的做法主要有两种：①涂裹香泥。六祖惠能肉身出龛后，“弟子方辩，以香泥上

---

① （宋）赞宁．宋高僧传（卷三十“宋宜阳柏阁小宗渊传”）．北京：中华书局，1987.

② （唐）道宣．续高僧传（卷二十一下“唐蕲州双峰山释道信传十九”）．台北：佛陀教育基金会出版部，1990.

③ （宋）赞宁．宋高僧传（卷二十六“唐五台山昭果寺业方传”）．北京：中华书局，1987.

④ 潭行．大唐灵山寺故大德禅师塔铭并序（周绍良藏拓本）．周绍良．唐代墓志汇编．上海：上海古籍出版社，1992.

⑤ （宋）赞宁．宋高僧传（卷十三“唐杭州龙泉院文喜传”）．北京：中华书局，1987.

⑥⑦ （宋）赞宁．宋高僧传（卷十一“唐扬州慧照寺崇演传”）．北京：中华书局，1987.

⑧ （宋）赞宁．宋高僧传（卷十二“唐福州雪峰广福院义存传”）．北京：中华书局，1987.

⑨ （宋）赞宁．宋高僧传（卷十三“梁河中府栖岩山存寿传”）．北京：中华书局，1987.

⑩ （宋）赞宁．宋高僧传（卷十三“周金陵清凉院文益传”）．北京：中华书局，1987.

⑪ 《旧唐书》卷一九八“天竺传”云：“死者或焚尸取灰，以为浮图”．

之"[1]。唐法普因"其身不坏散，后以香泥涂缋之"[2]。五代南汉时清远东林寺僧聪公"于竹林中坐逝。寺僧以香泥塑其身奉之"[3]。香泥之中有药料，可吸水、防腐。②固以胶漆。唐僧遂端在"咸通二年，忽结加趺坐而化，须臾口中出青色莲花七茎。远近奔走，皆至观礼。邑人同心造龛，窆于东山之下。二十余年，坟茔屡屡光发，后开视之，形质如生。众迎还寺，漆纻饰之，今号真身院存焉"[4]。唐晋州代病和尚"以贞元十九年秋七月八日，奄然加趺示灭。四众初谓如嘉泉寺之禅定欤，香花供养，至于隔岁。肤肉渐坚，方知永逝，遂漆布缋画之"[5]。宋时常州永庆寺"故老相传有僧肉身泛海而来，状貌奇古。僧徒迎而置之寺，固以胶漆，奉以香火，至今存焉，远近求男女者多验"[6]。宋初明州乾符寺王罗汉"开宝初年六月内忽坐终。三日后漆布之"，"至今肉身存于本寺"[7]。在这种处理方法中，漆与布同时并用，即一层油漆一层苎麻布，重复多层，这种方法称为"夹纻法"。这里的油漆是天然漆树所产的漆液，是一种半透明树脂，亦称"生漆"。天然漆液具有黏合、保护及防水、防腐的作用，器物涂上生漆之后能长期保存，历久不坏。

从前述相关文献记载可知，在对六祖惠能肉身做防腐、塑像处理时，六祖的弟子方辩同时使用了以上两种方法，先"以香泥上之"，再"全身胶漆"，从而制作成我们所看到的保存了一千三百年的六祖真身像。

四、惠能真身像制作方法及其相关问题

由于相关文献对六祖真身像制作方法和过程的记载均过于简略或刻意回避，至今仍有不少人对其具体制作方法众说纷纭，莫衷一是。因此，我们有必要对六祖真身像的制作过程再作一番厘清和考证。

对六祖惠能肉身进行防腐塑像处理之前，首先就要对其肉身进行脱水。这个过程实际在惠能圆寂后，其肉体"入龛"时就已经在进行

① 六祖大师法宝坛经·付嘱品第十.
② （宋）赞宁．宋高僧传（卷十三"唐蕲州黄岗山法普传"）．北京：中华书局，1987.
③ 林述训，额哲克等修．韶州府志（卷三十八）．
④ （宋）赞宁．宋高僧传（卷二十五"唐明州德润遂端传"）．北京：中华书局，1987.
⑤ （宋）赞宁．宋高僧传（卷二十六"唐晋州代病师传"）．北京：中华书局，1987.
⑥ 孙应时，卢镇续．琴川志（卷十"永庆寺"条）．
⑦ （宋）赞宁．宋高僧传（卷二十二"大宋明州乾符寺王罗汉传"）．

了，只不过相关文献没有记载其方法与过程。也因如此，有论者认为，对六祖惠能肉身脱水的方法是六祖“圆寂前，身披袈裟，双腿盘屈，打坐入定，不吃不喝，使体内营养和水分逐渐耗尽，最终坐化圆寂”①。即认为六祖惠能坐化前夕靠“不吃不喝”耗尽体能和水分，人死即成干尸，自然脱水。但《坛经·付嘱品第十》却明确记载，惠能是“于国恩寺斋罢，谓诸徒众曰：汝等各依位坐，吾与汝别”。就是说，六祖在坐化前，仍然如常进食，故此说只是论者的想象，与文献记载的情况不符。前文已述，六祖真身像并没有像腊肉那样的肌肤，而致使“文革”时到南华寺“破四旧”的红卫兵认为真身像是“假”的。也有论者认为“六祖惠能是坐在神龛（即禅龛）中说完偈语，至三更坐化。然后将神龛连同里面的尸体一起密封形成干尸坐像”②。此说中的“密封形成干尸坐像”是对的，但“六祖惠能是坐在神龛（即禅龛）中说完偈语”则是对《坛经》所记“神龛”的误解。此龛并不是我们今天在寺庙里常见的那种开放式的“神龛”，而是其形如塔、密封式的以双缸对扣的塔形僧棺，或称“塔龛”。唐德宗时法钦被瘗于龙兴净院塔内，五代时乱兵“发此塔（龛），谓其中有宝货。见二瓮上下合藏，肉形全在而发长覆面。士兵合瓮而去”③。据此，六祖坐化后，徒众将其肉身“入龛”，“将（六祖）遗体放在两个盖密的大缸之中的木座上，座下有生石灰和木炭（有人认为还要在尸体周围铺上催干子这种中药④），座上有漏孔。经过相当时间后，内脏和遗体上的有机物腐烂流滴到生石灰上，不断产生热气，水分被吸干，变成坐式肉身干体”⑥。两缸对口相合密封，与空气隔绝，再加上采取防潮、催干措施，至一年后“出龛”，六祖的肉身经过将近一年的干燥、脱水，体内水分和脂肪等有机物已去除殆尽，这样当然不可能看到“像腊肉那样的肌肤”了。

六祖肉身出龛后，接着就要进行真身的制作了。这个工作是由六祖“善塑”的弟子方辩完成的。方辩在六祖生前就为他塑过“真相”。《坛经》记载说：“忽有一僧来礼拜，云方辩，是西蜀人……师乃出示。次问上人攻何事业？曰：善塑。师正色曰：汝试塑看。辩罔措。

---

①⑤ 徐恒彬．南华寺六祖惠能真身考．华南考古论集．北京：科学出版社，2007.

② 何明栋主编．六祖惠能真身考．新修曹溪通志（附录）．北京：宗教文化出版社，2000.

③ （宋）赞宁．宋高僧传（卷九“唐杭州径山法钦传”）．北京：中华书局，1987.

④ 杨鹤书．“金刚不烂身”与防腐葬——特种文物禅宗六祖真身像．羊城晚报，1981-07-19.

过数日，塑就真相，可高七寸，曲尽其妙。师笑曰：汝只解塑性，不解佛性。师舒手摩方辩顶，曰：永为人天福田。师仍以衣酬之。”①

方辩塑六祖真身的第一步，就是“以香泥上之”。香泥掺有防腐香料，可对六祖肉身进行最后的防腐处理，同时又可对肉身脱水后干瘪的表面进行填空补凹，而达到恢复六祖生前模样的效果。同时还要对因内脏流失而形凹陷的胸腔和腹部进行支撑填充，这就是“文革”时期红卫兵打开六祖真身像后背看到胸腔和腹内有铁杆支撑的原因。②接着，第二步是加裹漆布，再“以铁叶、漆布固护师颈”。所谓“漆布”，就是裹上一层苎麻布，上一层朱漆，如此反复几层，实际是利用苎麻布的张力结构与漆的黏性，等所塑的器形干枯后，凝结成为坚固的形象。这种夹纻法，也称“夹纡”、“挟纻”，唐慧琳《一切经音义》卷七十七引《释迦方志》说：“紻纻者，脱空象，漆布为之。”其工艺过程一般是先用泥塑成胎，后用漆把苎麻布贴在泥胎外面；待漆干后，反复再涂多次；最后把泥胎取空，因此又有“脱空像”之称。用夹纻法制作佛像，盛行于魏晋时期，晋代雕塑家戴逵（？—395 年）即以制作夹纻像著称于世。他曾为南京瓦棺寺制作过夹纻佛像五躯。③用这种方法塑像不但柔和逼真，而且质地很轻，因此又称“行像”（“行像”就是于宗教庆典时迎请佛像，必须把佛像请出寺院以外，类似过去客家地区六月六的“扛故事”）。

“善塑”的方辩就是用夹纻法对六祖惠能肉身进行加工。所不同的是他面对的像芯不是泥胎，而是六祖的肉身，是要进行真身塑像，过程之中既要保护和处理好六祖的肉身，又要恢复和表现六祖一代宗师的气质。这就与一般的夹纻脱胎像的塑造方法有所不同，其中的技巧要求更高，难度更大。方辩作为六祖的弟子，追随了六祖相当长一段时间，又曾在六祖生前为他塑造过“曲尽其妙”的真相，只不过由于其只注重“形肖”，而忽视六祖一代宗师的特有气质，当时被六祖评价为“只解塑性，不解佛性”。因此，在为六祖塑造真身像的过程中，方辩应该会在注重“形肖”的同时，在表现六祖“佛性”即其高僧气质的方面倾注大量心血，下一番苦功。我们今天所看到的六祖真

---

① 六祖大师法宝坛经·机缘品第七.

② 行健，呈见，冯昶．南华寺“六祖真身”保卫记．广东新闻网.

③ 释法琳．辩证论（卷三）.

身像，为结跏趺禅定坐像，现高80厘米，上红褐色油漆。头微垂，闭目向前，鼻作蒜头形，嘴唇稍厚，颧骨较大。其身着斜领衫，外披袈裟，腿足盘结于袈裟内，双手相托，置于腹前。真身像表情生动逼真，形象栩栩如生，深刻表现了六祖多思善辩的睿智和自悟得道、创立禅宗南派的一代宗师气质，真可谓“塑性”与“佛性”高度统一的艺术瑰宝，也是天下禅宗的无上至宝。

五、惠能真身像的意义及对佛教肉身崇拜文化的影响

检索僧传文献，应该说六祖惠能真身像的制作是佛教中以肉身为像胎而塑夹纻真身像的首例。

如前所述，在惠能之前，诸高僧肉身或葬于石龛（窟），或选择入塔。至惠能“全身胶漆”，以肉身为像胎，以夹纻法塑成真身像，永充供养后，在僧传之中才出现“漆纻饰之”、“遂漆布缋画之”、“漆布之”等对后世高僧肉身进行夹纻塑像的记载。无疑，六祖惠能真身像首开佛教中塑夹纻真身像永充供养的风气。其实，惠能之所以选择肉身塑像永充供养，从其深层含义分析，与禅宗南北之争或顿渐之争有密切关系。

得传五祖弘忍衣钵的惠能在曹溪创立南宗顿教，而未能得到五祖传宗“法衣”的神秀，则在荆州玉泉寺大开禅法，创立北宗渐教。不同的是，当时惠能以“年迈风疾”表辞武则天、中宗的召请，南宗的影响只限于南方；而神秀则应召进京，受到武则天、中宗、睿宗礼遇，称为“两京（长安、洛阳）法主”、“三帝国师”，北宗势夺两京，盛极一时。两派鼎峙，只不过惠能、神秀在世之时，双方未曾直接发生冲突罢了。惠能身后，法统之争终究爆发，其时“沉废于荆吴”的“曹溪顿旨”定然占不了“炽盛于秦洛”的“嵩岳渐门”① 的上风。有鉴于此，在曹溪永充供养的身着传法袈裟的惠能肉身塑像，在其弟子神会后来发起的破北宗、“争法统”的全国性运动中，对加强宣示南宗传法的正统性和合法性有着不容置疑的重大意义。

基于六祖惠能真身像首开佛教中塑夹纻真身像永充供养的风气，有论者由此而认为，惠能不仅对佛教理论体系作了革命性的创新，“惠能对佛教的变革还表现在对佛教葬法的创新”上。“过去佛教徒死

① 胡适．荷泽大师神会传．胡适文集（第6册）．北京：人民文学出版社，1998.

后都按天竺葬法实行火葬，从中取出碎骨称为舍利。从惠能始，创立全身葬法，用夹纻法加工，保留真身，安放龛中供养。”① 但此说有失偏颇。

前文已述，中国化的佛教高僧死后不实行火葬而选择保存肉身即“全身葬法”的现象，在南北朝就已经开始出现。需要补充的是，禅宗四祖道信也是“全身葬法”，死后肉身葬于塔内。就是惠能的师傅五祖弘忍死后也是由“门弟子神秀等奉瘗全身于东山之岗”，唐末五代“暨开宝乙亥岁王师平江南之前，忍肉身堕泪如血珠焉”②。如此这般，绝不是“从惠能始，创立全身葬法”的。

佛教进入中国后，逐步摒弃其教义传统上的火葬，而实行全身葬法，与佛教本土化、世俗化后产生的肉身崇拜文化有密切的关系。

要认识佛教的肉身崇拜文化，需要先从舍利崇拜谈起。“舍利”，是梵语 Sarira 的音译，也有译作“设利罗”、“室利罗”，意即尸体或身骨，或称“灵骨”，也称“坚固子”。“舍利有全身、碎身之别。”③ 佛教徒将圆寂后肉身不坏的高僧躯体称之为“全身舍利”，“碎身舍利”则是指焚烧后遗骨中的白色颗粒物（据说也有五彩舍利）。舍利为佛门圣物，“是戒定慧之所熏修”，自然十分难得。而能达到肉身不坏的境界，修得全身舍利，自然更不是一般修为所能为，须要“即生证得菩萨境界，具足大智慧，大悲心者”。因此肉身不坏的得道高僧又被进一步尊称为“肉身菩萨”。

据笔者检索，文献中的“肉身菩萨”一词首见于与六祖惠能有关的唐代文献。唐高宗仪凤时僧法才《光孝寺瘗发塔记》云：“佛祖兴世，信非偶然。昔宋朝求那跋佗三藏，建兹戒坛，预谶曰：‘后当有肉身菩萨受戒于此。’梁天监二年，又有梵僧智药三藏航海而至，自西竺持来菩提树一株，植于戒坛。前立碑云：‘吾过后一百六十年，当有肉身菩萨来此树下，开演上乘，度无量众，真儒佛心印之法王也。’今能禅师正月八日抵此，因论风幡语而与宗法师说无上道。宗踊跃忻庆，昔所未闻，遂诘得法端由，于十五日普会四众，为师祝发。二月八日，集诸名德，受具足戒。既而于菩提树下开单传宗旨，一如

① 徐恒彬．南华寺六祖惠能真身考．华南考古论集．北京：科学出版社，2007.
② （宋）赞宁．宋高僧传（卷八“唐蕲州东山弘忍传”）．北京：中华书局，1987.
③ 玄应音义（卷六）.

昔谶。法才遂募众缘，建兹浮屠，瘗禅师发。”① 文中能禅师就是六祖惠能。这段故事以及指称惠能为肉身菩萨，汇编《坛经》的惠能弟子法海在《六祖大师法宝坛经略序》也同样说及。② 其后宋代《五灯会元》卷一“六祖慧（惠）能大鉴禅师”中也两次提到惠能是肉身菩萨。检索僧传及碑铭文献，惠能之后，其二世徒马祖道一的徒孙、杭州天龙禅师也被称为“肉身菩萨”③，此外还有宋时的足庵禅师④、明智法师⑤等。“肉身菩萨”称号大多数是与禅宗有关的。

“肉身菩萨”称号之所以主要集中在惠能及其后世嗣法弟子身上，笔者认为，这与惠能在禅宗史上无与伦比的尊崇地位，及其创立的主张“顿悟成佛”的禅宗南宗顿教自中晚唐五代始独尊于天下的局面密切相关。而其肉身的保存并制成真身像对于佛教的肉身崇拜文化尤其具有“以身说教”的意义。

首先，一般认为，佛教的肉身崇拜文化的形成与道教的“蝉蜕”思想有着密切的联系，唐代是这一思想形成的一个重要阶段。“蝉蜕”本指蝉蜕去的外壳，道教则指先死后蜕为尸解而成仙，即肉身成仙。佛教吸收了道教的这一思想，从唐代开始，“即身成佛”或“肉身成佛”的理念在佛教界广为流传。其中甚至有将佛教徒之死直接称为“蝉蜕”的，如唐僧贯休《禅月集四·经旷禅师院》诗曰：“再来禅师已蝉蜕，株枯醴泉竭。”在这个过程中，惠能创立的禅宗南宗顿教所倡导的顿悟成佛理论的广泛流行实际上起到强力的推动作用。

其次，惠能留下真身，以身弘法，以身说教，使其信众有一种直接的感受，肉身菩萨其实就是活灵活现在人间显现灵迹的菩萨，是肉身成佛的体现，鼓舞信众实践其“见性成佛”的思想，即可“人人成佛”。从这个意义上说，六祖惠能肉身制成的真身像对佛教的肉身崇拜文化实际上起到了示范和引导的作用。

再次，六祖惠能真身像的供养直接和深刻影响了后世禅门清规中关于肉身和祖师墓塔供奉的规定，反映出肉身信仰在禅宗已经高度仪式化，成为本土佛教制度的一部分。直到惠能时期，禅林均尚无规范

① 全唐文（卷九一二）.
② 全唐文（卷九一五）.
③ 释普济辑．五灯会元（卷四“杭州天龙和尚法嗣”“金华俱胝和尚”）.
④ 楼钥．攻媿集（卷七十四“雪窦足庵禅师塔铭”）．文渊阁四库全书本.
⑤ 晁说之．景迂生集（卷二十“宋故明州延庆明智法师碑铭”）．钦定四库全书本.

化的制度和仪式，至惠能二世徒马祖道一的弟子百丈怀海于唐元和九年（814 年）制定丛林清规，别立禅居之制，称“百丈清规”。可惜现已不存。元代德辉所编《敕修百丈清规》则系校订宋元时期三家清规而成，其中关于肉身塔葬的相关仪规，至少在宋元时期成为禅宗必须规范的典章制度。

何露　隋春花　供稿

第二编　惠能南禅思想的形成

惠能在韶州等地学经

六祖惠能在《坛经》中多次说自己不识字。对此，学界不少人提出疑问：不识字怎样阅读、学习佛经，怎样创造理论？这确实有待深究。实际上，不识字并不妨碍惠能学习佛经，因为学经的途径可以是听闻而不一定是阅读。翻阅《坛经》便会发现，内中吸收、援引和提到的佛教经典计有《楞伽经》、《金刚经》、《涅槃经》、《维摩经》、《投陀经》、《菩萨戒经》、《法华经》、《华严经》、《观无量寿经》、《大乘本生心地观经》等。这就说明，六祖惠能应该学习过这些经典。本文根据各版本《坛经》和相关禅宗文献，对六祖惠能学习佛经的过程作一梳理。

一、在家乡金台寺听闻《金刚经》

惠能的家乡——岭南新州在唐代还是一个开发较晚、相对落后的地方。令人费解的是，在这相对落后的穷乡僻壤，佛教文化却相对兴盛。据乾隆本《新兴县志》、《肇庆府志》等方志所载，地域不大的新州当时有不少佛教寺庙，如秀罗寺、永乐寺、岱山寺、金台寺、福兴寺、龙兴寺、延明寺等。据《六祖大师缘起外纪》①，惠能出生时就有僧人上门为他起名，县城还有五祖的弟子诵经。这种经济相对落后、佛教文化相对兴盛的现象，是否与岭南作为印度佛教海路来华的第一站有关呢？这种现象至少说明，惠能的青少年时代是在佛教文化相对浓厚的氛围中度过的。

易行广先生曾说："六祖三岁丧父，母亲靠织布缝补为生，过着赤贫生活，惠能少年时代即要日夜奔忙递送衣料、拈拾枯枝作柴火，

① 杨曾文校．敦煌新本六祖坛经．北京：宗教文化出版社，2011.

长大了上山惠能砍柴以维持家用……因为母亲信佛，惠能对寺庵特别有好感，常常抽空去听经。在山间也经常缠着游方僧人教诵一段佛经或讲解一、二段经义。”[1]“稍大，惠能看见母亲身体不好，就上山砍柴割草帮补家用，偶尔碰到游方和尚，教诵几句佛经，就告诉母亲。其母信佛，并长期吃素。惠能砍柴到城里卖完后，每逢有人大声朗读就驻足窗下留心听，路经城里的金台寺，也爱听和尚或居士念经。”[2]其部分说法缺乏文献资料支持，难以确信。然查阅相关文献，惠能离家北上黄梅前，在金台寺听他人念《金刚经》则是不争的事实。

金台寺乃新州之古刹，其始建时间，相关史籍似无明载。乾隆本《新兴县志》只说：“相传为六祖卖柴时闻《金刚经》‘应无所住而生其心’，遂大悟发念学佛之处，盖县之古刹也，其殿宇兴废不一。”学界已认定六祖卖柴和听客诵经的地方就是金台寺。宗宝本《坛经》记云：

时有一客买柴，使令送至客店。客收去，惠能得钱。却出门外，见一客诵经。惠能一闻经语，心即开悟，遂问：“客诵何经?”客曰：“《金刚经》。”复问：“从何所来？持此经典?”客云：“我从蕲州黄梅县东禅寺来。其寺是五祖弘忍大师在彼主化，门人一千有余。我到彼中礼拜，听受此经。大师常劝僧俗：但持《金刚经》，即自见性，直了成佛。”惠能闻说，宿昔有缘，乃蒙一客取银十两与惠能，令充老母衣粮，教便往黄梅参礼五祖。[3]

其他版本的《坛经》所记大致相同。传记类文献也有相似的记述，宋代赞宁《唐韶州今南华寺惠能传》云：

能负薪矣，日售荷担。偶闻鄽肆间诵《金刚般若经》，能凝神属垣，迟迟不去，问曰：“谁边受学此经?”曰：“从蕲州黄梅冯茂山忍禅师劝持此法，云即得见性成佛也。”能闻是说，若渴夫之饮寒浆也，忙归，备所须留奉亲老。[4]

---

① 易行广．扶卢山凝聚六祖情．林有能主编．六祖惠能思想研究（三）．香港：香港出版社，2007.

② 易行广．孕育六祖及曹溪禅的五大因素．《学术研究》杂志社编．六祖惠能思想研究．广州：《学术研究》杂志社，1997.

③ 宗宝本《坛经》，见普慧大藏经刊行会1944年校印的四版合刊本。按，以下凡引各版《坛经》，均据此四版合刊本。

④ （宋）赞宁．宋高僧传．范祥雍点校．北京：中华书局，1987.

法海的《六祖大师法宝坛经略序》只说："既长，年二十有四，闻经悟道。"没有明指闻何经典。而王维、柳宗元、刘禹锡所撰碑文和《曹溪大师传》未述此事。

灯史类禅籍文献的记载与各版本《坛经》出入不大，有些细节还更加具体，如《祖堂集》明指这位诵经客人名叫安道诚，给惠能一百两银①。《五灯会元》则说惠能听到"应无所住而生其心"一句，若有所悟，遂问何经和从何处得。②

从上可知，在惠能青少年时期生活的家乡，佛教比较流行，尤其是在金台寺闻说《金刚经》，不仅对其有佛教的启蒙作用，促其离家北上黄梅学佛，而且对其日后思想的影响也是深远的。

二、在曲江听无尽藏尼诵《涅槃经》

今天韶关曲江南华寺内有无尽藏庵，是为纪念无尽藏比丘尼而建，因为她与六祖惠能有过一段共同读听《涅槃经》的经历，对惠能的佛学思想产生过影响。关于这段经历，相关文献资料及《坛经》均有较详细的记载，只是对两人相遇的时间有不同的说法。

传记方面，赞宁的《唐韶州今南华寺惠能传》说：

> 咸亨中，往韶阳，遇刘志略。略有姑无尽藏，恒读《涅槃经》。能听之，即为尼辨析中义。怪能不识文字，乃曰："诸佛理论，若取文字，非佛意也。"尼深叹服，号为行者。有劝于宝林古寺修道……③

《曹溪大师传》也说：

> 至咸亨元年……大师游行至曹溪，与村人刘志略结义为兄弟……略有姑出家，配山涧寺，名无尽藏，常诵《涅槃经》。大师昼与略役力，夜即听经至明，为无尽藏尼解释经义。尼将经与读，大师曰："不识文字。"尼曰："既不识字，如何解释其义？"大师曰："佛性之理，非关文字能解。今不识文字何怪。"众人闻之，皆嗟叹曰："见解如此，天机自悟，非人所及，堪可出家住此宝林寺。"④

---

① （南唐）静筠禅僧，祖堂集．张华点校．郑州：中州古籍出版社，2006.
② （宋）释普济，五灯会元．苏渊雷点校．北京：中华书局，1984.
③ （宋）赞宁，宋高僧传．范祥雍点校．北京：中华书局，1987.
④ 杨曾文校．曹溪大师传．敦煌新本六祖坛经．北京：宗教文化出版社，2011.

禅宗灯史禅籍方面，宋代释道元《景德传灯录》卷五“第三十三祖惠能大师”说：

师遽告其母以为法寻师之意。直抵韶州，遇高行士刘志略，结为交友。尼无尽藏者，即志略之姑也，常读《涅槃经》。师暂听之，即为解说其义。尼遂执卷问字，师曰：“字即不识，义即请问。”尼曰：“字尚不识，曷能会义?”师曰：“诸佛妙理，非关文字。”尼惊异之，告乡里耆艾云：“能是有道之人，宜请供养。”于是居人竞来瞻礼。近有宝林古寺旧地，众议营葺，俾师居之。四众雾集，俄成宝坊。①

宋代普济《五灯会元》卷一“六祖惠能大鉴禅师”所记与《景德传灯录》一样：

（惠能）直抵韶州，遇高行士刘志略，结为交友。尼无尽藏者，即志略之姑也，常读《涅槃经》。师暂听之，即为解说其义，尼遂执卷问字。祖曰：“字即不识，义即请问。”尼曰：“字尚不识，曷能会义?”祖曰：“诸佛妙理，非关文字。”尼惊异之，告乡里耆艾曰：“能是有道之人，宜请供养。”于是居人竞来瞻礼。近有宝林古寺旧地，众议营葺，俾祖居之。四众雾集，俄成宝坊。②”

到明代，瞿汝稷的《指月录》卷四“六祖惠能大师”也因袭宋代的《景德传灯录》和《五灯会元》：

（惠能）遂辞母，直抵韶州。遇高行士刘志略，结为交友。尼无尽藏者，即志略之姑也，常读《涅槃经》，师暂听之，即为解说其义。尼遂执卷问字，祖曰：“字即不识，义即请问。”尼曰：“字尚不识，曷能会义?”祖曰：“诸佛妙理，非关文字。”尼惊异之。告乡里耆艾，请居宝林寺。③

再看看《坛经》。《坛经》乃六祖惠能说法的记录，《坛经》中六祖惠能身世及行迹等内容应是他亲口所说。然查敦煌、慧昕、契嵩、宗宝四大版本《坛经》，却发现敦煌本和慧昕本没有惠能与无尽藏相遇的情节。敦煌本云：“惠能闻说，宿业有缘，便即辞亲，往黄梅冯茂山，礼拜五祖弘忍和尚。”慧昕本说：“惠能安置母毕，便即辞亲，

---

① （宋）释道元．景德传灯录．成都：成都古籍书店，2000.

② （宋）普济，五灯会元．苏渊雷点校．北京：中华书局 1984.

③ （明）瞿汝稷编，德贤，侯剑整理．指月录．成都：巴蜀书社，2006.

不经三二十日，便至黄梅，礼拜五祖。”契嵩本和宗宝本则有详细的叙说。

契篙本“参请机缘第六”说：

师自黄梅得法，回至韶州曹侯村，人无知者。有儒士刘志略，礼遇甚厚。志略有姑为尼，名无尽藏，常诵《大涅槃经》。师暂听，即知妙义，遂为解说。尼乃执卷问字。师曰：“字即不识，义即请问。”尼曰：“字尚不识，曷能会义？”师曰：“诸佛妙理，非关文字。”尼惊异之，遍告里中耆德云：“此是有道之士，宜请供养。”有晋武侯玄孙曹叔良及居民，竞来瞻礼。时宝林古寺自隋末兵火已废，遂于故基重建梵宇，延僧居之，俄成宝坊。

宗宝本的“机缘品第七”所记与契嵩本基本无异：

师自黄梅得法，回至韶州曹侯村，人无知者。有儒士刘志略，礼遇甚厚。志略有姑为尼，名无尽藏，常诵《大涅槃经》。师暂听，即知妙义，遂为解说。尼乃执卷问字。师曰：“字即不识，义即请问。”尼曰：“字尚不识，焉能会义？”师曰：“诸佛妙理，非关文字。”尼惊异之，遍告里中耆德云：“此是有道之士，宜请供养。”有魏武侯玄孙曹叔良及居民，竞来瞻礼。时宝林古寺自隋末兵火已废，遂于故基重建梵宇，延师居之，俄成宝坊。

这里有两个需要讨论的问题：

其一，同是《坛经》，较早的敦煌、慧昕本没有记载，而稍晚的契嵩、宗宝本却有，是不是稍晚的版本是人为地把这个情节添加进去呢？这似乎也不能肯定，因为不少学者已注意到不能用时间的早晚作为判断不同版本《坛经》内容真伪的依据，而且契嵩本宣称是“曹溪原本”，如果真是这样，则可能比敦煌本还原始。到底谁是谁非，有待研究。

其二，惠能与无尽藏的相遇，传记等相关文献所载与《坛经》所述在相遇时间上有差异。传记类说是惠能北上黄梅途中的事，顾光的《光孝寺志》持此说；《坛经》说是惠能在黄梅得法后南返途中的事，马元的《曹溪通志》持此说。孰是孰非？丁福宝的《六祖坛经笺注》认为：“别本云，师去时至曹侯村，住九月余。然师自言，不经三十余日，便至黄梅。此求道之切，岂有逗留？作去时者，非是。按传灯会元正宗记等，以为未得法以前之事，今本则以为得法之后，至韶州逢刘志略。兹依今本。”[①] 他断然肯定《坛经》的说法而否定其他文献所述。明清之际禅宗学者王起隆则认为是宗宝改编的，并对这一改编进行了严厉的批判[②]。

笔者以为，两种说法均有道理。如果是接法后回岭南时的事，说明六祖惠能经过在黄梅五祖寺八个月的学习修行，得到五祖的真传，确已觉悟，才能讲出“诸佛妙理，非关文字”这样凸显禅之特色的精辟偈语，令无尽藏“惊异”而视为“有道之士”。如果是惠能北上黄梅途中的事，则说明惠能见五祖前，就在曲江及乐昌等地学习过一些佛经，对佛理已有相当的认知，才能一见五祖弘忍就从容地机锋对接，以一首佛偈赢得五祖的认肯。

三、在乐昌西山石窟听说《投陀经》

位于今天韶关市乐昌县的西石岩寺，是六祖惠能跟智远禅师学坐禅和听说《投陀经》的地方。对于惠能西山石窟学禅，各版本《坛经》均未见记载，只见于传记及其他文献中。

为什么六祖惠能会前往乐昌西山石窟？从相关文献中似乎可以找到答案。《曹溪大师传》说六祖惠能在曲江与无尽藏对话后，众人修葺宝林寺，劝其住寺，“大师即住此寺，修道经三年”（此记似有误，惠能不可能北上黄梅途中在曲江宝林寺住了三年），“后闻乐昌县西石窟有远禅师，遂投彼学坐禅。大师素不曾学书，竟未披寻经论”[③]。也就是说，惠能是听说智远禅师在那里才前往的。宋代赞宁《唐韶州今南华寺惠能传》则谓：“曲江众人劝其在宝林寺修道，惠能自语曰：‘本誓求师，而贪住寺取乎道也，何异却行归舍乎？’于是，‘明日遂行，至乐昌县西石窟，依附智远禅师，侍座谈玄’”[④]。这说明惠能意识到自己离开家乡的目的是北上黄梅学习佛法，而住在曲江与住在家里并无区别，因而要离开曲江继续北上。《五灯会元》卷一“六祖惠能大鉴禅师”谓：“祖一日忽自念曰：‘我求大法，岂可中道而止。’

---

① 丁福宝．六祖坛经笺注．济南：齐鲁书社，2012．

② 王承文．六祖惠能早年与唐初岭南新州．《学术研究》杂志社编．六祖惠能思想研究．广州：《学术研究》杂志社，1997．

③⑤ 杨曾文校．曹溪大师传．敦煌新本六祖坛经．北京：宗教文化出版社，2011．

④ （宋）赞宁，宋高僧传．范祥雍点校．北京：中华书局，1987．

明日遂行，至乐昌县西山石室间遇智远禅师。”[⑤]《景德传灯录》所记与《五灯会元》相同，均说明惠能不愿半途而废，继续北上求法。

惠能在乐昌西山石窟主要做了两件事：一是跟智远禅师学坐禅，上引文献均有相关记录；二是跟惠纪禅师听说、学习《投陀经》。《曹溪大师传》谓：“时有惠纪禅师，诵《投陀经》。大师闻经叹曰：‘经义如此，今我空坐何为？’”[①] 但惠能听说、学习《投陀经》一事，未见其他文献有记载。

惠能在乐昌西山石窟的时间不长，不久就离开前往黄梅了。至于惠能离开乐昌的缘由，赞宁《唐韶州今南华寺惠能传》说：“远曰：‘行者迨非凡常之见龙，吾不知，吾不知之甚矣！’劝往蕲春五祖所印证去，‘吾终于下风请教也。’”[②] 道元《景德传灯录》卷五“第三十三祖惠能大师”和普济《五灯会元》卷一“六祖惠能大鉴禅师”均说智远禅师力劝惠能离乐昌往黄梅：“远曰：‘观子神姿爽拔，殆非常人。吾闻西域菩提达摩传心印于黄梅，汝当往彼参决。’师辞去，直造黄梅之东禅。”[③] 唯《曹溪大师传》把劝说惠能的智远禅师换成了惠纪禅师：“惠纪禅师谓大师曰：‘久承蕲州黄梅山忍禅师开禅门，可往彼修学。’”[④]促使惠能离开乐昌的主要原因可能是他自己，因为他听闻、了解《投陀经》的义理后，就觉得在乐昌学坐禅难以学到更好的佛法，即《曹溪大师传》所记：“大师闻经叹曰：‘经义如此，今我空坐何为？”[⑤]于是就离开乐昌前往黄梅。

文津馆1931年刊印的《乐昌县志》卷二十“西石岩”条云：“在县治西北三里，旧《志》所谓石室仙踪者是也。石室高三丈余，左右各有窦可通，左窦上有六祖石床，相传六祖往黄梅归曾憩于此。”其未及惠能学禅和听经，并说惠能从黄梅回岭南途经于此。

惠能在乐昌西山石窟的时间虽短，但在其一生中也是不可忽视的一笔。从中可知惠能在抵黄梅前，有过学习佛经和坐禅的经历，对其理解佛理、创造理论有一定影响。

---

①④⑤ 杨曾文校．曹溪大师传．敦煌新本六祖坛经．北京：宗教文化出版社，2011.

② （宋）赞宁．宋高僧传（上册）．范祥雍点校．北京：中华书局，1987.

③ （宋）释道元．景德传灯录．成都：成都古籍书店，2000；（宋）普济，五灯会元．苏渊雷点校．中华书局，1984.

四、在黄梅五祖寺听五祖解说《金刚经》

五祖寺又称东山寺、黄梅寺，位于湖北黄梅县，是五祖弘忍大师弘法的道场。在六祖惠能一生的行历中，五祖寺是其学习佛法和接法之地，有着重要的地位。

各版本《坛经》以及相关禅宗文献均载惠能在五祖寺的时间约八个月。期间，惠能以行者的身份，主要从事繁重的杂役——舂米。记录他学习佛法的文字很少，他与师父五祖的接触也不多。但这并非说惠能没有在五祖寺学习佛法。对于佛门的大智慧，他于时时、事事、处处都刻意去学习，并不仅限于听讲，他学习佛法的途径和方法是多元的。

第一，惠能与师父五祖的对话就是学习探讨佛法的过程。关于两人的对话，文献所见不多，但与五祖初见和分别时的两次机锋对接，却反映出师徒两人对佛法的探讨与理解。宗宝本《坛经》所记两人初见的对话为：

祖问曰："汝何方人？欲求何物？"惠能对曰："弟子是岭南新州百姓，远来礼师，惟求作佛，不求余物。"祖言："汝是岭南人，又是獦獠，若为堪作佛？"惠能曰："人虽有南北，佛性本无南北。獦獠身与和尚不同，佛性有何差别？"……惠能曰："惠能启和尚，弟子自心，常生智慧。不离自性，即是福田。未审和尚教作何务？"祖云："这獦獠根性大利，汝更勿言，著槽厂去。"

《祖堂集》之"第三十三祖惠能和尚"所记，内容基本相同：

五祖问："汝从何方而来？有何所求？"惠能云："从新州来，来求作佛。"师云："汝岭南人，无佛性也。"对云："人即有南北，佛性即无南北。"师曰："新州人乃獦獠，宁有佛性耶？"对曰："如来藏性遍于蝼蚁，岂独于獦獠而无哉？"师云："汝既有佛性，何求我意旨？"深奇其言，不复更问。①

五祖与惠能临别时的对话，唯《坛经》有记，其他文献尚少。宗宝本《坛经》云：

---

① （南唐）静筠禅僧．祖堂集．张华点校．郑州：中州古籍出版社，2006.

祖相送，直至九江驿，祖令上船。五祖把艣自摇。惠能言：“请和尚坐，弟子合摇艣。”祖云：“合是吾渡汝。”惠能云：“迷时师度，悟了自度。度名虽一，用处不同。惠能生在边方，语音不正，蒙师传法，今已得悟，只合自性自度。”祖云：“如是，如是！以后佛法由汝大行。”

除了师徒二人初见与分别的对话外，《曹溪大师传》还记有五祖往碓房看望惠能，见惠能腰背石头踏碓舂米“忘身为道”时的另一段对话：

忍大师因行至碓米所，问曰：“汝为供养损腰脚，所痛如何？”能答曰：“不见有身，谁言之痛。”忍大师至夜命能入房。大师问：“汝初来时答吾岭南人佛性，与和上佛性有何差别。谁教汝耶？”答曰：“佛性非偏，和上与能无别，乃至一切众生皆同，更无差别，但随根隐显耳。”忍大师征曰：“佛性无形，云何隐显？”能答曰：“佛性无形，悟即显，迷即隐。”①

这几段对话反映出惠能见五祖前对佛法的理解已有相当的水平，说明师徒二人互相探讨了“如来藏”和“般若学”关于佛性众生皆有、佛性无差别、人人可成佛的思想以及佛性空无、本性自有、自性自度以及悟迷等问题，其中也可见五祖对惠能的诱导和启发。

第二，虽然各版本《坛经》及相关文献未见惠能与同门一起听五祖讲经说法的文字，惠能本人也说“我在此踏碓八个余月，未至堂前”（敦煌本《坛经》），但王维《六祖能禅师碑铭》道出了重要的信息：

每大师登座，学众盈庭。中有三乘之根，共听一音之法。禅师默然受教，曾不起予。退省其私，迥超无我……大师心知独得，谦而不鸣。②

这说明惠能也曾与众人一起听五祖讲经说法。

第三，五祖直接为惠能解说《金刚经》，各版本《坛经》以及相关稗籍文献均有记载。这种一对一面授说教的待遇，在五祖其他弟子

① 杨曾文校．曹溪大师传．敦煌新本六祖坛经．北京：宗教文化出版社，2011.

② （唐）王维．六祖能禅师碑铭．杨曾文校．敦煌新本六祖坛经．北京：宗教文化出版社，2011.

中鲜有。宗宝本《坛经》云："惠能即会祖意，三鼓入室。祖以袈裟遮围，不令人见，为说《金刚经》。至'应无所住而生其心'，惠能言下大悟：'一切万法，不离自性。'"惠能遂说出"五个何期"。宗宝本《坛经》又云："祖知悟本性，谓惠能曰：'不识本心，学法无益。若识自本心，见自本性，即名丈夫、天人师、佛。'"

惠能在家乡听客人诵《金刚经》而开悟，在黄梅因五祖解说《金刚经》而顿悟，因而金刚般若思想对惠能南禅的影响至巨至深，在其南禅佛理中占有重要地位，惠能有《金刚经口诀》（据说为惠能所著）存世就不足为奇了。

五、在法性寺听印宗讲解《涅槃经》

惠能在黄梅接法后回到岭南，藏匿于怀集、四会一带十五六年，唐仪凤元年（676 年）来到羊城法性寺（今光孝寺）。法性寺乃岭南名刹，"先有光孝，后有羊城"一说喻示了该寺的悠久历史和显赫地位。当时法性寺的讲席印宗法师，以讲《涅槃经》著称。惠能初到法性寺，就遇印宗法师讲《涅槃经》，因而又有了一次学习、讨论《涅槃经》的经历。

关于这段经历，敦煌本《坛经》未有记载，宗宝本《坛经》则云："值印宗法师讲《涅槃经》，时有风吹幡动。一僧曰：'风动。'一僧曰：'幡动。'议论不已。惠能进曰：'不是风动，不是幡动，仁者心动。'"《景德传灯录》卷五"第三十三祖惠能大师"说："届南海，遇印宗法师于法性寺讲《涅槃经》，师寓止廊庑间。暮夜风扬刹幡，闻二僧对论，一云幡动，一云风动，往复酬答，未曾契理。师曰：'可容俗流辄预高论否？直以风幡非动，动自心耳。'"[①] 它们似乎刻意凸显"风幡之议"而忽略惠能听经、议经的过程。

王维《六祖能禅师碑铭》直言："南海有印宗法师，讲《涅槃经》。禅师听于座下，因问大义。质以真乘。既不能酬，翻从请益。"[②]《曹溪大师传》也说："于广州制旨寺，听印宗法师讲《涅槃经》。"[③]它们似重点突出惠能"听经"。

---

① （宋）释道元．景德传灯录．成都：成都古籍书店，2000.

② （唐）王维．六祖能禅师碑铭．杨曾文校．敦煌新本六祖坛经．北京：宗教文化出版社，2011.

③ 杨曾文校．曹溪大师传．敦煌新本六祖坛经．北京：宗教文化出版社，2011.

《祖堂集》所记更令人遐思：

至仪凤元年正月八日，南海县制旨寺遇印宗。印宗出寺迎接，归寺里安下……一日正讲经，风雨猛动，见其幡动，法师问众："风动也？幡动也？"一个云风动，一个云幡动，各自相争，就讲主证明。讲主断不得，却请行者断。行者云："不是风动，不是幡动。"讲主云："是什么物动？"行者云："仁者自心动。"①

细嚼这段文字，一是印宗得知惠能到来，便出门迎接，并周致安排；二是讲经时遇风幡之辩，则请教惠能。由此试想，如果所记属实，则惠能的六祖身份或早已为人所知、名声在外，才会初来乍到便有如此的礼遇。

惠能在法性寺除了听印宗讲《涅槃经》，还与印宗讨论、解释《涅槃经》。宗宝本《坛经》记载：

宗曰："何不论禅定解脱？"

能曰："为是二法，不是佛法，佛法是不二之法。"

宗又问："如何是佛法不二之法？"

能曰："法师讲《涅槃经》，明佛性是佛法不二之法。如高贵德王菩萨白佛言：'犯四重禁，作五逆罪及一阐提等，当断善根佛性否？佛言：善根有二，一者常，二者无常，佛性非常非无常；是故不断，名为不二；一者善，二者不善，佛性非善非不善，是名不二……'"

听了惠能的解释，印宗慨叹："印宗所为众人说《涅槃经》，犹如瓦砾。昨夜请卢行者过房论义，犹如金玉。"② 正因如此，印宗亲为惠能剃度授戒，拜惠能为师。

六、在宝林寺（今南华寺）听弟子念《法华经》

六祖惠能在宝林寺弘法时，接引弟子无数。其中有位名叫法达的弟子，虽诵《法华经》千遍而不解其意，于是请教惠能。但由于惠能不识字，无法阅读，便嘱法达朗读，于是就有了听《法华经》的经历。敦煌本《坛经》有较详细的记载：

---

① （南唐）静筠禅僧，祖堂集．张华点校．郑州：中州古籍出版社，2006.

② 杨曾文校．曹溪大师传．敦煌新本六祖坛经．北京：宗教文化出版社，2011.

又有一僧名法达，常诵《法华经》七年，心迷不知正法之处，问：“经上有疑，大师智慧广大，愿为决疑。”大师言：“法达，法即甚达，汝心不达，经本无疑，汝心自疑，汝心自邪，而求正法。吾心正定，即是持经。吾一生以来，不识文字。汝将《法华经》来，对吾读一遍，吾闻即知。”法达取经到，对大师读一遍。六祖闻已，即识佛意，便与法达说《法华经》。六祖言：“法达，《法华经》无多语，七卷尽是譬喻因缘……”

宗宝本《坛经》则谓：“法达即高声念经，至《譬喻品》。师曰：‘止！此经元来以因缘出世为宗。纵说多种譬喻，亦无越于此。何者因缘？经云：诸佛世尊，唯以一大事因缘，出现于世。’”惠能没让法达再读下去。

从记述来看，惠能此前可能未听闻过《法华经》，但只听说其中的一部分，即明其宗旨，转而为法达解说，并批评法达“口诵心不行”的死读书方法，即所谓：“心迷《法华》转，心悟转《法华》。诵经久不明，与见作仇家。”经六祖大师的解说，法达明了《法华经》大义，终于发出“经诵三千部，曹溪一句亡”（宗宝本《坛经》）的慨叹。

林有能　供稿

惠能的自悟成佛

根据惠能的家庭背景及剃度前一段生活经历中的若干史实，我们认为，惠能父亲卢行瑫和母亲李氏属老夫少妻结合，多年不育后老来得子。惠能全家笃信佛教，因此他自小与佛结缘。李氏可能是夫亡归宗与娘家兄弟一起生活，惠能在外公家“别母”后到寺庙学佛。惠能在长期的艰苦修行生活中自学成才，自悟成佛，母亲去世后赴黄梅求五祖印可，途中有机缘在曹溪系统学习佛经数年，显露出独有的岭南禅风。惠能在五祖处虽然只有八个月，但吃苦耐劳，才华横溢，很快得到祖师印可。惠能与曹溪有缘，从黄梅南归后先落脚曹溪，遇追逐后隐居四会、怀集。惠能自悟成佛的这段经历，是因为处在良好的禅文化环境之中，又有机缘条件，加上积极进取的志向及长期的积累，因缘际会，自然天成。

关于禅宗大师惠能的研究文章近年来发表较多，对惠能生平的争论形成一个热点。尤其是从638年惠能出生至676年法性寺剃度前的这段时期，疑点颇多。从菩提达摩来到中国，到624年四祖道信在黄梅建立寺庙，其间约一百年，禅宗还一直默默无闻，三代禅师采用游化传教方式，甚至避难于山林，有关事迹寥寥。从四祖开始建立固定的弘法道场，经过五祖、六祖，约一百年时间，禅宗大行天下，“南能北秀”局面形成，门徒遍布大江南北，这成为禅宗发展的重要时期。禅宗寺庙多建于偏僻幽静山林，偏向于接引下层群众，所以，有关文献记载仍然不多。此外，禅师事迹多为传说，一代传一代，越传越神奇，虚构和神话成分越益突出。而禅宗重视方便法门，只要有利于激发信众的菩提心，就不会尝试纠正那些不实之处，而是默认、鼓

励，甚至包容互相矛盾的故事而不深究。因此，要了解禅宗这一段兴起的历史实为困难。其中，关于惠能的生平更是如此。研究把握惠能的思想对认识禅宗思想的发展脉络极为重要。因为惠能出生于社会最底层，又生活在远离唐朝统治中心的南蛮之地，却成为佛教中国化的真正完成者和集大成者。当然，一切传说或神话多多少少会有历史事实的影子，要透过这些影子了解更多的真相，一是需要找到更多的历史材料，二是需要运用科学的理论和方法，进行理性分析。其中最重要的一个原则，应该是历史地看待历史实践中的人物事件。用常识或常理来考量，凡是不符合常识或常理的都应该慎重对待，都应该尽量向接近常识或常理的方向来作出解释；同时，应该从整体的视野来分析惠能生平，尽量使更多的材料互相印证，使之不违背常识或常理。常识作为自明的真理，之所以重要，正如艾耶尔所说："哲学家没有权利轻视关于常识的信念。如果他轻视常识的信念，这只表明他对于他所进行的探究的真实目的毫无所知。"① 常识是科学的基础，如果科学处理的材料不能追溯到常识，科学就无所事事，哲学也只能是无聊的思辨②。正是基于这样的考虑，本文利用已有的材料，根据"常识理论"对惠能生平中的若干问题进行一些探讨。

一、与佛结缘

在初唐社会中，佛教有着广泛的社会基础，上至皇帝贵族，下到平民百姓，都不同程度地信佛，"缙绅士庶，翕然归依……人皆倾向"③，已成为初唐社会中的一种不可逆转的潮流。李唐建国之初，由于隋末社会动荡，境内僧尼锐减，佛寺被毁甚多。贞观时期，国家多立寺院，如贞观三年（629 年），敕令"于建义以来交兵之处，为义士凶徒殒身戎阵者，各建寺刹"④。皇室、贵族、朝中大员、地方官员新建很多佛寺。到贞观后期，海内有额寺院计 3 716 处⑤。惠能正好出生在这样一个年代，他的家乡新州（今广东省新兴县）是岭南佛教兴盛

---

① ［英］艾耶尔．语言、逻辑与真理．尹大贻译．上海：上海译文出版社，1981.

② ［美］杜威，班特里．认知与所知．资产阶级哲学资料选辑（第 11 辑）．上海：上海人民出版社，1965.

③ 郑显文．唐代僧侣与皇权关系研究．佛教导航网：http：//www. fjdh. com/wumin/2009/04/07185250554. html，2009 - 04 - 12.

④ （宋）王溥．唐会要（卷四八"议释教下"）．上海：上海古籍出版社，2006.

⑤ 林有能．中国禅宗六祖惠能研究表微．学术研究，2006（11）．

地之一。据记载，在县城附近的寺院就有：①金台寺。乾隆本《新兴县志》记载：在县城南半里，传为惠能卖柴时闻经之处，盖县之古刹。②永乐寺。县治东南25里罗陈村，唐武德二年（619年）建。③秀罗寺。城东20里照会秀罗山麓，唐武德四年（621年）建。④岱山寺。州东南20里天露山，唐贞观元年（627年）建。⑤福兴寺。城东40里照会都云石山，唐贞观二年（628年）建。⑥龙兴寺，县治东北二百余步，"自唐贞观间圮而修"。⑦延明寺。城西五里宁化都宝盖山，"唐贞观间建，今废。"惠能一出生就生活在这样一个佛教文化氛围浓厚的环境中。

关于惠能的父亲卢行瑫，《坛经》（敦煌本）记："惠能慈父，本官范阳，左降迁流南新州百姓。"依唐朝普遍推行的"仕宦避本籍"的原则，卢行瑫不太可能是范阳人。乾隆本《新兴县志》卷十六云："六祖故居在仁丰都下卢村，离城25里……为六祖生身之所，师祖、父初来居此，至今屋址不生草木。"唐朝被流放岭南的多系重罪流囚，除非有特赦，一般不许返回原籍。《唐律疏议》卷三"名例律"规定：犯流者徙边，妻妾从之，父祖子孙欲随者，听之，移乡人家口亦准此。另外，贬降的时间，文献记载为唐武德三年或武德中，武德年间为618—626年，据此估计大概在620—622年间。林有能先生认为，惠能是极为孝顺的儿子，他不可能抛下老母自己去黄梅，由此推测惠能去黄梅时其母亲已过世。他的估计是，惠能父母结婚时，李氏应不低于18岁，至惠能24岁，则李氏已60岁左右，李氏很可能已经去世①。至于新兴民间的"别母石传说"（惠能闻经悟道准备前往黄梅时，其舅舅不允其出家，但惠能意坚，舅舅便指着门前一块大石头说："你若能把大石头拜开，我就让你出家，否则在家好好侍奉母亲，以后别再提出家学佛之事。"惠能听罢就朝着大石头磕头，精诚所至，结果大石头被他拜开），林有能先生认为，也可以是别亡母。

笔者赞成惠能去黄梅时李氏已过世的说法（下文另有论述）。但可能有另外一种情况，即卢父很可能是被贬后若干年后才结婚。否则，李氏则是婚后18年才生惠能，此时已超过36岁，而卢父可能已是50岁或更大年龄。《六祖大师缘起外纪》记："母李氏，先梦庭前白花競

---

① 林有能．中国禅宗六祖惠能研究表微．学术研究，2006（11）．

发，白鹤双飞，异香满室，觉而有娠，遂诚斋戒。怀娠六年，师乃生焉。唐贞观十二年戊戌岁二月八日子时也。时豪光腾空，香气芬馥。黎明，有二僧造谒，谓师之父曰：‘夜来生儿，专为安名。可上惠下能也。’父曰：‘何名惠能？’僧曰：‘惠者，以法惠济众生；能者，能作佛事。’言毕而出，不知所之。师不饮母乳，遇夜神人灌以甘露。”这一段描述虽有神话色彩，其中“怀娠六年，师乃生焉”一句，虽不可能发生，但暗示结婚 6 年后，也即到 638 年，才生下惠能。这就是说，惠能父母婚后确实多年没生育。由此推测，惠能父母是应在 632 年结婚。此时，卢父 40 岁左右，生惠能时已接近 50 岁。

卢父本是一个小官，被贬为民，结婚时已是中年，且为罪犯，可谓社会最底层，谁家女愿嫁给他呢？因此，李氏也一定是出生在最普通的家族，从惠能相貌看，应酷似其母，身材矮小，典型的土著少数民族相貌，否则，惠能与五祖见面也不会被问“汝是岭南人，又是獦獠，若为堪作佛？”因此，李氏很可能是难嫁的大龄女，这样比较相配，结婚时年纪比较大，6 年后惠能出生时，可能 30 岁左右。由于结婚后多年不生育，父母一定常去寺庙拜佛求子求福，终于老来得子，好不欢喜！自然将惠能抱到寺庙里，一是还愿，二是请和尚取名以祈求平安吉祥（传说中二僧黎明专来为惠能取名是神化了）。这样一来，就注定惠能与佛与僧有了不解之缘！

两僧人为什么要按“惠者以法惠施众生，能者能作佛事”之意取名惠能呢？很可能是惠能父母当年拜佛求子时就许了“生子当做佛子，终生报答佛祖”之类的愿，并告诉了僧人，僧人按这个意思为其取名。惠能儿时，其父母一定经常带他来寺庙烧香拜佛，并与僧人保持密切关系，所以其母大概不会阻止其出家。惠能从小就受佛教浸润，也容易产生出家的愿望。因为家贫，没有多少余资供佛，长大一点，惠能可能会到寺庙帮助干些杂活，就像现在的义工。成年的时候，实际上可能做了寺庙的行者，或同时打柴营生供养老母。惠能或者就是僧人为其取童子名，但惠能从小就向佛，少年时就表现出一定成就，甚至被称为“师”。正如“降服火龙”这个民间传说所言：惠能少年时，龙山常有火龙作恶（可能指地热现象，现在有龙山温泉），小惠能心中难过，常念佛菩萨名号，祈求赐其法宝以降服恶龙，终于梦见和尚赐其锡杖，乃将家搬迁龙山，将火龙降服并收其为弟子。联系后来惠能到黄梅时的行者身份，可推知惠能或从小就念经学佛。当然，“降服火龙”的传说应该是后人虚构的，但僧人愿意赠银资助惠能前往黄梅也说明他的佛学修为被看好。不过，惠能从闻《金刚经》中“应无所住而生其心”句开悟后并未立即前往黄梅，而是又过了6年，其母约60岁去世后方离开家乡。

至于“别母石”传说，有一点要注意，就是别母石在舅舅家附近。别生母也好，别亡母也罢，都需要解释为什么惠能是在舅舅家与母作别？一种可能的解释是，惠能将母亲安置在舅舅家后与之作别，但不一定是离开新州，也可以是在新州的寺庙出家。据研究，唐代寡母众多，大多数并非丈夫早亡，而是老夫少妻的婚姻模式①。尽管没有明令禁止寡妇改嫁，但她们绝大多数仍选择守节寡居，唐人对此采取支持和鼓励态度②。从魏晋到唐，亡夫归宗是寡母常见的生活选择③，她们往往能得到娘家的救助④，在唐代寡母孤子生活无以为继时，夫族与本家亲属的及时救助，被当时社会认为是理所当然的⑤。此外，唐代寡母大多信仰佛教，并影响到其子女，有许多子女因受影响而皈依佛教的例子⑥。显然，惠能家庭与上述唐时孤儿寡母家庭的常情非常相似，即父母正是老夫少妻，惠能3岁丧父，孤儿寡母生活困难，不久后就投亲到舅舅家。李氏虔诚信佛，支持惠能皈依佛门，后来在舅舅家“别母”出家，年长后已有能力供养老母时或又将其安置在寺庙附近（估计舅舅先去世）以便亲自照顾，母亲去世后才前往黄梅。

二、自悟成佛

一天，惠能在送柴给一客户时，听到有人读《金刚经》“应无所住而生其心”，心中突然一亮，对佛法产生了一次大悟。这句经文其实不太好懂，惠能听到而有所悟，说明他已有相当的佛学造诣，否则是不可能听进去的。此时，他非常欢喜，忍不住问：此经从何而来？当得知是从黄梅五祖处来时，产生了强烈的去黄梅见五祖的愿望。在此，我们联想一下，惠能后来去黄梅东山寺做杂役八个月后，五祖传

①④ 张国刚．唐代寡居妇女的生活世界．安徽师范大学学报，2007（3）．

②⑤⑥ 齐淑珍．唐代寡母问题研究．鲁东大学硕士学位论文，2008.

③ 王仁磊．魏晋南北朝时期出嫁女与本家关系初探．云浮社会科学，2010.

与衣钵为其讲经时，也是讲到《金刚经》“应无所住而生其心”时惠能大悟，并连连感叹说：“何期自性本自清净！何期自性本不生灭！何其自性本自具足！何期自性本无动摇！何其自性能生万法！”这两悟有什么区别呢？本质上是没有区别的。如果说有什么区别，也只能说后一次大悟更加清晰透彻，更加自信——真的就是他在新州开悟所得！这就是说，惠能在家乡新州时就已经听了不少佛经，而且已经开悟，已经成佛了！更何况，惠能开悟后又因照顾母亲继续自学了6年呢！现在的问题是，即已成佛，惠能为什么还非要去黄梅见五祖呢？这就涉及佛教的“印可”制度。

佛教认为，自觉开悟的人，一定要经过祖师或善知识（已开悟之法师、大师）印可证明才算数。为何要印证呢？这是因为修行者中存在自身没有开悟却误认为自己已经开悟情况，即所谓“增上慢”者。如果出现这种情况，一是“增上慢”者因为自认为已开悟，就会自以为是，必然偏见日增，从而失去真正获得佛法解脱的机会，结果继续在轮回中受苦；二是“增上慢”者作为禅师会传播错误的见解，结果误导他人，即所谓“以盲引盲”。相反，一位禅师如果能得到一位已开悟禅师的印可（此印可一直可以追溯到释迦佛，在藏传佛教成为历代传承上师），则他的证悟也是真实的，就排除了“增上慢”的可能。正是为了避免“增上慢”者的不良后果发生，历代的禅师才代代重视印可传承，这也体现了佛法慈悲。它有点像我们现在各行各业的执业资格制度。

其实，惠能后来教导弟子时也是十分重视印可的。一个著名的例子是，有位永嘉大师，他生于浙江省永嘉县。因为他一生没有离开过永嘉县，所以时人称为永嘉大师。他出家后，研究天台教理，好修禅观，曾阅《维摩经》，豁然大悟。后来遇到玄策禅师（六祖的弟子）叙述此事，玄策建议他去曹溪参六祖，请印可。否则，无师自悟，乃是天然外道。他来到曹溪的时候，恰巧是六祖坐禅时间，他走到六祖禅床前，也不问讯，也不顶礼，手执锡杖，右绕禅床三匝，振杖而立。之后经过几个回合的对话，六祖才说“如是如是”，乃授予印可证明，成为六祖的法嗣。永嘉大师得六祖大师印可之后，六祖留他住一宿，次日就下山回了永嘉开元寺。因为在一宿的时间，便觉悟佛法的真谛，所以，时人称为“一宿觉和尚”。

现在，惠能开悟了，但他自己说了不算，一定要找禅师印可，当然最好是由五祖大师来印可。于是，惠能一定要前往黄梅。其实，《坛经》的说法也是这样，说惠能“既长，年二十有四，闻经悟道，往黄梅求印可。”惠能在黄梅的两个情况对他“只求印可”也是有力的佐证：第一，他在黄梅仅做了八个月杂役就南归了。第二，他与五祖对话，一开始就是锋芒毕露，主动出击，显露出求印可的急切心情。下面具体回顾一下八个月中惠能与五祖几个回合的对话。

第一回合：他刚进山门拜完五祖时，五祖便用浓重的黄梅话问他：“汝何方人？欲求何物？”惠能爽快地回答说：“弟子是岭南人，新州百姓。远来礼师，惟求作佛，不求余物。”五祖责问：“汝是岭南人，又是獦獠，若为堪作佛？”惠能便答：“人生有南北，佛性即无南北。獦獠身与和尚不同，佛性有何差别！”在这里，当然不是五祖对南方人有偏见，而是借机考验弟子。从初祖到五祖，每一代不都是这样考验过来的吗？

第二回合：五祖显然觉得惠能非同凡响，根器不错，本想再与惠能谈话，但看到很多徒众围绕在自己身旁，只好对惠能说：“好吧！你就跟随大众去做一些杂务吧！”决定留下他了。惠能又说：“大师，弟子自心常常生起智慧，从来没有离开过佛性，这便是福田，不知大师让我去打什么杂？哪来的杂？”

惠能可谓主动挑战！可见惠能求印可的急切心情！当时五祖一愣，甩袖就走。众门徒也不满意地盯着这位不知轻重的行者。五祖边走边说：“这獦獠根性实在太利了，你不必多讲了，到寺后碓房去工作吧！”五祖还是要磨炼一下他。禅门故事中，禅师都是因为心中有解不开的烦恼、疑惑、痛苦才去拜师的，包括二祖慧可是“求安心”，三祖僧璨是为解身疾而“请师忏罪”，四祖五祖是儿时学禅，大概是祖师找弟子的。惠能则完全不同，他一见五祖就说是“只求作佛”而不是学佛，且“自心常常生起智慧”，就是已经开悟成佛了。

第三回合：八个月后，有一天，五祖突然来到后院，看到惠能独自一人在那里辛勤地工作，便对他说：“我知道你在佛法上的见解深得妙用，但我甚为担心有人不明白如此高深的义理而来加害你，所以尽量避免和你接近交谈，你知道吗？”惠能心有领悟地说：“是的，我也知道大师的意思，所以我平常除了做杂务之外，从不到前殿去打扰大师，以免别人误会。”可见师生之间的心相默契。

第四回合：呈偈之事过后，有一天五祖悄悄来到后院碓房，见到惠能腰上缠着一块石头在舂米，便说：“求道的人，为法忘躯，应当这样吗？”接着又说：“米熟没有？”惠能回答说：“米是早就熟了，只是还没有经筛子，筛净过而已。”五祖听在心里，笑在脸上，知道惠能确实悟道了，功力成熟了，不过，还是要经印证一番。于是，他便把手上拿的手杖，在碓舂上连敲了三下就走了。

第五回合：惠能当下领会师意（一直心相默契），便在当日夜晚的三更时分，去到五祖所住的地方。五祖一见惠能，甚喜，但又恐怕被别人看见，于是立即拿着一件袈裟把惠能遮围起来，并为他讲授《金刚经》。当念到“应无所住，而生其心”一句时，惠能大彻大悟，明白了一切万法不离自性，便对五祖说：“何期自性本自清净！何期自性本不生灭！何期自性本自具足！何期自性本无动摇！何期自性能生万法！”五祖知道惠能明白本来面目，便赞叹说：“不识本性，学法无益；若识自本心，见自本性，即名丈夫，天人师、佛！”

第六回合：五祖送惠能过九江。惠能说：“请师坐下，让弟子来摇橹好了。”五祖风趣地说：“应该是我度你，所以，由我来摇橹。”惠能回答说：“迷时师度，悟了自度；度的名字虽然是一样的，但用处却不同。弟子生在文化不普及的地方，连说话的语音也不标准；但师父并未嫌弃，而且还深蒙方便教导，现在得悟了，就应该自性自度啊！”五祖高兴地说：“说得对极了！以后就靠你弘扬佛法，发展自能广大。我三年后便会离开人世，你多加保重，快向南方去吧！”

从以上几个回合的对话看，五祖与惠能师徒不仅心相默契，问答中充满禅机，充满智慧，而且惠能表现得非常直率，非常主动，希望自己的见识得到印可，而且他确实八个月就“毕业”了，相当于参加一场考前复习和考试，惠能的自悟得到了肯定！至于这“毕业证”到底是什么，我想已不是最重要的了。可能是衣钵，但那袈裟一直从达摩传下来的可能性比较小，可能就是五祖自己的。在此，有一件事不得不提及，前些年在新兴国恩寺旧塔遗址下发现了七颗舍利子。联系起来看，也可能就是它。公开说出去的是衣钵，引起人们的关注，实际上是舍利子，不是更有利于保护这个信物吗？

三、黄梅印可

惠能去黄梅是为得到五祖印可，黄梅印可对理清惠能的整个生平，对了解惠能佛教思想的形成发展意义重大。但各史料记载对惠能“参礼”五祖的时间出入甚大，主要有两说：

一是唐高宗龙朔元年（661 年）前后（《坛经》宗保本、《六祖大师缘起外纪》、《历代法宝记》、《圆觉经大疏释义钞》为 659 年）。

二是唐高宗咸亨二年（671 年）前后（《景德传灯录》、《五灯会元》为 671 年，《祖堂集》推为 669 年，《传法正宗记》、《天圣广灯录》为 670—674 年，《坛经》两卷本、曹溪原本、《曹溪大师别传》、王维《碑铭》等为 674 年）。

以上两说的时间相差 10 年左右。

结合有关材料，依常情、常理来判断，有以下几点值得注意：

第一，“三年勿弘”的咐嘱。《坛经》多种版本都说到五祖传位惠能送其过江时的这一嘱咐。《坛经》宗宝本、曹溪原本是“以后佛法，由汝大行。汝去三年，吾方逝世。汝今好去，努力向南，佛法难起，不宜速说。”《坛经》大乘寺本、兴圣寺本记为：“汝去后一年，吾即去逝。”《坛经》敦煌本、敦博本、旅博本的记述虽不明确，但也有“汝去努力将法向南，三年勿弘”的记载，暗示弘忍将于传法后三年离世。王维《碑铭》中有“临终，遂密授以祖师袈裟，而谓之曰：‘物忌独贤，人恶出己。吾且死矣，汝其行乎’”之语。综合来看，五祖去世前约三年（或两至四年，头尾算法产生的误差）应该是惠能在东山寺的时间比较可信，应优先采用。

第二，王维《碑铭》在时间上自相矛盾。《碑铭》明言惠能隐居南海“积十六载”，则惠能应于龙朔元年至黄梅，很是矛盾。要解决这个矛盾，可将惠能祝发时间后延，则惠能在曹溪弘法就只有二十余年，显然不对。据推测，《碑铭》可能是惠能去世后的最早材料，为王维应神会之请而作。故后世诸书皆本于王维《碑铭》，甚至同时说惠能受五祖临终嘱咐，隐居南海“积十六载”等。这说明隐居十多年的说法不太可信。

第三，659—661 年间，五祖才六十岁左右，主持东山法门也仅十年时间，还不到退休传位的时候。与此对比，其弟子惠能只有二十四岁，且学法仅八个月。在此，我们不妨先看看历代祖师和弟子之间传法衣的情况。

529年二祖慧可（487—593年）师从达摩，历六年，约四十九岁得衣钵，次年达摩灭度。

北齐天保三年（552年），慧可收四十多岁的弟子僧璨（510—592年），两年多后（555年）传位于僧璨后去邺都酬债。僧璨长期隐居，一生未公开传法，不断寻找可以付法的弟子。

581年道信（567—651年）十四岁投师三祖，十年后（590年）受三祖衣法，两年后三祖入灭（1982年在杭州出土一块铭文砖，刻有下列文字："大隋开皇十二年（592年）七月，僧璨大师隐化于舒之皖公山岫，结塔供养。道信为记。"）

608年，弘忍七岁师从四祖。615年，四祖四十八岁，在双峰山创寺，为第一个禅宗道场，组成了第一个禅宗僧团，农禅并作，坐作双修，并开创东山法门，开创中国禅宗的新局面。（《历代法宝记》载："信大师遥见蕲州黄梅破头山，有紫云盖，信大师遂住此山，后改为双峰山。"）643年，四祖七十六岁，国家开始重视禅宗，四祖成为第一个受到皇帝诏请的禅师。649年，《历代法宝记》载："经三十余年，付嘱法及袈裟于弘忍。"弘忍成为禅宗第五祖。两年后，四祖坐化于双峰山，"六十余年胁不至席"。

从以上情况看，各祖基本上都是年事已高和去世前不久才传位给弟子的。弟子从师数年至数十年不等，一般四十至五十岁才得衣钵。比较特殊的，一是高寿一百零七岁的二祖，因要去邺都酬债即传位给从师两年多的三祖，但三祖已有四十六岁。二是得衣钵时只有二十四至二十六岁的四祖，但从师有十多年，且为三祖经长期寻找而得到的唯一传法弟子，此时三祖已八十多岁。所以，如果说五祖传位惠能发生在661年前后，这种情况在历代祖师中是没有的，可能性比较小。

第四，惠能孤儿寡母，老母在家没人照顾，《坛经》有赠银十两安排母亲生活的说法，之后却没有下文。惠能从黄梅回来后为何不径直回家照顾老母而停留曹溪及隐居四会、怀集？惠能是个孝子，这不符合常情。如果说惠能是二十二至二十四岁间前往黄梅约一年后先回家乡照顾母亲，为何家乡对此没有任何记载或传说？所以，较大的可能性是惠能二十四岁时并未离家往黄梅，而是一直照顾母亲到其去世后才去黄梅的。此时，惠能已三十岁，其母六十岁左右，已去世的可能性非常大。

第五，如果惠能在661年前后见五祖，五祖看好他，则五祖应该像其他祖师那样，将弟子留在身边继续学习，让惠能逐步树立权威，再找个适当的时候传授衣钵，而不必给惠能秘密传法，让其秘密南归并隐居十余年。

综上所述，应该认为，惠能三十岁后离开新州，671年前后去东山见五祖的可能性比较大。

四、两住曹溪

这里主要是讨论惠能去黄梅前是否在途中停留曹溪的问题。据有关资料，惠能上黄梅东山的过程大体有三种记载：

第一种是《坛经》的记载："惠能安置母毕，即便辞违，不经三十余日，便至黄梅，礼拜五祖。"这是惠能直接上黄梅东山的记载。按惠能弟子法海所著《坛经略序》云，这一年是唐高宗龙朔元年（661年）。

第二种是《景德传灯录》、《宋高僧传》等禅宗史书的记载：惠能得知《金刚经》为"黄梅忍大师"劝持后，就从家乡先至韶州，遇刘志略，"结为交友"，在刘家听其姑无尽藏诵《涅槃经》。后修葺宝林寺，令其居之修道。不久，惠能从韶州到乐昌县西石窟，从智远禅师学法，在智远的进一步启发下最后来到黄梅。这一过程发生的时间都在咸亨二年（671年）。

第三种是《曹溪大师别传》（下简称《别传》）的记载：咸亨元年（670年），惠能离开新州来到韶州曹溪，与刘志略"结义为兄弟，时春秋三十"。在刘志略家，其姑无尽藏常诵《涅槃经》，惠能"昼与略役力，夜即听经至明"，为无尽藏尼解释经义，无尽藏将经与读，惠能曰："不识文字。"无尽藏曰："既不识字，如何解释其义？"惠能曰："佛性之理，非关文字能解。今不识文字何怪？"众人闻之，皆嗟叹曰："见解如此，天机自悟，非人所及，堪可出家，住此宝林寺。"于是惠能"修道经三年"。惠能"春秋卅有三，后闻乐昌县西石窟有远禅师，遂投彼学坐禅。"最后又到惠纪禅师处闻《投陀经》，感到"空坐"毫无作为，于是至东山谒弘忍大师，这一年是"咸亨五年，大师春秋卅有四"。

比较上述三种说法，笔者比较认同第三种说法。主要有以下三点理由：

第一，比较系统学习佛经的需要。惠能在新州虽然与佛有缘，跟寺庙、和尚的关系比较密切，甚至可能过着半居士（照顾母亲）半行者（在寺庙做些义工杂务）的生活。因此，听闻了不少经书，了解了出家人的生活。但是，毕竟没有系统学习过。在北上途中，正好结交刘志略和其姑，并被安置于寺庙，有了比较系统学习佛经的时间和机会。那么，惠能为什么要补这一课呢？这是因为，当时出家为僧是有严格制度的，它与政府的管理有关。

唐初统治者沿袭了隋代对僧侣的管理体制，仍以寺院三纲为主，力图做到以僧隶寺、以寺隶官，把僧侣阶层牢牢地控制在国家的手中。在中央，设置十大德，以统僧务。为了加强对寺院僧侣的监督，唐政府还在天下寺院内"每寺观各置监一人"①。寺监的任务就是对寺院僧侣的行为进行监督。如有违法者，予以惩治。除了以僧统僧的僧官外，李唐政府还仿效中央地方行政机构，设立三级专门管理僧侣的行政机构，这也是沿袭隋朝的制度。

其中还有一项是加强了对出家资格的管理，要出家都要先学习。汉传佛教到了唐宋时代，出家者先要到寺院中当"童子"或作"行者"服各项劳役，劳役期间可以从师受沙弥戒，不必剃发。童子或童行是第一个阶段，指到寺院学习以求出家，尚未剃发，未得到政府承认的幼童。惠能出生时即赐名，是否就是童子？这也是值得研究的。行者是第二个阶段，是未出家但生活在寺院内帮忙干杂务的成年男子。惠能见五祖时的身份就是行者，直到在法性寺印宗为其剃度。等政府规定度僧的时日来到，经政府的甄别，或经考试及格（规定要掌握几百页的经书），得到许可，给予度牒，并指定僧籍隶属的寺院，才能取得僧人的资格，可以剃度为僧。凡是未经政府许可、未得度牒而私自剃发的僧尼，没有寺籍，名为私度，要受到惩罚。唐太宗就"屡次检校佛法，简括僧徒，清肃非滥，对于私度之僧，处以极刑"②。惠能对此应有所了解，他抓住在曹溪居留的机会系统学习佛经，为出

---

① 郑显文．唐代僧侣与皇权关系研究．佛教导航网：http：//www. fjdh. com/wumin/2009/04/07185250554. html，2009－04－12.

② （唐）道宣．续高僧传·智实传．大正新修大藏经·史传部二（卷五十）．台北：佛陀教育基金会出版部，1990.

家作充分准备是合情合理的。正如《别传》所记载的，惠能在曹溪“修道经三年”，又向远禅师“学坐禅”，“从惠纪禅师处闻《投陀经》”。

第二，惠能的禅学思想与五祖禅风的区别在曹溪正好有机会表现出来。这就是：惠能比较反对读经和一味坐禅。或者说，他强调的是生活与禅合一的生活禅风。具体反映有两处：先是为无尽藏解经文。无尽藏“常诵《大涅槃经》。师暂听即知妙义，遂为解说。尼乃执卷问字。师曰：‘字即不识，义即请问。’尼曰：‘字尚不识，曷能会义？’师曰：‘诸佛妙理，非关文字。’”二是向远禅师学坐禅。从惠纪禅师处闻《投陀经》，却感到“空坐”毫无作为。其实，惠能之前在家乡以打柴为生，之后在黄梅八个月做杂役，大概都没有时间多学坐禅。与此对比，五祖还是强调坐禅的，这里显示出惠能与五祖、与以后的北宗在禅风上不同的渊源。显然，如果惠能是在没有开悟成佛前就去了黄梅，很可能会更多地接受五祖的禅风，南宗的特点恐怕就不会那么突出了。实际上，我们可以这样理解惠能的曹溪之行，惠能自悟成佛后，首先在曹溪得到第一次印可，不过不是由祖师来印可的，而是由解经书和坐禅实践来印可的。

从以后的情况看，我们与其关注惠能究竟是不是识字、文化水平如何，还不如问一问：他人既聪明，离开新州后以及祝发出家后都有充足的时间和精力，为何不学习识字读经呢？或者进一步说，他为什么一再强调自己不识字呢？我的理解是：不识字，不依经，不是更有利于除却心中的妄见吗？不是更有利于增强下层大众成佛的信心并向他们宣讲禅法吗？这是不是包含惠能的一个方便法门呢！

第三，能较好解释惠能从黄梅回来后在曹溪的遭遇。惠能三十岁（667 年）至曹侯村，与刘志略结识，为人佣工或一年左右。《别传》称二人结义为兄弟，自非日浅之交。次年夜闻无尽藏诵《涅槃经》，为之析义，深受敬服，无尽藏乃遍召乡中耆德，称颂其道，曹叔良等竞来瞻礼，于是众人捐资募建新寺，延请惠能居之。于是惠能“修道经三年”后，又向远禅师“学坐禅”，“从惠纪禅师处闻《投陀经》”。算起来，惠能应在 671 年前往黄梅。八个月后南归。因为老母去世已无牵挂，又曾与曹溪结缘，于是惠能很自然地就先回了宝林寺（672 年），但住了九月多，又被恶人寻逐，乃远遁四会、怀集，在两地隐居于猎人队中三或四年（673—677 年）。因此，惠能北去南归两次都曾留住曹溪。

总结以上分析，我们可以认为，惠能父母属老夫少妻结合，多年不生育而后老来得子，全家笃信佛教，惠能自小与佛结缘。母亲李氏可能亡夫归宗与娘家兄弟一起生活，惠能长大后在舅舅家“别母”，以行者身份在新州的寺庙学佛，舅舅去世后或在寺庙附近安置老母并供养。在长期的艰苦生活中，惠能主要是自学成才，自悟成佛。母亲去世后，惠能赴黄梅求五祖印可，途中有机缘在曹溪系统学习佛经数年，显露出独特的生活禅风。最后在五祖处锋芒毕露，八个月即得祖师印可。因为与曹溪有缘，从黄梅南归时惠能又先回到曹溪，遇追逐后隐居四会、怀集。从这段经历看，惠能的自悟成佛，有良好的文化环境、机缘条件，有积极进取的志向，还有长期的积累，实乃因缘际会自然而成，并没有太多的奇迹。

朱正国　供稿

韶州大梵寺弘法和《坛经》演绎

六祖惠能生于新州，于黄梅得法，在广州剃度，却在韶州行化弘法至少四十年，圆寂后又把真身永久地留存在韶州曹溪宝林寺（南华寺），至今仍在那里供养。惠能以后，禅宗一系的传承不再是靠衣钵一脉单传，而是“多头并弘”。惠能在韶州四十多年，对禅宗的发展贡献巨大，被认为是中国南宗禅的实际创始人。惠能能够成为六祖，不仅是依靠五祖弘忍的传授衣钵和传心秘诀，还和他在韶州长期弘法并演绎《坛经》有重大关系。后来的佛教界说起南派禅宗，自然离不开六祖惠能，当然也离不开《六祖坛经》。惠能剃度出家受戒回到韶州以后，做的最重要的一件事，就是应韶州刺史韦璩之邀，到韶州城中的大梵寺开缘说法。所讲演内容由曲江弟子法海记录并流传下来，逐步演变成禅宗的传宗法宝，即后来的《六祖坛经》。《六祖坛经》是六祖惠能在韶州演绎创作的，这在历史上本来是没有争议的。

惠能一生弘法的曹溪宝林寺

但自20世纪初，胡适和日本学者久野芳隆、矢吹庆辉、关口真大等提出《坛经》的主要部分是神会或神会一派所作，直到今日，这种争议仍不能完全平息。既然惠能作为《坛经》的署名作者都值得怀疑，那么，韶州作为《坛经》的创作地也就同样可以被怀疑了。因此，不仅胡适认为《坛经》是由神会或神会一派创作于北方河洛一带，更有学者认为，《坛经》或许是惠能临终前将弟子叫到新州（今新兴）演绎而成的。后来（宋朝）韶州城内新建了大鉴寺（坐落在今韶关市区步行街南头向东兴隆街），更有不少人因此误认为大鉴寺就是六祖演绎《坛经》之地。依据对杨曾文先生校写的敦煌本《六祖坛经》的内容进行的梳理探讨，我们可以确认，《六祖坛经》不仅是惠能讲说创作的，而且它的创作地，主要就是在韶州的大梵寺和曹溪宝林寺，而不是在大鉴寺。

一、惠能与韶州曹溪的深厚因缘

惠能在韶州修法、传法四十多年，说明他与韶州因缘很深。且不说他圆寂后将真身永久地留在韶州，即便是在生前，至少不止三次在韶州进行修法、弘法活动，或者称与韶州结缘。

惠能在远赴湖北黄梅求法之前，曾到过韶州曹溪宝林山。杨曾文先生根据他对《曹溪大师传》的研究，认为："惠能'少失父母，三岁而孤'，是说三岁时没有父亲，而后母亲又亡故，然后才离开新州北上求法。惠能北上求法路过曹溪，是唐高宗咸亨元年（670年），他时已届三十（三十三）。"这一年，（惠能）"大师游行至曹溪，与村人刘志略结义为兄弟。""略有姑出家，配山涧寺，名无尽藏，常诵《涅槃经》。大师昼与略役力，夜即听经至明，为无尽藏尼解释经义。尼将经与读，大师曰：'不识文字'。尼曰：'既不识字，如何解释其义？'大师曰：'佛性之理，非关文字能解，今不识文字何怪？'众人闻之，皆嗟叹曰：'见解如此，天机自悟，非人所及，堪可出家，传此宝林寺。'大师即住此寺，修道经三年……后闻乐昌县西石窟有远禅师，遂投彼学坐禅。大师素不曾学书，竟未披寻经论。时有惠纪禅师，诵《投陀经》。大师闻经叹曰：'经义如此，今我空坐何为？'至咸亨五年，大师春秋三十有四（杨曾文注：应为三十七）。惠纪禅师谓大师曰：'久承蕲州黄梅山忍禅师开禅门，可往彼修学。'大师其年

正月三日，发韶州往东山寻忍大师。策杖涂跣，孑然自行，至洪州东路。时多暴虎，大师独行山林无惧。遂至东山，见忍师。”①

惠能在远赴蕲州黄梅求法之前，曾先到韶州曹溪，在曹溪宝林山集中地做了三年时间修禅学习准备。在曹溪的学习，和在新州家乡时有所不同。虽然唐初岭南溪洞地区（包括新州）已经佛教盛行、寺院较多，但佛寺还远不如韶州著名，交通也不便利。所以，惠能才利用刘志略出家为尼的姑姑的关系，修习禅法。因为惠能一心想求得大法，曹溪的修禅不能使他止步。他又去乐昌西石岩智远禅师处坐禅，还经惠纪禅师教诵《投陀经》，都不能使他满足。最终他另辟蹊径，到了黄梅五祖弘忍大师那里进一步学习佛法。

在韶州曹溪宝林山的修禅学习准备，虽然没有使惠能满足，但比起在新州家乡的修习，又有很大不同。在家乡的修禅体悟，充其量是业余修习，内容也比较零散。而韶州修习的时间比较集中和充裕，不仅可以拜访到更加著名的禅师，还能够互相问疑讨论。惠能到黄梅得到禅法衣钵南归，又回到了曹溪宝林寺。“师自黄梅得法。回至韶州曹溪村，人无知者……有魏武侯玄孙曹叔良及居民，竞来瞻礼。时宝林古寺自隋末兵火已废，遂于故基重建梵宇。延师居之，俄成宝坊。师住九月余日，又为恶党寻逐。师乃遁于前山，被其纵火焚草木，师隐身挨入石得免。石今有师趺坐膝痕及衣布之纹，因名避难石。师忆五祖怀、会止藏之嘱，遂行隐于二邑焉。”②

捨山檀越陳亞仙像
東莞沙門超彦繪刊大小
曹溪圖以酬夙願。謹識。

惠能到宝林寺后施舍山林的檀越陈亚仙

① 杨曾文．《曹溪大师传》及其在中国禅宗史上的意义．林有能主编．六祖惠能思想研究（三）．香港：香港出版社，2007.

② 惠新本六祖坛经·机缘品第七．

曹溪前山的避难石

《曹溪大师传》也说："能大师归南，路至曹溪，犹被人寻逐。便于广州四会、怀集两县界避难，经于五年，在猎师中。"① 这是说，惠能从湖北黄梅得到弘忍衣钵后南归的第一个重要落脚点，仍然是韶州曹溪宝林寺。他到了曹溪宝林寺，不仅避免不了被人追寻的惊慌，还有"命若悬丝"的生命危险。尽管在韶州宝林寺不安全，他也不想立即离开宝林寺，于是便东躲西藏，曾隐藏在前山的石缝中，还到离宝林寺较远的曲江县狮子岩后山半腰的山洞里避难（后人将此处称为惠能在曲江避难的招隐岩，后建有招隐寺）。最终因为惶惶不定，九个月后，他又栖隐于四会和怀集两县深山老林的猎人队伍之中。

在广州经过风幡之论和开法受戒后，广州法性寺的经藏院成了惠能的开法堂。但惠能在广州待的时间并不长。因为他面临一个新的问题：是长期在广

① 杨曾文．《曹溪大师传》及其中国禅宗史上的意义．林有能主编．六祖惠能思想研究（三）．香港：香港出版社，2007.

州弘扬禅法，还是另谋弘法宝地。当印宗法师问及惠能“久在何处住”时，惠能似乎胸有成竹，明确表示要去韶州曲江县南五十里曹溪村故宝林寺，于是印宗法师召集僧俗一千多人浩浩荡荡地将惠能送回到韶州曹溪宝林寺。“师辞众归宝林，印宗与缁白送者千余人，直至曹溪。时，荆州通应禅师与学者数百人，依师而住。师至曹溪宝林，睹堂宇湫隘，不足容众，欲广之。遂谒里人陈亚仙曰：‘老僧欲就檀越求坐具地，得不？’仙曰：‘和尚坐具几许阔？’祖出坐具示之，亚仙唯然。祖以坐具一展尽罩曹溪四境……师游境内山水胜处，辄憩止，遂成兰若一十三所，今曰华果院，隶籍寺门。”①

从此，惠能在韶州开始了数十年弘扬禅法的事业。惠能到曹溪，不仅从地方乡绅陈亚仙处获得了广大地盘，还扩建了寺院。他遍游山水风景极佳之处，选择新的禅寺基址。后来建立了名为花果院的十三所兰若，十三所兰若包括：①兴云寺，居库前；②资圣寺，居石宝坪；③当林寺，居曹岗；④宝兴寺，居演山显村；⑤高泉寺，居濞溪；⑥望云寺，居木坪；⑦崇云寺，居杨梅田头山；⑧灵山寺，居双石头尾，即虎榜山水口；⑨厚峰寺，居谭田头，即高陂角；⑩鬱林寺，居其田；⑪东林寺，居苍村；⑫深峰寺，居社溪。② 加上宝林寺，形成了规模空前的花果院。隶籍寺门的每个寺每年要向上院纳香米一百二十石。惠能出生的新州也是一个佛教盛行、寺院众多的地区。他得到禅法真传于黄梅，落发剃度出家受戒于广州法性寺（光孝寺），但他没有留在黄梅继续修禅，也没有选择在家乡新州传禅，更没有留在广州弘法，

《曹溪通志》上的六祖大师像

① 宗宝．六祖大师缘起外纪．林有能主编．六祖惠能思想研究（三）．香港：香港出版社，2007.

② （清）释真朴重修．曹溪通志（卷一）．杨权等点校．香港：梦梅馆，2008.

而是选择了粤北韶州作为他一生的弘法之地。这不仅因为他和韶州结有深厚因缘，还有其他诸多原因。

《曹溪通志》所载包含兰若十三所的花果院

印顺认为，“惠能没有去黄梅时，曾经在曹溪小住。从黄梅回来，到过曹溪。《略序》曰‘归宝林’，也有到过曹溪的意思。从广州经大庾岭而到黄梅，一定要经过韶州。惠能在经过时，可能在韶州小住，有多少相识的人。过去，‘虽犹为恶人寻逐’，不能安定下来。现在出了家，受了具足戒，在广州受到缁素的崇敬，曹溪僧众也就表示欢迎了。这应该是惠能回曹溪的原因。”① 印顺大师的这一说法，自然很有道理，但除了上述重要原因之外，还可以补充以下几点。

韶州刺史韦璩素仰惠能道风，在惠能广州剃度之际，曾经向惠能发出邀请，请他到韶州大梵寺主持法席，讲经说法。“上元中，正演畅宗风，忽惨然不悦。大众问曰：‘胡无情绪耶？’曰：‘迁流不息，生灭无常，吾师今归寂矣。’凶赴至而信，乃移住宝林寺焉。时刺史韦据（璩）命出大梵寺，苦辞，入双峰曹侯溪矣。”② 韦璩有请惠能在大梵寺长期弘法的意思，虽经苦苦挽留，但惠能还是到了曹溪。弘忍寂灭的那一年，正好是上元二年（675 年），而这时的惠能还没有剃度出家。在封建社会的唐代，官府的权力是很大的。假如禅宗的发展得不到政府的支持，将困难重重。韦璩传递给了惠能一个重要信号，向他发出到韶州大梵寺的住持弘法邀请，这对惠能来说应该是很有吸引力的。惠能却没有接受韦璩的邀请，在韶州大梵寺长期主持法席，而

① 印顺．中国禅宗史．南昌：江西人民出版社，2007.

② （宋）赞宁．宋高僧传．范祥雍点校．北京：中华书局，1987.

是到了曹溪宝林寺。但后来，惠能还是给足了韦璩面子，出家剃度后到曹溪不久，就接受韦璩之邀一连数日在韶州城中的大梵寺开缘说法。当然后来又回到了曹溪。惠能在曹溪的人脉关系可谓是多方面的。除了有如印顺所说的不少相识的人，主要是有很多的信仰者，包括来自官方的支持者韦璩，他当然也是素仰其道风的信仰者。

韶州是岭南佛教传播的重镇，不仅是相对便捷的交通枢纽，还具有禅宗思想向南北发展的战略地位。东晋以后，以韶州为中心的粤北，佛教非常盛行，它在南朝就传译了与中国禅宗思想有直接关系的《大乘起信论》，同时又是多种佛教宗派和思想汇集的重镇。初唐时期，韶州已是寺院林立、高僧云集、信徒众多的地区。曹溪宝林寺历史悠久，名闻岭南和中原，具有优美的地理环境，既远离尘嚣，又不会过于偏僻，是适合禅法弘扬的理想环境。

五祖弘忍选择惠能作为禅宗传法代表人物，不仅是因为他有禅宗的智慧和聪明，更重要的是出于对禅宗在岭南的传播与发展的考虑。对于这一点，弘忍传法时肯定有所交代，惠能自然也体悟并谨记。因此，惠能考虑禅宗的传播与发展，其基地选在韶州曹溪最为有利。假如在广州弘法，禅宗丛林文化难免会受到都市文化的影响和官府权力的羁系；如选在新州，又过于偏僻，对禅宗的发展与对外交流不利。韶州曹溪可以说是占有禅宗南北发展的优越地理位置，具有禅宗一派立足粤北向南北发展的战略区位优势。惠能选择韶州曹溪作为禅宗弘法基地，进可以越过南岭，到达长江流域和中原地带；退可以据守岭南，抑或远化海外。明代憨山德清总结道，六祖惠能的南宗禅“其根发于新州，畅于法性，浚于曹溪，散于海内，是知文化由中国渐被岭表。而禅道实自岭表达于中国。”① 惠能南宗禅的形成，是在韶州曹溪。而惠能在韶州弘法的第一步，就是在城内大梵寺开缘说法，开始讲说南宗禅的传宗法宝，也就是后来所说的《六祖坛经》。无论是南宗禅的形成，抑或惠能成为六祖，《坛经》的产生和形成都是至关重要的。

二、惠能在韶州和曹溪的《坛经》讲说

佛教禅宗主张“以心传心，不立文字”，实际上从初祖达摩以下，

---

① （明）释德清．题门人超逸书《华俨经》后．憨山大师梦游全集（卷八）．

代代都有传宗文字著述流传下来。[1] 惠能虽然不识字，但同样也创作了《坛经》流传后世。诸多版本对惠能在韶州大梵寺讲说《六祖坛经》都有相对明确和一致的记载。如敦煌新本（也称敦煌博物馆本，敦博本）《六祖坛经》开头就说："惠能于大梵寺讲堂中，升高座，说摩诃般若波罗蜜法，授无相戒。其时座下僧尼道俗一万余人，韶州刺史韦璩及诸官僚三十余人、儒士三十余人。同请大师说摩诃般若波罗蜜法。刺史遂令门人僧法海集记，流行后代及学道者，承此宗旨，递相传授，有所依约，以为秉承，说此《坛经》。"[2]明太仓本《六祖大师法宝坛经》说："时大师至宝林，韶州韦刺史名璩与官僚入山，请师出于城中大梵寺讲堂为众开缘说法。师升座次，刺史官僚三十余人，儒宗学士三十余人，僧尼道俗一千余人。同时作礼，愿闻法要。"[3]大梵寺讲堂开缘说法听讲的人数，不同版本的记载虽有不同，但主要的史实却是相同的。刺史韦璩对惠能大师十分尊重，带领韶州官员亲自进山邀请惠能到大梵寺开缘说法。开缘说法不是一般的传法，而是公开地说法传禅，这些说法内容由惠能的弟子法海记录了下来。惠能在大梵寺对僧俗弟子徒众的公开说法、传禅、授戒等，构成了《坛经》的第一部分，也是《坛经》的中心内容，是《坛经》的主体。[4]韦璩将惠能请到大梵寺讲法，史籍有明确记载的时间是在惠能得法剃度后的仪凤年间。而在此完成了《坛经》约48%的内容，构成了敦博本《坛经》的核心内容和主体部分。[5]

《坛经》的第二部分内容，是惠能的生平简历。第三部分是惠能与弟子之间关于佛法的答疑问对（教示机缘），惠能临终嘱咐以及有关《坛经》编传的部分。第二部分，关于惠能的生平简历，也曾在大梵寺讲述、由弟子法海记录整理。据杨曾文先生研究统计，这部分约占9%的内容。第三部分，是《坛经》主体以外的附属部分，约占总量的37%以上。以后《坛经》的版本不断发生增补，字数越来越多。但第一部分相对稳定，第二、三部分增加较多，主要增加了风动幡动等内容。第三部分，内容较多。惠能平时教诲弟子，临终嘱咐等内容加上，此即第三部分。第三部分的大部分内容，也是惠能在韶州曹溪讲说的。因为惠能一生行化弘法四十年，向北足不过武溪。除了短期南下回去新州，大部分时间没有离开韶州。可以说，《坛经》是惠能

---

①②③④⑤　杨曾文校．敦煌新本六祖坛经．北京：宗教文化出版社．2011.

在韶州大梵寺和曹溪创作的，这从《坛经》的记载中可以清楚地看出来。即便是流传到明代的《坛经》，也保留了韶州创作的痕迹。

韶州曲江曹溪山宝林寺（今南华寺）

以曹溪珍藏本（明太仓刻本）《六祖坛经》为例。“自序品第一”是惠能应韦璩刺史之邀，在大梵寺开缘说法，说了“惠能行由，得法事意”①。算是第一讲。

第二天，韦璩又率众向惠能请益，开始还要念《摩诃般若波罗蜜经》，然后讲解此法，仍是在大梵寺。

又一天，韦璩为惠能设大会斋，也是在韶州城内大梵寺举办的。虽然是韦璩设立的大会斋，但这是他替惠能大师请客吃饭。惠能大师是个出家人，不能请人家来吃饭，但韦璩可以。请所有的和尚、居士、读书人、官员、胥吏，都来吃斋饭。即便是斋饭，也不是白吃的，主要是为了惠能重修宝林寺举行的化缘募捐活动。宣化上人认为，这个大会斋，一定是为造庙才请的，所以韦璩才问惠能大师，梁武帝造寺度僧有什么功德。为了在曹溪造庙，举行大会斋，同时还要让惠能回答人们对梁武帝造庙有何功德的疑问。大会斋散后，惠能回到了曹溪。②

惠能有数十年的时间，待在曹溪山宝林寺弘法传禅，向北足不过武溪。惠能在曹溪教诲弟子禅法，接待来访信众，自然有不少著名弟

① （唐）法海编集，（明）德清校勘．六祖大师法宝坛经·自序品第一．
② （唐）法海编集，（明）德清勘校．六祖大师法宝坛经·决疑品第三．

子。其中反映在《坛经》中的人物，就有法海、法达、智通、志常、志道、行思、怀让、玄觉、智隍、神会、方辩、志诚、志彻等，惠能与他们有一些会话和机锋对接、禅宗公案，大都发生在曹溪，而且最后被收入《坛经》，作为传法的案例，流传后世。

《坛经》的附属部分，“护法品第九”、“付嘱品第十”等，不一定完全是法海集记的《坛经》的内容。也就是说，《坛经》有的内容不一定是在韶州曹溪创作的。如惠能在临终前“唤门人法海、志诚、法达、神会、智常、智通、志彻、志道、法珍、法如等曰：‘汝等不同余人，吾灭度后各为一方师。吾今教汝说法，不失本宗。’”① 然后，又命门人往家乡新州国恩寺建塔，催促工期早日完成。同时，告诉弟子有疑问及早提出。后来，惠能还告诉门人，自己“欲归新州，汝等速理舟楫”②。及至惠能到了新州，已是病入膏肓，要说的话也不会很多了。

总的来看，《六祖坛经》的主体部分和核心内容，是由惠能在韶州大梵寺讲解、由弟子法海集记而成的。惠能回到曹溪，又演绎创作了《坛经》的附属部分。惠能灭度后不久，法海根据平日记录编集整理成祖本《坛经》。③ 流传后世的诸本《坛经》，虽然对附属部分的内容不断有所增删，但是并没有影响到《坛经》的基本思想。韶州大梵寺和曹溪宝林寺作为《坛经》演绎创作的基地是没有问题的。后来禅宗传人在各地对《坛经》的零星补充，也改变不了《坛经》的原始创作史实。

三、大鉴寺不是惠能讲说《坛经》之地

由于《六祖坛经》的初始创作地韶州大梵寺在唐末以后破败不堪，自然会引起国外学者的错误判断，不仅把现在的曹溪南华寺和韶州大梵寺判断为一寺两名，更有当代学者把大鉴寺当成了大梵寺。惠能后来被唐宪宗追谥为大鉴禅师，现在的韶关市区兴隆街保留了宋朝石不矜主持建立的大鉴寺，有人就把大鉴寺当成了大梵寺。其实这又是一个误会。这里有作进一步考述的必要。

嘉靖本《韶州府志》卷六“寺观”云：“韶土崇二氏之教，惟佛

①② （唐）法海编集，（明）德清勘校．六祖大师法宝坛经·付嘱品第十．

③ 杨曾文校．敦煌新本六祖坛经．北京：宗教文化出版社，2011.

视他境差胜。盖由黄梅授衣，曹溪振锡，海内缁素，倾慕宗风。度庾岭而南者，云兴雾集。当时皈依法宝，创建精庐四百余区，削发隶祠曹者三千七百人。今皆荒废，存者十一。岂其盛衰亦自有数邪！”这是明代嘉靖年（1522—1566 年）追述的韶州前朝佛教的鼎盛状况。到了明朝，韶州佛教已是今非昔比了。韶州“十存其一”的寺观中，包括重建和重修的，不仅有大鉴寺，还有报恩光孝寺。《韶州府志》卷六“寺观”云：“大鉴寺：即僧纲司在府治南兴贤坊。宋绍定（1228—1233 年）间运使石不矜为唐僧卢惠能建。提点刑狱司郑霖有记。洪武间重修，嘉靖十八年（1539 年）都纲何应珍疏请知府符锡重建。”①

宋代修建的大鉴禅寺

大鉴寺在韶州府治之南的兴贤坊，即在现今韶关市步行街南头路东的兴隆街。而大梵寺地处武江之西，其地现在仍称河西。大梵寺建造年代比大鉴寺要早。嘉靖本《韶州府志》卷六“寺观”对“大梵寺”在“报恩光孝寺”目下也有记载：“报恩光孝寺：在河西。本唐时大梵寺。刺史韦璩请六祖说《坛经》之处。崇宁二年（1103 年）诏诸州建崇宁寺。政和（1111—1118 年）中改天宁寺。绍兴丁巳

---

① （清）唐宗尧修，秦嗣美纂．韶州府志（卷十八；清康熙二十六年刻本）．

(1137年）专奉徽宗香火，赐额曰：报恩光孝寺。”报恩光孝寺就是大梵寺演变而来的。由于地处河西武江岸边地势低洼之地，屡被洪水淹浸。

清代林述训等修纂的《韶州府志》记载：“报恩光孝寺在河西。唐开元二年（714年）僧宗锡建，名开元寺，又更名大梵寺。刺史韦璩请六祖说《坛经》处。宋崇宁三年（1104年）诏诸州建崇宁寺。政和（1111—1118年）中改天宁寺。绍兴三年（1133年）专奉徽宗香火赐额曰：报恩光孝寺。前堂有秦纲义士像，宋李骙，明曹时中、刘应期，俱有碑记。”① 惠能圆寂于先天二年（713年），也是开元元年。这里的记载可能有误。因为惠能应韶州韦璩之邀在大梵寺开缘说法在先，是仪凤初年（676—677年）的事，不是开元年间的事。清代《韶州府志》还披载了宋代李骙《开元寺重修佛像记》。其中有云：“五管之南韶为望郡。治城之西渡江五里有佛祠曰开元，介于武溪之右。唐季复更名为大梵。昔曹溪六祖得心要于黄梅，言旋乔木之邦，尝寓居是寺讲顿教，以悟群迷。于今西偏遗址在焉。熙宁二年（1069年）己酉五月仲夏，天灾流行，洪水为害。涨入郛郭，冲荡民居。浩浩横流，势不可御。怀界刹几及浃旬。鸥殿之内，化作泥阬。金仙之尊，土木流溃。寺僧景琎观此坏相，疾首痛心。一日聚众议曰：我曹荷佛庇庥，恩逾父母。盍同怀戮力，博求信向之众，重塑大鉴金身，朝夕得以瞻仰。不亦善乎！琎师乃软言诱化郡城。拔萃坊谭宽同其室徐氏谋曰：我等生逢盛旦，岁计幸充。若不作因，云何得果？于是胠箧之资，购匠工之巧，再造释迦住世睟容，一铺金碧庄严，增倍前制。盛集缁徒开陈法会，营斋饭众，以赞其成。一费泉布二十万……熙宁七年（1074年）甲寅二月十日记。”② 城内河西大梵寺地势不高，容易遭受洪灾。这里说的是在河西重塑六祖佛像，不是重建佛寺，更不是大梵寺的迁建。原来的大梵寺只有遗址，迁建后的位置会比原址地势更高一些。这里说的还是宋朝的事。大鉴寺是通过“再造释迦住世睟容，一铺金碧庄严，增倍前制”的情况下重建的，不是修建，也不是迁建，而是重建。

明朝刘应期《重建报恩光孝寺记》叙述了光孝寺重建的情况：

---

① （清）林述训修．韶州府志（全本）．台北：台北成文出版社，1966.

② 光绪年《曲江县志》卷十六。

"予尝览往故寺宇之兴衰，有数而所关且巨。光孝古寺，比郡瞰河，肇于唐为开元（713—741 年）。仪凤（676—679 年）间，郡守韦公请六祖说《坛经》于此。道场始开，历数百年，沿革不一。宋绍兴（1131—1162 年）中得赐额曰报恩光孝寺，其场再振。今据（距）宋又数百年，断墙残草，殊非旧观。郡侯陈公命僧疏劝增修，恢复仪凤、绍兴之世。界由仪凤至今，兴隆者三世，次相去久，近如有期者。群僧承命欢呼，上民喁喁。心计曰俗，谓修寺储诞，岂知其兴衰有关于时哉！先是，南人未尝以相业显著者。韦公尊信《坛经》时，张氏奕世甲科。九龄为开元贤相。"[①] 刘应期撰此碑记的是明朝的事。此后，在明清两朝，韶州城还并存跟惠能有关的两个佛寺，其中一个就是报恩光孝寺，也称大梵寺，曾经称为开元寺，又改称过崇宁寺，就是唐代韶州刺史韦璩请惠能说《坛经》的地方。期间遭遇过江水泛滥，被水淹毁，得到多次重修。

同治本《韶州府志》卷二十六"寺观"之下，在记载了报恩光孝寺之后，还记载了大鉴寺："大鉴寺在府治南兴贤坊。宋绍定（1228—1233 年）间运使石不矜建，提点刑狱郑林记。明洪武（1368—1398 年）间修。嘉靖十八年（1539 年）重建。国朝康熙十二年（1673 年）知府马元重修。（旧志）寺有宋元丰三年（1080 年）宝钟款。赣州王纯捨充供养。"接着，又著录了《明符锡重修大鉴寺疏》。该疏不外是述说重修大鉴寺的重要性。其中说道："大鉴寺者，韶阳古刹也。肇自宋中，盛于明季。卢居士曾遗只履用启佳名，石大夫初辟精庐。几经再造，良以真源。随注掘井得泉，遂令慧业增新。披雾就日，灰平浩劫。独留晴雪洒长松，缘广传灯屡听修风清。"后面又说了很多，主要是希望地方人士引起重视，多捐赠布施，重修大鉴梵宇。疏中称卢居士，还是惠能没有到黄梅之前的称谓，至出家之后回到韶州在大梵寺说《坛经》时，称谓已经是大师了。"卢居士曾遗只履"也只能是传说，并借以"用启佳名"罢了。惠能是否真的在这里有过足迹，实在是难以考证了。

如今韶关河西武江西岸的光孝路一带，应该就是大梵寺的旧址。而始建于南宋绍定（1228—1233 年）年间的大鉴寺，是在武江东的韶州府治之南。到了明清，又经过了多次重修。明朝洪武（1368—1398

① 光绪年《曲江县志》卷十六。

年）年重修一次，嘉靖十八年（1539 年）重修一次，康熙十年（1671 年）又重修一次。宋绍定间运使石不矜修建大鉴寺，只是说“为唐僧卢惠能建”，“提点刑狱司郑霖有记”，并没有说是把河西的大梵寺搬迁到府治之南兴贤坊。嘉靖本《韶州府志》同时还说到，报恩光孝寺的前堂还供奉有秦纲义士塑像。这说明，大鉴寺和报恩光孝寺（也就是原来的大梵寺、开元寺、崇宁寺）在宋代是并存的。报恩光孝寺的毁弃是后来的事。因此，可以说，吴尚青等在《禅院行》[①] 中大谈六祖在大鉴禅寺讲说《坛经》不是事实。大鉴寺是否由河西的大梵寺搬迁或者改建到城内兴贤坊（现在的兴隆街），还要依靠发现绍定年间“提点刑狱司郑霖有记”的进一步说明，及其他更为有力的证据。

总之，惠能作为南宗禅的创始人，与韶州宿昔有缘。他在韶州地区修行弘法四十多年，并主持创作了《六祖坛经》。流传后世的诸本《六祖坛经》，虽然不是六祖的原创面貌，但按照中国的创作署名传统，也只能由惠能署名。法海只是起到了记录整理的作用，神会等在后来根据自己的需要对《六祖坛经》有所增删，都不是真正意义上的作者，都没有署名权。《六祖坛经》和儒家经典《论语》一样，子贡、子路等弟子虽然和孔子以对话的形式参与了《论语》的创作，但署名的只能是孔子。法海、神会等一众弟子，通过和惠能的对话，共同创作了《六祖坛经》，但署名的只能是惠能。至于后来的对《六祖坛经》的增删者，更没有署名权。

---

① 吴尚清，梁照林．禅院行．北京：中信出版社，2007.

《坛经》的书名

《六祖坛经·付嘱品第十》记载：惠能感到自己将不久于人世，有一天，他把门下弟子法海、志诚、法达、神会、智常、智通、志彻、志道、法珍、法如等人都叫了过来，对他们说：你们和其他的徒弟不同，我灭度以后，你们都是住持一方弘法教化的禅师。并要求他们依法修行，按《坛经》内容传法，转相教授，不要失却禅宗顿教法门的宗旨。此后，惠能诸弟子主要靠各持一本《坛经》到各方弘化，而不需要祖传衣钵作为信物来传教。

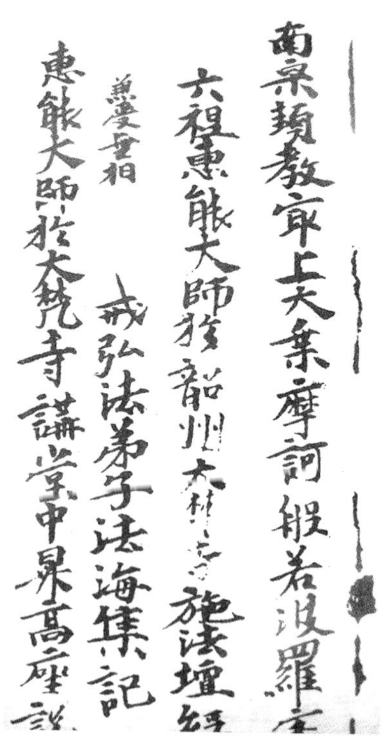
南宗頓教最上大乘摩訶般若波羅
六祖惠能大師於韶州大梵寺施法壇經
兼受無相戒弘法弟子法海集記
惠能大師於大梵寺講堂中昇高座說

唐代敦煌本《坛经》书影

《六祖坛经》从唐朝讲说集记完成，历经五代、宋、元、明、清等封建王朝的不断演变，内容不断增加，传播地域越来越广，版本也越来越多。流传至今，已经有一千多年的历史了。从整体上看，《坛经》的名称似乎是统一不变的。其实，仔细查阅历史文献，《坛经》的名称和它的版本等一样，也是不一致的，在不同时期有不同的变化。

这种不一致，越是在《坛经》流传的最初，越加明显；越是往后，越显得相对稳定。敦煌本《坛经》应该算较早的版本，但它是经过惠能弟子改编过的本子。它有多处提到过《坛经》的名称。《坛经》开始有云：“刺史遂令门人僧法海集记，流行后代与学道者，承此宗旨，递相传授，有所依约，以为禀承，说此《坛经》。”卷末又记云：“不得妄付《坛经》，告诸同道者，令知密意。”《坛经》原本的集记者法海上座撰有《六祖大师法宝坛经略序》。宗宝本《坛经》也有关于《坛经》名称的记载：“流传《坛经》，以显宗旨，兴隆三宝，普利群生者。”到了万历二十八年（1600 年）春，曹溪修行观察祝以豳在其所作的《〈坛经〉序》中也说：“自达摩以心印传二祖，并《楞伽》四卷授之曰：‘此如来心地要门。’至五祖易以《金刚》。六祖遂从《金刚》悟入。既悟，寘衣钵不传。于是《楞伽》、《金刚》皆为绝学，而《坛经》出矣。《坛经》者，《楞伽》、《金刚》之注疏而阐圆顿秘密不绝之学。”只可惜，这些明确提出《坛经》这一书名的文字作品，都不是《坛经》的最早版本，而是经过惠能的弟子修改的增删本。即便如此，《坛经》的名称也不尽一致。

唐代写本《坛经》书影
（敦煌博物馆藏）

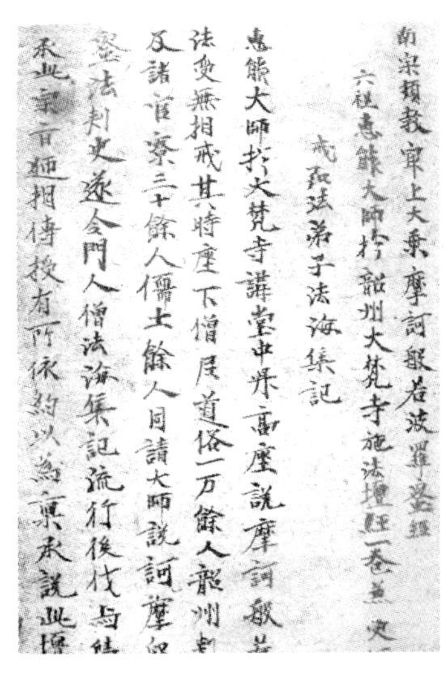

唐代写本《坛经》
（旅顺博物馆藏本）

1.《坛经》的各种名称

有的认为，《坛经》的全称是《六祖大师法宝坛经》①。即便是印顺法师所认为的“南方宗旨本”《坛经》，也是惠能圆寂后在曹溪流传

① 李富华．惠能与《坛经》．珠海：珠海出版社，1999.

的本子，“此《坛经》由法海上座集，上座无常付同学道际；道际无常付门人悟真。悟真在岭南曹溪法兴寺，现今传授此法”。[①] 这个本子虽然最接近原本，但也经过了法海一派的修改。神会一派就是以法海的“南方宗旨本”为底本，经过修改和补充而成了今天我们见到的敦煌本《坛经》。神会一派修改加工过的敦煌本《坛经》的全称是《南宗顿教最上大乘摩诃般若波罗蜜经六祖惠能大师于韶州大梵寺施法坛经》。李富华经过研究认为，《坛经》的名称以此敦煌本为最长，现存的其他几种版本，或称《六祖坛经》（惠昕本），或称《六祖大师法宝坛经曹溪原本》（契嵩本），或称《六祖大师法宝坛经》（宗宝本）。

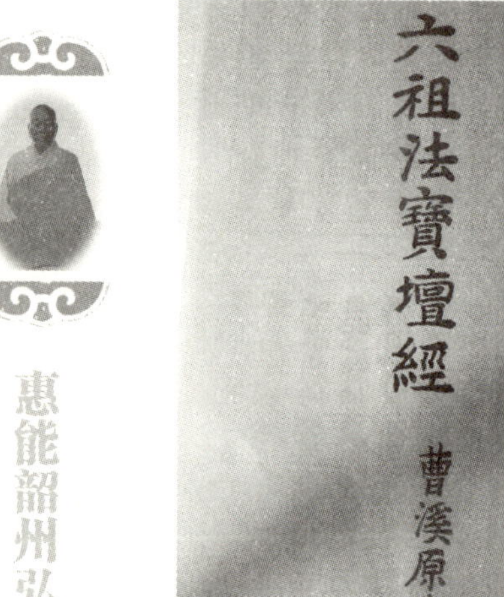

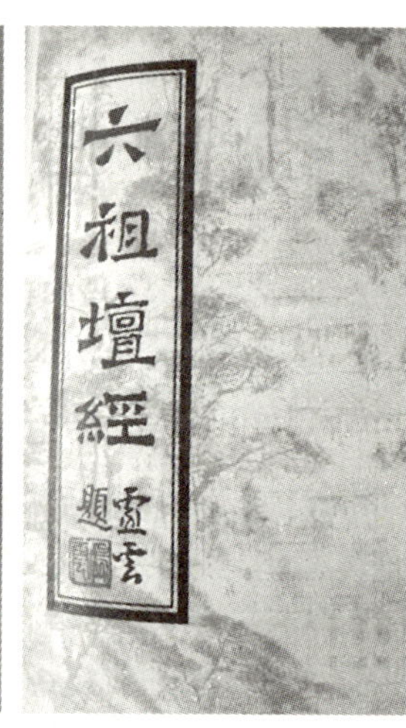

杨曾文和楼宇烈都曾对《曹溪大师传》和《六祖坛经》进行过认真的比较研究。杨先生认为：“从内容来看，《曹溪大师传》与诸本《六祖坛经》一样是记述惠能的生平和禅法语录的文献，从某种意义上说，说《曹溪大师传》是另一种《六祖坛经》也不为过。”[②] 他们都注意到《曹溪大师传》的全称，并将它和《六祖坛经》的全称进行了比较。敦煌本《坛经》的全称为《南宗顿教最上大乘摩诃般若波罗蜜经六祖惠能大师于韶州大梵寺施法坛经》，而《曹溪大师传》的全称为《唐韶州曹溪宝林山国宁寺六祖惠能大师传法宗旨并高宗大帝敕书兼赐物改寺额及大师印可门人并灭度时六种瑞相及智药三藏悬记等

① 李富华．惠能与《坛经》．珠海：珠海出版社，1999.

② 杨曾文．《曹溪大师传》及其在中国禅宗史上的意义．林有能主编．六祖惠能思想研究（三）．香港：香港出版社，2007.

传》。楼先生认为，假设把其中附加的文字去掉，前者可简称为《六祖惠能大师施法坛经》，后者可简称为《六祖惠能大师传法宗旨》。进一步认为，两者具有同样的性质和作用。在某种意义上可以说，契嵩本是惠昕本（或敦煌本）与《曹溪大师传》的合编本，而且，称《曹溪大师传》为别本《坛经》亦未尝不可。①

2.《六祖坛经》最初并不称为“经”

李富华在谈到《坛经》名称时，还提供了另外一条资料。《新唐书·艺文志》中著录有“僧法海《六祖法宝记》一卷”。李先生认为，它实际上就是《坛经》。宋代吏部侍郎郎简为契嵩本《坛经》所作的序中也说：“故天下谓之《六祖法宝记》，盖六祖之所说其法也。”另外《宋史·艺文志》载：“法海《六祖法宝记》一卷”、“僧慧昕注《坛经》二卷”，又载“《坛经》一卷”（未言及编者），甚至还有所谓“僧惠能注《金坛经》一卷”。《通志》也记载：“《六祖法宝纪》一卷，唐僧法海撰”。因此有学者认为，所有这些记载说明，两宋时期还公开流传着一种名为《六祖法宝记》的抄本。因此可以推断，在唐代惠能灭度以后，自然也会有《六祖法宝记》的流传。而《六祖法宝记》就是惠能讲说、法海集记的《六祖坛经》。《六祖法宝记》和《六祖坛经》的基本内容应该是一致的。只是《六祖法宝记》是《六祖坛经》的最初名称，或者说是禅宗宗门以外的名称。禅宗一派为了抬高惠能，扩大禅宗的传播，有意识地把《六祖法宝记》逐步拔高到《六祖坛经》的地位。渐渐地，《六祖法宝记》也变成了《六祖坛经》。当然，这都离不开禅宗各个派系的努力，要么增补，要么整理，要么改纂，总之，都是为了使它更有利于扩大传播效应。

早在2004年，台湾学者林崇安在《佛学论文选集》发表《六祖坛经的祖本及其演变略探》② 一文。他在探索禅宗六祖的思想的时候追溯“坛经祖本”的原貌。他认为《六祖法宝记》就是最先传出本，可以称作“六祖坛经的祖本”。

记录六祖在大梵寺和曹溪山传法的抄录本，开始往外流传，这一抄录本可以视作是“六祖坛经的祖本”，外传时的书名就是《六祖法宝记》。这可以从两方面得到印证：①在欧阳修撰《新唐书·艺文志》

---

① 楼宇烈．敦煌本《坛经》、《曹溪大师传》以及初期禅宗思想．隋唐佛教讨论会论文集．西安：三秦出版社，1990.

② 林崇安．六祖坛经的祖本及其演变略探．汉光杂志，2004.

卷五十九著录的书名中，有僧法海的《六祖法宝记》一卷。②宋吏部侍郎郎简撰《六祖法宝记敍》一文，其中云："忍传惠能，而复出神秀，能于达摩在中国为六世，故天下谓之六祖。《法宝记》盖六祖之所说其法也。"①

《坛经》书名演变的第一阶段：始于六祖惠能大师应邀至大梵寺开示摩诃般若波罗蜜法，记录者法海将大梵寺的传法记录题为《摩诃般若波罗蜜经六祖惠能大师于韶州大梵寺施法一卷》。第二阶段：六祖惠能大师回曹溪山后，接着又传授定慧为本、一行三昧、无相为体、无念为宗、无住为本、四弘愿、无相忏、无相三归戒等法。无相戒等是在曹溪山传授的，所以法海将曹溪山的开示置于大梵寺的开示之后，并将书名补上"兼授无相戒"，成为《摩诃般若波罗蜜经六祖惠能大师于韶州大梵寺施法一卷兼授无相戒》。曹溪山的开示，法海同门抄写往外传出时，将书名题为《六祖法宝记一卷》。因此，在第二阶段以后，六祖在大梵寺和曹溪山的传法抄录本，才开始往外流传，这一记录本就是"六祖坛经的祖本"，外传时的书名就是《六祖法宝记》。《六祖法宝记》这一祖本在惠能于大梵寺和曹溪山传法后不久，就开始抄传了，其特点是曹溪山的开示置于大梵寺的开示之后，且相对于后来增集而流通的《坛经》，其文句较为古朴、简要。第三阶段：六祖入灭以后，门人法海等又将六祖与个别弟子的问答（弟子机缘）、六祖的临终嘱咐等编于祖本之后，并修改或润饰祖本，而进一步有以下两个系统的分别发展。第一系统：将曹溪山的开示并入大梵寺的开示。由于后来时空环境的改变，法海本人将祖本中的曹溪山开示并入大梵寺的开示中，并修补祖本原文。后期《坛经》版本的复杂化，就是因为记录者法海本人改动祖本原文而传出另一种抄本。简言之，即经由法海本人，先后就传出两种抄本。第二系统：仍维持原先大梵寺和曹溪山的分别开示。这一系统一方面仍维持原先大梵寺和曹溪山分别开示的祖文，但略加润饰；一方面多方收集六祖与个别弟子的重要问答（弟子机缘），后来又将全书分出门、品。书名保留"法宝"一词，增添"坛经"二字。②

张志军依据宗吏部侍郎郎简给契嵩本作的《六祖大师法宝记叙》

① 郎简．六祖法宝记叙．镡津文集（卷十一）．

② 林崇安．六祖坛经的祖本及其演变略探．汉光杂志，2004.

等材料研究认为，《六祖坛经》原来不称“经”，而是称“法宝”。郎简在给契嵩本作的《六祖大师法宝记叙》中云：“达摩赍衣钵，航海而来，……能于达摩，在中国为六世。故天下谓之《六祖法宝记》，盖六祖之所说其法也。其法乃生灵之大本。”这里准确无误地表明，契嵩所依据的“曹溪古本”叫作《六祖法宝记》。就连郎简所作的序文标题，也叫“六祖法宝记叙”。无独有偶，《新唐书·艺文志》（卷五十九）中著录有僧法海《六祖法宝记》一卷。这里的《六祖法宝记》，肯定不是六祖惠能还另有一部语录体著作，它就是《坛经》的一个版本。这一记载说明，在唐代的确还公开流传着《坛经》的一种抄本——《六祖法宝记》。欧阳修在撰写《新唐书·艺文志》时，只收集了《六祖法宝记》而没有收集称作《坛经》的本子，这说明两者是重复的，而《法宝记》版本更古老，内容更为全面，优于当时流行的“为俗所增损”的《坛经》。“法宝记”在禅书中是有悠久渊源的。上元年间（713—714年），神秀门下杜朏，作《传法宝记》；大历中（775年左右），保唐门下作《历代法宝记》，都是代代相承的传灯史。这些禅宗祖师的事略及法语，有禅宗法宝的意义，所以都称之为“法宝”。由此可见，由法海集记的六祖惠能最原始的说法记录，以及最早期的抄本，在开始流传的初期，很可能也习惯性地叫作《六祖法宝记》——那时，禅宗僧人还不敢将“祖语”与“佛言”相提并论，所以开始之时，未称作“经”。①

这说明，叫“法宝记”的本子，应该早于叫“坛经”的本子。从各种记载中可以得知，这个最原始的、未经过精心整理的版本，于惠能晚年已经在弟子中传播开了，并流传了下来。后来，随着顿教的风行，惠能的祖位在全国得到了公认，所以弟子们在进一步整理六祖惠能语录的时候，也就将它由“法宝记”升格成了“经”。从“法宝记”到“法宝坛经”——以“法宝”为《坛经》的题目，是契嵩根据曹溪古本《六祖法宝记》所改的。后来，自称重刊古本的德异本，也把经题定为《六祖大师法宝坛经》。再后来，到元代宗宝本，是根据三个不同的版本改编的，也名为《六祖大师法宝坛经》。从契嵩的曹溪原本，到宗宝的集成本，题目都有“法宝”二字。由此可知，它们源自同一个体系，都是依古本的《六祖法宝记》改编而来的。

---

① 张志军. 惠能研究中的几个问题. 禅（电子版），2008（2）.

3. 关于《曹溪大师别传》

在唐代，还有另外一本禅宗书叫《曹溪大师传》，也称《曹溪大师别传》。胡适、杨曾文、楼宇烈都对此有过研究。据楼宇烈研究，此书作者未详，在中国早已失传，日本保存有古抄本、刻本。《曹溪大师传》全文约6 200字。《曹溪大师传》的全名为《唐韶州曹溪宝林山国宁寺六祖惠能大师传法宗旨并高宗大帝敕书兼赐物改寺额及大师印可门人并灭度时六种瑞相及智药三藏悬记等传》。楼宇烈认为，说《曹溪大师传》为《坛经》别本亦未尝不可。① 日本《续藏经》第一辑第二编乙第十九套第五册中收有此书。此书在日本入唐求法僧最澄大师于唐贞元二十一年（805年）请回的经目（"超州录"）中题为《曹溪大师传》，日本无著道忠（1653—1744年）手抄本题为《六祖大师别传》，兴圣寺刻本和《续藏经》本则均题为《曹溪大师别传》。日本驹泽大学禅宗史研究会编著的《惠能研究》（大修馆书店1978年版）中，以延历寺藏叡山本为底本，参校道忠手抄本、兴圣寺本及《续藏经》本，并定名为《曹溪大师传》。楼宇烈说，五十六年前（1930年），胡适在《坛经考之一》中考证说，惠能死后约七十年出现一本书叫做《曹溪大师别传》（《曹溪大师传》）。契嵩所增加和订正的内容，其主要部分都来自《曹溪大师传》。他认为，胡适的这个考证是正确的，并进一步指出：在某种意义上也可以说，契嵩本是惠昕本（或敦煌本）与《曹溪大师传》的合编本。② 根据《曹溪大师传》主要内容和它产生的时间来看，它就是《六祖坛经》的另一个早期版本。

胡适在其《坛经考》中说：《曹溪大师传》是唐代江东或浙中地区的"一个无识陋僧妄作的一部伪书，其书本身毫无历史价值，而有许多荒谬的错误。"③ 直到1953年，胡适在一次演讲中还特别强调了他对禅宗史的看法。他说：

现在通行的《坛经》是根据一个明朝的版本，有22 000字，最古本的《坛经》只有11 000字，相差一倍。这多出来的一半，是一千多年当中，你加一段，我加一段，混在里面的。日本发现的本子，是北

---

①② 楼宇烈．敦煌本《坛经》、《曹溪大师传》以及初期禅宗思想．隋唐佛教讨论会论文集．西安：三秦出版社，1990.

③ 杨曾文：《曹溪大师传》及其在中国禅宗史上的意义．林有能主编．六祖惠能思想研究．香港：香港出版社，2007.

宋初年的，14 000 字，已比唐朝的本子增加了 3 000 字……我们仔细研究敦煌出来的11 000 字的《坛经》，可以看出最原始的《坛经》，只有6 000字，其余都是晚唐稍后加进去的。再考这 6 000 字，也是假的。[①]

胡适说的这个6 000字的本子，应该就是《曹溪大师别传》。杨曾文是研究《曹溪大师传》（也称《曹溪大师别传》）的大家。他认为《曹溪大师传》的著作年代是在唐德宗建中二年（781 年）。他的根据是《曹溪大师传》中的一段文字：“大师在日，受戒开法度人三十六年。先天二年（713 年）壬子（杨曾文按：壬子应改为癸丑）岁灭度，至唐建中二年（718 年），计当七十一年。”杨认为这显然是《曹溪大师传》编撰者的话。在惠能去世近七十年的时间内，作者还有机会接触到不少惠能的弟子和再传弟子，能够看到记载惠能及其弟子的事迹、语录资料，也曾听过很多关于惠能的传说。他进一步认为：《曹溪大师传》中的确有胡适指出的不少人名、年号的错误，这些错误是原作的错误或者是后来辗转抄写者的笔误，目前还难以确定；但《曹溪大师传》绝不是像胡适所说的那样是一部毫无历史价值的“陋僧”所作的伪书，而是“内容十分丰富，不少内容可以从比它成立较早的文献和稍后的文献记载得到旁证，并且为后世书所继承”。[②] 这就是说，在唐代，还有一本和《坛经》（敦煌本）并行的南宗禅重要史著——《曹溪大师传》。

4.《六祖坛经》引用的佛经

一般认为，惠能生于岭南新州，家庭贫困，不能读书，因而不识字。但他聪明过人，读经时不仅记忆力好，悟性也很高。从他后来讲法传禅的语录、对话中的佛经引证来看，他“读”的佛经很多。有学者考证，除了《六祖坛经》之外，惠能当时还有其他著作问世，只是没有流传下来或者流传下来的很少。

根据《六祖坛经》（宗宝本）及《曹溪大师传》等，惠能听诵和引证的佛经有多种：①惠能在韶州城中大梵寺，应刺史韦璩之邀开缘说法，说到出身行由、得法事意，就提到客诵经语，闻即开悟，此经

---

① 胡适．禅宗史的一个新看法．胡适说禅．北京：东方出版社，1993.

② 杨曾文．《曹溪大师传》及其在中国禅宗史上的意义．林有能主编．六祖惠能思想研究（三）．香港：香港出版社，2007.

就是《金刚经》。②《曹溪大师传》（杨曾文校）记载：惠能听说乐昌县西石窟有远禅师，惠能曾投他学坐禅，因为不识字，也未披寻经论。时有惠纪，诵《投陀经》。惠能听了以后说："经义如此，今我空坐何为?"于是又去了黄梅。③惠能到五祖寺，五祖堂前的三间步廊，卢珍供奉应弘忍之请，准备画《楞伽经》变相及五祖血脉图。《楞伽经》是五祖寺必学之经。惠能在五祖寺后院槽厂做杂役，也有机会听诵《楞伽经》。④惠能黄梅得法之后，隐遁修行多年，于猎人队中随宜说法。后来在广州法性寺听到印宗讲解《涅槃经》，又有"仁者心动"之语，最终落发出家受戒。⑤惠能在大梵寺开缘说法的第二天，在韶州刺史韦璩的拥戴下，升高座，率众静心诵念《摩诃般若波罗蜜多经》。⑥惠能自黄梅得法，回到韶州曹侯村，受到好友刘志略的礼遇。刘志略有姑姑为尼姑，曾念诵《大涅槃经》。惠能虽然不识字，但能解读其中奥义妙理，受到尼姑的称赞。⑦洪州僧法达，常诵《法华经》，一直不解经义。师礼惠能后，经过点拨，悲泣大悟。⑧永嘉玄觉禅师"精天台止观法门，因看《维摩经》。"惠能和他有一段对话，讨论得也很投缘，也有一些机锋对接，其中涉及《维摩经》的内容。⑨神龙年（705—707 年）唐朝皇帝中宗敕迎惠能入大内供养，惠能表辞不去，皇帝又派中使薛简亲自迎请。惠能与薛简有不少的对话，其中他引用了《净名经》中的文字和薛简交谈。根据中国台北学者的研究，《坛经》中所引用的经典比上述种类更多。计有《金刚经》、《维摩诘经》、《菩萨戒经》、《文殊说般若经》、也含有《楞伽经》、《大涅槃经》、《法华经》、《观无量寿经》、《大乘本生心地观经》及《大乘起信论》等。惠能在《坛经》及相关著述中征引如此多的佛家经典，如果我们笼统地说他根本不识字，是不合适的。惠能出生以后，家境贫寒，和大多数贫苦农民一样，读不起书，没有文化，是可能的。但惠能聪明过人，读诵佛经悟性高、记忆力好，也应该是事实。尤其是惠能经过韶州曹溪、乐昌西石岩和黄梅五祖寺修行以后，有机会接触更多经典。惠能通过阅读领悟经典，逐步发展为能够很好地解读经典，而且记得很准确，说明这时的惠能已经从不识字转变成具有相当文化水平的佛门高徒。尤其是从广州回到曹溪后，进而成为可以独立开堂说法的大师了，惠能进一步创作署名著述作品也是顺理成章之事了。

5. 六祖惠能的相关著述

根据历史文献的记载，惠能不仅有《六祖坛经》传世，另外还有署名为六祖惠能的解读《金刚经》的著作。如《新唐书·艺文志》卷四十九“艺文三”载：“惠能《金刚般若经口诀正义》一卷姓卢氏，曲江人”。《宋史·艺文志》载：“惠能《金刚经口诀义》一卷；《金刚经大义诀》二卷”。南宋尤袤撰有《遂初堂书目》一卷，据《遂初堂书目后序》中说：“李太史焘云：延之于书靡不观，观书靡不记。每公退，则闭户谢客，日记手抄若干古书。”在《遂初堂书目》中，佛教著作列入子部“释氏类”，可具体统计的有 80 种。其中与惠能有关的著作，按顺序主要有《六祖金刚经解义》、《六祖坛经》。《遂初堂书目》是当时读书者的无心之作，却能够真实反映当时读者的阅读心态。《六祖金刚经解义》著录在“释家类”的第三位，之前还有《金银字傅大士颂》和《金刚经》。《六祖坛经》倒是著录在第十三位，在《华严经》《楞严经》之后。《六祖金刚经解义》这部禅门解经的作品，和当时被视为弥勒佛化身的傅大士的著作一样，不仅受到诸宗的重视，也受到读者的追捧。

另外，南宋晁公武撰有《郡斋读书志》，是我国现存最早的、具有解题的私家藏书目录。佛教著作收在子部第十八类“释书”中。子部“释书”类共著录 53 种。在禅门释经类有：《禅宗金刚经解》一卷、《六祖解金刚经》一卷、《六祖解心经》一卷、《忠国师解心经》一卷、《修己金刚经旨要》一卷。其中两种是署名惠能的著述。语录类：《庞蕴语录》十卷、《古塔主语录》三卷、《六祖坛经》三卷。《六祖坛经》是被作为语录类禅宗著作而加以著录的。①

不仅如此，六祖惠能解释《金刚经》的署名著作，还通过坊间流传到现在。台北佛教出版社 1991 年出版有《金刚经六祖口诀》，也称《金刚经解义》。《金刚经六祖口诀》1997 年在台北正一善书出版社再版。这两本书前都有史凤儒 1950 年在高雄作的序：

曩读曾凤仪所著金刚经宗通。及五十家注金刚经。又近人丁福保所注之坛经等。其中多引六祖口诀。及六祖注金刚经。顾此口诀或经注原本。求之十年未获。所得者乃四川出版。系采撷坛经之有关金刚经各条而鹜更者。此函丁局询购。据复亦未见原本。心中大为失望。

---

① 哈磊．宋代目录书所收禅宗典籍．四川师范大学学报（社会科学版），2010（3）．

己卯春蛰居北平。在厂甸故书摊中。偶检一本。颜曰大鉴禅师金刚经口诀。归而细校。乃知即寻之十年而不遇者。得来全不费工夫也。此书系六祖惠能所口述。故曰口诀。亦曰金刚经解义。即六祖注金刚经。原是一种。因人抄辑而名不同耳。当宋元丰间。天台罗适。曾搜求之。彼时已有十余种。但杭越建陕四本相同。乃印行之。即此本也。此本又重刊于元末。因经后有陈友谅及妻汤氏五娘等愿文可知。余适参禅于弥勒院。因抄呈真空禅师鉴定。拟印行流通而未果也。戊子冬患胃疾甚重。就医宁桂间。己丑秋赴渝。抄本及楞伽新记八卷并遗失。良可惜也。来台后。偶于箧中复获口诀副本。极抄录之。此方人士多好佛。宿植善根者。其一览之。佛。

姚秦三藏法师鸠摩罗什奉诏译的《金刚般若波罗蜜经》，由六祖惠能口述，称作《金刚经口诀》，又叫《金刚经解义》，作者署名唐六祖惠能大师，校刊者为“宋天台罗适”，“河北史凤儒重辑”。宋元之际的学者马端临撰有《文献通考》，其中著录有《六祖解金刚经》一卷和《六祖解心经》一卷；明杨士奇《文渊阁书目》还著录“《六祖注解金刚经》一部一册”。这些本子似乎已经失传，但《续藏经》第九十二册收录了宋代天台罗适校刊并作后序的《金刚般若波罗蜜经口诀》，题为“唐六祖大师惠能口诀”。日本编印的《卍续藏经》第三十八册收录了《金刚经口诀》，署名为“六祖大鉴禅师说”。后来有学者认为，这些很可能是同一本书的不同叫法，即说的都是《金刚般若波罗蜜多心经》，但决非惠能本人撰写，可能是惠能解说而由弟子记录下来，也可能是后人依惠能的禅法精神而作。[①] 台湾何照清以《惠能与金刚经解义》为题，写了一篇博士论文。大陆学者对这个问题的研究虽然不多，但李富华有一专文，收在《曹溪——禅研究（二）》一书中。

上述可见，在宋代就有了惠能讲解《金刚经》再著作的版本传世，并且一直流传到现代。

① 汪韶军．惠能与《坛经》．北大美学网．中国美学/经典细读/经典释读．

《坛经》的作者

在南宗禅发展演变的历史上，人们一般都把《六祖坛经》称为《坛经》。没有其他的禅宗大师与六祖惠能去争《坛经》的署名权和作者权。在中国漫长的封建时代，也没有产生像大英帝国那样的版权法——《安娜法》（1709 年）。尽管中国在宋代就已经发明了领先于世界的活字印刷术，却没有出现与印刷有关的版权法。当然，这不等于在中国没有版权问题和版权纠纷，当时中国的版权问题和纠纷大都能够依靠传统的伦理道德和其他相关律法来解决。在《坛经》传播、流传的过程中，也有人对那些不尊重原著乱加删改、随意添加的行为提出过强烈的抗议和不满。现有历史文献显示，现存最早的敦煌本《坛经》距惠能去世已有近七十年的时间。在敦煌本之前，《坛经》就出现过被人“改换”的情况。《景德传灯录》卷二十八载“南阳慧忠国师语”中有这样一段话：“吾比游方，多见此色，近尤盛矣。聚却三五百众，目视云汉，云是南方宗旨。把他《坛经》改换，添糅鄙谭，削除圣意，惑乱后徒，岂成言教？苦哉！吾宗丧矣！”慧忠作为禅宗的传承弟子，曾长期在北方传法弘道，因而他受北宗禅的影响比较大，注重对经典律论的研习，并因此而对南方禅者传道不重视经典的随意做法提出过批评，当他看到经“南方宗旨”改换过的《坛经》，表示不满也是很自然的。① 更激烈的是明成化七年（1471 年）王起隆在校刊曹溪原本时，在《重锓曹溪原本法宝坛经缘起》中说，宗宝本“窜易颠倒，增减删改，大背谬于原本，未有如是极者，盖至元辛卯元僧宗宝改本”，并认为和尚“宗宝之自用自专，大舛大错，当以佛法四

---

① 洪修平．关于《坛经》的若干问题研究．世界宗教研究，1999（2）．

谤定之”①，对于这类“添糅鄙谭，削除圣意，惑乱后徒”之人，他主张在佛门内部治以毁谤之罪。王起隆如此主张，意在警戒后人，不要随意对前人佛典著作乱加增删改窜。

1910年，清朝在即将寿终正寝之时，颁行了《大清著作权律》。这是中国第一部版权法，并在民国初年得到继续沿用。1930年，喝过较多洋墨水的胡适先生，在游历英伦获得了一些敦煌《坛经》史料以后，开始了“大胆假设”和“小心求证”。他从1929年起，先后撰有《菏泽大师神会传》、《坛经考之一——跋〈曹溪大师别传〉》、《坛经考之二——记北宋本的〈六祖坛经〉》等，认为《坛经》的作者不是惠能而是神会。在胡适看来，神会是南宗的急先锋，北宗的毁灭者，新禅学的建立者，《坛经》的作者。胡适的这一观点发表以后，即有人给予响应，也很快遭到诸多学者的反对和批评。最早对胡适观点提出批评的是钱穆。1945年他在《东方杂志》上发表《神会与坛经》一文，对胡适提出的关于《坛经》的作者是神会而不是惠能的几个重要“证据”，一一加以驳斥。他说：“胡先生不仅认为《六祖坛经》的重要部分是神会作的，仰且认为《坛经》论的思想，亦即是神会的思想，故谓神会乃‘新禅学的建立者’。又说：‘凡言禅皆本曹溪，其实皆本于菏泽。’‘这个断案，实在很大胆，可惜没证据’”。他在文章中指出：胡先生所谓的“更无可疑的”、“最显明的”几条证据，其实都靠不住。即使是《坛经》中有许多部分和新发现的《神会语录》完全相同”这一“最重要的证据”，也靠不住。因为“两书内容相同，苟非其他证据，本来无法确定谁抄谁”。因此，他仍主张《坛经》是惠能的作品。1969年，他又作《读〈六祖坛经〉》、《〈六祖坛经〉大义——惠能真修真悟的故事》等文，仍主张《坛经》为惠能所作。后有杨鸿飞撰《关于〈六祖坛经〉》一文，反对钱穆的见解，并对其论点进行批评。他认为，钱穆讲词中所推崇的“惠能”，并非历史上真正惠能的原貌，而是经过后世所谓“南禅”人格化的惠能。换句话说，《坛经》中的“惠能”，是神会在滑台大云寺及洛阳菏泽寺定南宗宗旨之后，假托出来的权威，是被编造过或塑造过的。

杨鸿飞支持胡适的观点，并对其观点加以补充。认为《六祖坛经》的作者，本来胡适博士在《菏泽大师神会》第六“神会与六祖坛

---

① 任继愈．中国佛教丛书·禅宗编（第1册）．南京：江苏古籍出版社，1993.

经”一节中，已经明确地说过，在《〈神会和尚遗集〉序》中也说过。但因为胡适博士只列举了一部分的理由，还不够充分，所以杨又增加了五条理由，以证明《坛经》“的确为神会所作”。此后，钱穆又撰《略述有关〈六祖坛经〉之真伪问题》一文，反驳杨鸿飞的观点，“坚信《坛经》确是代表六祖思想，乃由其上座弟子法海所编集”。当然，他并不否认，“《坛经》中有神会或神会之徒所窜羼”。接着，杨鸿飞又先后撰《“坛经之真伪问题”读后》和《再论坛经问题读后》，钱穆也作《再论关于坛经真伪问题》，两人进行反复辩论，各自坚持自己的主张。后来，澹思（张曼涛）也参加了这一辩论，并撰写《惠能与坛经》一文，指出：关于《坛经》真伪问题的讨论，杨鸿飞是顺着胡适博士的考证路子，钱穆则顺着思想的解释法。他们“大都花了很大的工夫，不是单凭己见或想象而立论的。他们既重视考据，也重视思想，决不疏忽哪一边。而在这些专家、学者中，几乎有一个共同一致的看法，那就是不完全附和胡适先生的意见，他们决不相信《坛经》完全出于神会之手。他们只认为敦煌本的《坛经》，必经过神会或神会一系的人的改窜，改窜当然不是作者。从这里可以看出，澹思认为《坛经》的作者是惠能，但一定经过神会或神会一系人的改窜。蔡念生作《谈〈六祖坛经〉真伪问题》，也不同意杨鸿飞的观点，认为“这部《六祖坛经》，应该是六祖灭寂后，由弟子们包括神会在内，各举平日所闻师说，汇纂成书”。因此，不能“认为全部《坛经》都是神会伪造”。批驳胡适关于《坛经》作者是神会而不是惠能这种观点最有力的是印顺。他从纯学术的立场，于1971年撰写了《神会与〈坛经〉——评禅宗史的一个重要问题》一文，对胡适关于《坛经》的作者是神会所提出的论点和证据，也用考据的方法，一一加以反驳。最后作“总结的宣告：①《坛经》决非神会或神会门下所造。②神会门下补充了一部分——《坛经》传宗”。他尽管不同意胡适的观点，但对胡适在禅宗史研究上的贡献还是肯定的。他说：胡适“作出神会造《坛经》的结论”，“是不足取的，但在禅宗史的研究上，仍旧是有贡献的”。吕澂在其所著《中国佛学源流略讲》一书中，也主张《坛经》为惠能所作，后人在内容上有所增加。他认为《坛经》中确有惠能的思想，但是哪些是惠能的，哪些是后人的，从《坛经》本身已经很难一一区别出来了。直到目前，中国佛教学者对《坛经》真伪问题的争论还在继续，但基本一致的看法，都认为《坛经》代表了惠能的思想，作者是惠能，不过其中有后人增补的部分。①

综观《六祖坛经》，有诸多理由可以说它是六祖惠能的作品，由他署名没有什么疑问。除非有新的考古发现，足以证明是其他人的作品。

（1）《坛经》流传至今，虽有不少版本已经湮没佚失，但仍旧流传下来不少版本。既有较古的手抄本，也有雕版印刷本。这些现今可以见到的《坛经》文献，是经过众多学者鉴别、认定、整理过的，而且有的版本还在继续传播。这些版本的《坛经》，基本上都解决了署名问题，都是《六祖坛经》，至今未见有其他人署名的禅宗《坛经》。可见，《坛经》署名六祖，不仅在禅宗内部，而且在中国禅学界，甚至于海外禅学界，都已经达成了共识，并且成了人所共知的常识。即便那时没有版权法，或作品署名有些不合乎现代版权法的地方。

（2）胡适、圆明等主张神会及其弟子是《坛经》的作者。相关文献中没有明确地显示出神会及其弟子的创作情况，在他们那一禅宗派系中流传下来的《坛经》中，也没有与其创作相应的署名主张。也许他们压根就觉得自己不应该署名，他们的增删“创作”，应该不敢与惠能的思想原旨有太大出入。假如神会在《坛经》中增加了太多的内容，对《坛经》原本思想内容改窜、羼入、删减很多，仍然署原作者的名字，这就是对祖师惠能的大不敬，必为其他禅学宗派所不容。神会作为惠能的弟子，由于时过境迁，为了传道的需要，秉持禅宗宗旨，在不违背惠能基本思想的情况下，对《坛经》有所增益和补充，或者删减，都是无可厚非的。用著作权时代的眼光去苛求古人也是不妥的。

（3）《坛经》的创作署名符合中国传统经典创作署名的习惯和传统。《坛经》作为中国人创作的第一部佛经，其体裁很特别，无独有偶，它和中国先秦儒家经典《论语》一样，主要是语录体。《论语》的主要内容就是孔子和弟子们的对话。由于孔子是儒家的祖师，后来，《论语》成为儒家经典，也很自然地成为孔子署名的作品了。对此，后人也没有什么异议。《坛经》主要是惠能和弟子们的对话内容，尽管按照传说的那样，惠能不识字，这些讲述对话是由弟子法海记录整理成书的，自然也要像《论语》那样，由祖师来署名。没有哪个弟子

① 傅教石．中国近代佛教史上的五次大争辩（上）．中华佛光文化网，2010－1－26；洪修平．关于《坛经》的若干问题研究．世界宗教研究，1999（2）．

有那么大的胆量，撇开自己的祖师惠能，署上自己的名字。如果真有弟子出来署名，那是要冒欺师灭祖的极大风险的。事实上在中国，敢于做这样的事的人很少。尤其是在禅宗佛门，更是如此。

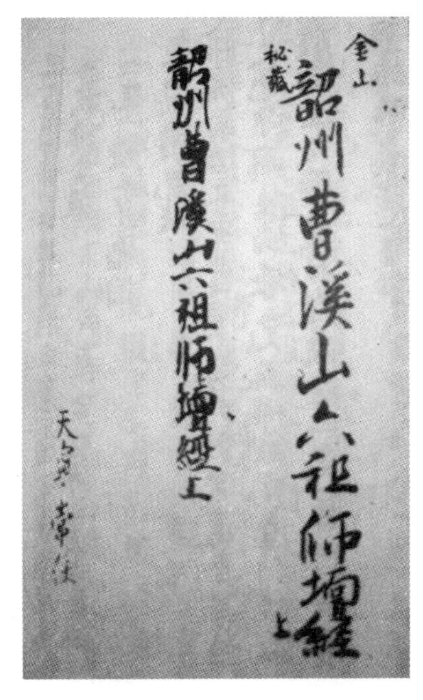

金山秘藏本《坛经》署名作者是韶州曹溪山六祖师

（4）不可用现代版权观念去苛求古人，对待《坛经》也应如此。《坛经》和中国古代先秦以来的《论语》、《老子》、《墨子》、《庄子》、《荀子》、《吕氏春秋》等一样，都是集体作品，也可称为职务作品。学派领袖组织弟子创作，创作出来的作品，要么署上学派领袖的名字，要么署上学派始祖的名字，而创作者却不署名。这是弘扬学派思想的需要。南派禅宗的《坛经》，虽然也依据大乘佛教的某些经典著作，但主要是讲述惠能行迹、惠能的禅法思想、惠能和弟子的对话，再加上惠能弟子对惠能临终嘱咐等的追忆，主要反映的是惠能的思想。即便惠能不识字，不能通过文字表达出来，但他有权安排弟子法海记录下来。惠能的开缘说法，通过讲解表达出来，也是作品发表的一种形式。惠能在这里发表的是思想，法海的文字记录是作品的另一种形式。还有其他人，包括韶州刺史韦璩，还有志诚、法达、智常等诸多弟子，都与惠能有过机锋对接和会话，都是《坛经》创作的参与者。但是，署名者也只能是惠能。《坛经》标注法海集记，也已经是很客观的了。

（5）《坛经》的改编、删减和增补者更不能成为作者。在惠能灭度以后，《坛经》才完成并进一步流传开来。但惠能在时，已经开始了《坛经》的创作。只是最初不一定就叫《坛经》，或者很单薄，根本没有后来的《坛经》丰富。因为它是在惠能终止衣钵传法以后的禅宗传法秉持和依约，需要有传法的基本规定内容和操作规程。后来神会、惠昕、契嵩、宗宝诸和尚都对《坛经》作过修改、增补和删削整理，但都不能算是《坛经》的作者。

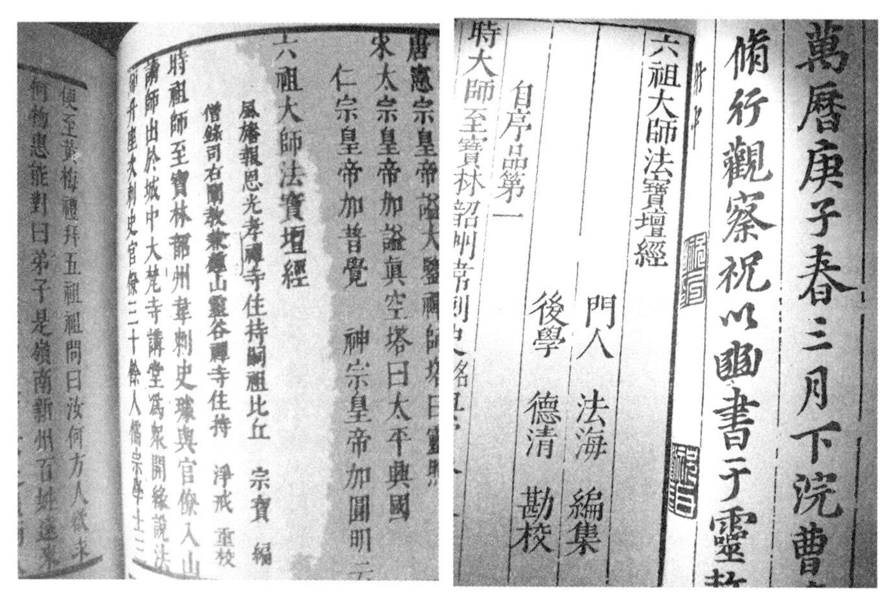

明版南藏本《坛经》署名六祖大师；宗宝编、净戒重校

太仓本禅师刻本《坛经》的署名是六祖大师；门人法海编集、后学德清勘校

这些后来的修改增补者、整理者，没有可能改变原著的署名权。按现代版权法的观点，他们应该做的，是对后来的读者负责，说明自己修改、增补和删削的内容，以免引起读者的误会。

《坛经》的版本

一般认为，在惠能剃度出家回到宝林寺之后，不仅广州的信众随之而来，还进一步吸引了韶州周边和岭北的信众，并且有逐步增加的趋势。由于宝林寺年久失修，显得堂宇湫隘，不足容众，于是便有惠能请求士绅陈亚仙舍地扩建宝林道场之举。这时，韶州刺史韦璩亲自邀请惠能到韶州大梵寺开缘说法。开缘说法，不是一般的说法，是公开的开法传禅，是与归戒、忏悔、发愿等相结合的。这一开缘说法的过程，首先由惠能弟子法海记录了下来。开缘说法不会只有一次，韶州大梵寺开缘说法，是惠能开法传禅过程中规模最大的一次。[①] 这就是《坛经》讲说创作的缘起。惠能的上座弟子法海将惠能的传法过程记录下来，逐步成为南宗禅传法的依约。开始是在曹溪门内流传，也不叫“经”，只是宗门内能够昭示宗旨的传宗法宝。后来，随着禅宗的发展，时空的延长和扩大，不仅传宗“法宝”被门内提升为传宗“经典”，而且还派生演绎出诸多不同版本。

1. 唐代抄写本《坛经》（敦煌本）

敦煌本《坛经》云：“刺史遂令门人僧法海集记，流行后代与学道者，承此宗旨，递相传受，有所依约，以为秉承，说此坛经。”敦煌本《坛经》卷末又说：“不得妄付《坛经》，告诸同道者，令知密意。”敦煌本《坛经》是较早的本子。《坛经》的创作，首先是由惠能讲述，刺史韦璩令法海记录，然后再加工整理而成册的。整理的目的主要是便于流传，使禅宗思想的传承者在传播禅宗思想时有所依据和秉承。集记的《坛经》不能妄付他人，这一要求作为一个内部秘密规则，其中的思想只能让禅宗同道知悉。可见，《坛经》最初只是手写

① 印顺．中国禅宗史．南昌：江西人民出版社，2007.

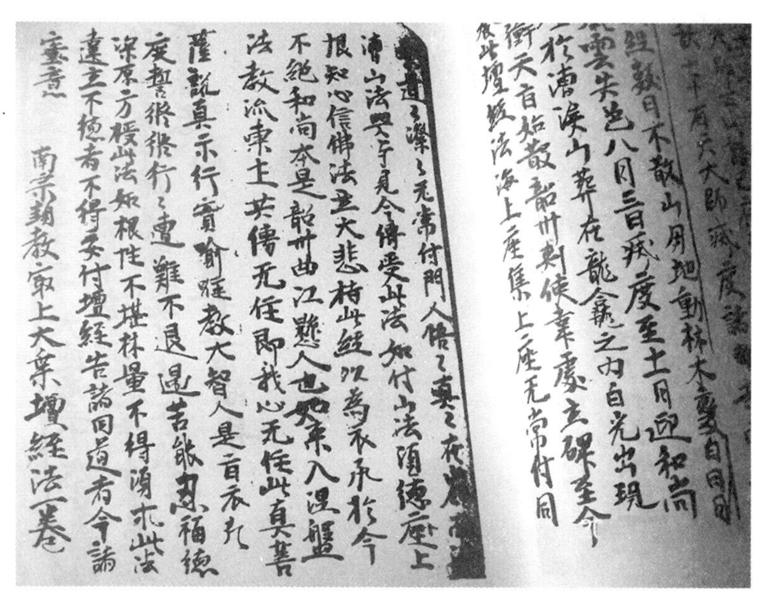

唐代敦煌本《坛经》书影

记录，不是用来对外大量发行，而是为了南派禅宗内部传播教义，是秘不示人的。尽管唐朝已经有了雕版印刷术，《坛经》也还没有得到大量传抄，更没有雕版印刷。《坛经》的手抄本，也不会轻易流传到社会上去。根据有关学者考证，现存最早的《坛经》本子，被认为是20世纪初发现的敦煌本，全一卷，不分品目。共有12 000多字，约为公元780年（唐德宗建中元年）的写本，其全称为《南宗顿教最上大乘摩诃般若波罗蜜经六祖惠能大师于韶州大梵寺施法坛经》，后面明确标注是由“兼受无相戒弘法弟子法海集记”，因而也被称为“法海集本”。一般认为它是今日能够见到的最早写本，但不一定是最早的流行本。

但周绍良先生指出，敦煌本《坛经》是“最早原本”，是“唯一的原本”①。这个比较接近《坛经》原本的本子，由日本佛教学者矢吹庆辉在20世纪20年代从伦敦大英博物馆藏的敦煌卷子（S・5475）中发现后影印公布，经过校订后又收入了《大正藏》第四十八卷。后铃木大拙和公田连太郎又参照兴圣寺藏《坛经》（惠昕本）对此作了校订，并将其分57节，然后被收入了《普慧大藏经》。到目前为止，已发现的同属敦煌本的还有北京图书馆藏79号残片（新编号为“北

① 周绍良．敦煌写本坛经原本．北京：文物出版社，1997.

敦8958号”）、冈字48号写本、敦煌博物馆藏077号写本和曾藏于旅顺博物馆、现下落不明（日本龙谷大学图书馆现藏有此本首尾两页的照片）的写本等四个本子，它们的抄写年代大致是在盛唐至五代之间。最早的敦煌本《坛经》距惠能去世也已有近七十年的时间。①

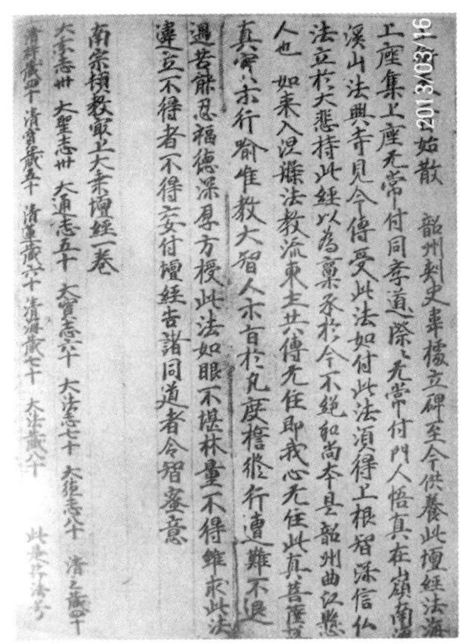

唐代敦煌博物馆藏本《坛经》书影

《景德传灯录》卷二十八“南阳慧忠国师语”中有这样一段话：“吾比游方，多见此色，近尤盛矣。聚却三五百众，目视云汉，云是南方宗旨。把他《坛经》改换，添糅鄙谭，削除圣意，惑乱后徒，岂成言教？苦哉！吾宗丧矣！”慧忠是惠能的弟子，长期在北方修禅，因而也受到北禅宗的影响，比较注重对经律论的研习，并因此而对南方禅者传道不重视经典的随意做法提出过批评，当他看到经“南方宗旨”改换过的《坛经》，马上表示了不满。从慧忠的批评可知，在慧忠生前，也就是在惠能圆寂以后的五六十年中，至少已经有了两个《坛经》本子在流传：一个是慧忠早年见过的本子，另一个就是经“南方宗旨”改换过的本子。前者就是早期流传的《坛经》原本，而后一个本子，情况则比较复杂。因为在历史上，神会或神会门下也曾改编过《坛经》。那么，神会门下所传的本子是否就是“南方宗旨”本呢？杜继文等认为，“这个南方本子，当属大树‘南方宗旨’的菏泽禅系所造，也就是今天敦煌本的原型”②。

敦煌本《坛经》并非一个版本，但各种版本的差别不是很大。

有研究者认为，敦煌本中有一个是惠能弟子神会一派加工修改的本子。敦煌本《坛经》有如下记载：“吾灭后二十余年，邪法撩乱，惑我宗旨，有人出来，不惜身命，定佛教是非，竖立宗旨，即是吾正法。”事实上，在惠能圆寂后二十余年，刚好有弟子神会在北方滑台

① 洪修平．关于坛经的若干问题研究．世界宗教研究．1999（2）．

② 杜继文，魏道儒．中国禅宗通史．南京：江苏人民出版社，2008.

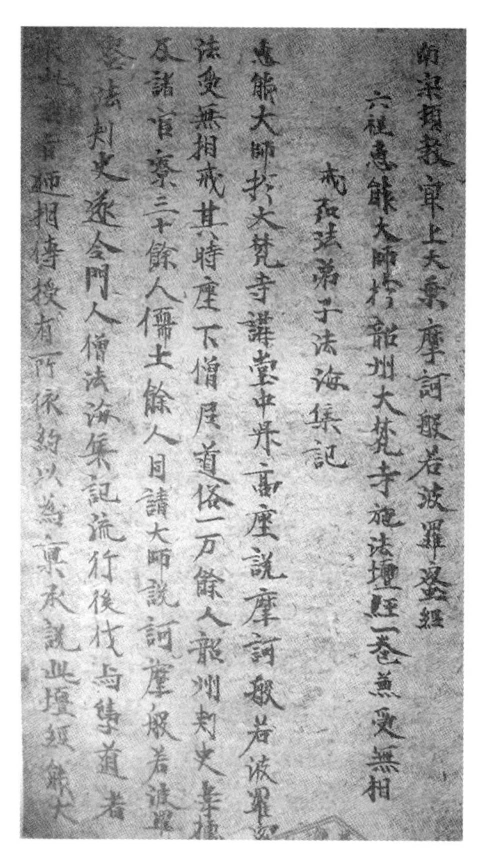
南宗頓教最上大乘摩訶般若波羅蜜經
六祖惠能大師於韶州大梵寺施法壇經一卷兼受無相
戒弘法弟子法海集記
惠能大師於大梵寺講堂中昇高座說摩訶般若波羅
法受無相戒其時座下僧尼道俗一万餘人韶州刺史韋據
及諸官寮三十餘人儒士餘人同請大師說摩訶般若波羅
蜜法刺史遂令門人僧法海集記流行後代與學道者
承此宗旨遞相傳授有所依約以為稟承說此壇經

旅顺博物馆藏唐代敦煌本《坛经》书影

（今河南滑县东）大云寺设无遮大会，通过为天下学道者辩其是非，为天下学道者辩其宗旨，最终确立了南派禅宗的正统地位。上述引文内容显示了神会一派添加补充《坛经》的痕迹。

综合上述，在惠能灭度后的唐朝，就有多种《坛经》版本出现，主要是手抄本。最初有法海集记本，也称法海本。惠能的弟子神会，为了弘扬禅宗南方宗旨，也经修订补充后传出了一个本子。由于禅宗各派系在传教中的发展需要，都有可能对《坛经》有所增删，因此后来发现并流传至今的《坛经》版本比较多；有被斯坦因从敦煌石室盗走现存大英博物馆，后被中外学者复制再传播的版本，也有敦煌博物馆的藏本，还有北京图书馆藏本残片等。

2. 宋代《坛经》（惠昕本）

说到《坛经》的版本，由于流传久远，主要又是以传抄为主，南宗禅在唐朝安史之乱以后发展迅速，各门派的版本比较多，相互传抄，难免有传抄错误。为了抬高惠能和本门派的地位，还会对《坛经》进行增删修补。但按照顾颉刚层垒地构成的中国古史观，《坛经》的版本内容，总的发展趋势是会越来越多。在敦煌本《坛经》之后，还有一个惠昕本《坛经》。

对于这一《坛经》版本，有人认为是唐代末年的版本，有人认为是宋代初年的版本。洪修平将惠昕本《坛经》作为宋代产生的版本，在他所列的《坛经》形成与流变关系表中，惠昕本《坛经》出现于公元967年，[①] 这是在宋朝初年的宋太祖赵匡胤乾德年间。认为惠昕本

① 洪修平，孙亦平．惠能评传．南京：南京大学出版社，2006. 200.

《坛经》是宋代版本的还有李富华。① 他认为，惠昕本又称宋本，是日本学者在日本京都的兴盛寺发现的，故又称兴圣寺本。这一版本的《坛经》书名为《六祖坛经》，改编者为“宋依真小师邕州罗秀山惠进禅院沙门惠昕”，所以又有惠昕本之称。惠昕本《坛经》书前载有惠昕所述的《〈六祖坛经〉序》，并附载了晁子健的刊记。《〈六祖坛经〉序》有云：

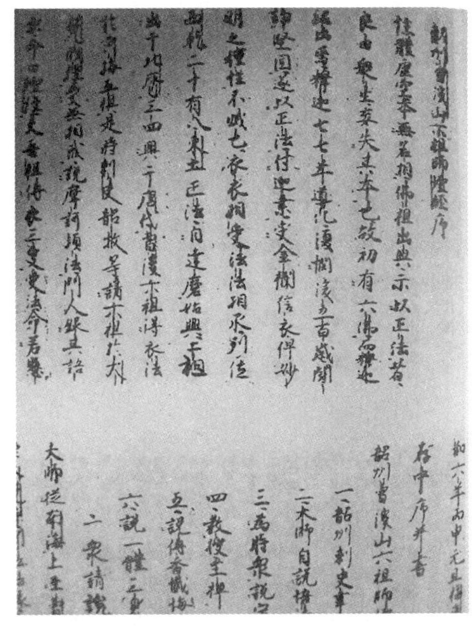

日本石川县大乘寺的手抄本《坛经》书影

故我六祖大师广收学徒，直说见性法门，总令自悟成佛，目曰《坛经》，流传后学。古本文繁，披览之徒，初忻后厌。余以太岁丁卯，月在蕤宾，二十三日辛亥，于思迎塔院，分为两卷，凡十一门，贵接后来，同见佛性者。②

现存敦煌本《坛经》只有 12 000 字，而惠昕本《坛经》就有 14 000多字，惠昕是根据比惠昕本《坛经》内容字数更多的本子进行改编的，这个本子不是敦煌本，而是一个古本，和敦煌本一样，是如同印顺法师所说的“南方宗旨本”，不过，这个“南方宗旨本”比敦煌本所据的底本又有了修改、添加，是比较晚出的一种抄本。但可以断定，不论是敦煌本，还是惠昕本，他们所据以整理的“南方宗旨本”是一种文字比较多的接近《坛经》原本的较原始抄本。③ 惠昕本问世后，先是以抄本流行。到了南宋高宗绍兴二十三年（1153 年）由晁子健在湖北蕲春镂版刊行。这也就是后来在日本发现的兴圣寺本。后来还在日本真福寺发现了北宋真宗大中祥符五年（1012 年）在陇西刊印的本子。

3. 宋代《坛经》(契嵩本)

《坛经》在唐朝产生以后，虽然当时已经有了雕版印刷术，但由

① 李富华．惠能与《坛经》．珠海：珠海出版社，1999.

②③ 李富华．惠能与《坛经》．珠海：珠海出版社，1999.

于种种原因，还没有在禅宗界流行。一直到了宋代，才有《坛经》较为普遍地以雕版流行。有关研究表明，契嵩本《坛经》，又称曹溪原本。

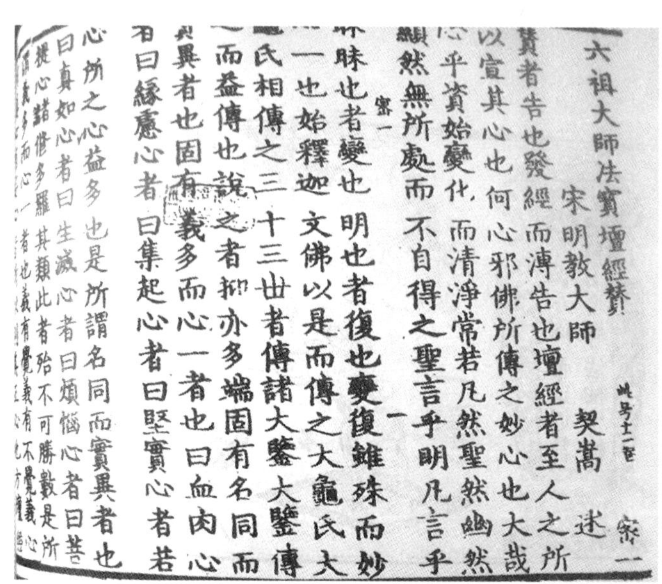

六祖大師法寶壇經贊

宋明教大師契嵩述

贊者告也發經而溥告也壇經者至人之所
以宣其心也何心邪佛所傳之妙心也大哉
心乎資始變化而清淨常若凡然聖然幽然
顯然無所處而不自得之聖言乎明凡言乎
昧也者變也明也者復也變復雖殊而妙
一也始釋迦文佛以是而傳之大龜氏大
龜氏相傳之三十三世者傳諸大鑒大鑒傳
之而益傳也說之者抑亦多端固有名同而
實異者也固有義多而心一者也曰血肉心
者曰緣慮心者曰集起心者曰堅實心者若
心所之心益多也是所謂名同而實異者也
曰真如心者曰生滅心者曰煩惱心者曰菩
提心諸修多羅其類此者殆不可勝數是所
謂義多而心一者也義有覺義有不覺義心

宋明教大师契嵩述《六祖大师法宝坛经》

该版本《坛经》见载于明《嘉兴藏》，书名为《六祖大师法宝坛经曹溪原本》。史料显示，这种版本的最早印本是在北宋仁宗至和三年（1056 年）刊行的。宋吏部侍郎郎简所撰《六祖法宝记叙》一文有这样的说法：

然六祖之说，余素敬之，患其为俗所增损，而文字鄙俚繁杂，殆不可考。会沙门契嵩作《坛经赞》，因谓嵩师曰："若能正之，吾为出财，模印以广其传。"更二载，嵩果得曹溪古本校之，勒成三卷，灿然皆六祖之言，不复谬妄，乃命工镂板，以集其盛事①。

有关研究表明，这种根据"曹溪古本"勒成三卷的契嵩本《坛经》至今已难得见到。之后在元朝至元二十七年（1290 年）由僧人德异在"吴中休休禅庵"刊印了一种本子，史称"德异本"②。这种版

① 任继愈．中国佛教丛书·禅宗编（第 1 册）．南京：江苏古籍出版社，1993；李富华．惠能与《坛经》．珠海：珠海出版社，1999.

② 任继愈．中国佛教丛书·禅宗编（第 1 册）．南京：江苏古籍出版社，1993.

本现在存有明嘉靖三十七年（1558年）刊印的“高丽传本”。高丽传本有高丽僧万恒写的序言，指明了与“吴中休休蒙山异老”，即德异本的关系，即此本完全是德异本的重刊。据学者研究，德异本很可能就是契嵩本，但经文已不是三卷，而是一卷十门。这种本子在明宪宗成化七年（1471年）由“廷臣赵玉芝重加编录，锓梓以传”，这就是刻于曹溪的成化刊本，这种刊本在万历元年（1573年）、万历四十四年（1616年）及清顺治九年（1652年）又几次重刻。此本收录于明《嘉兴大藏经》中。[①]

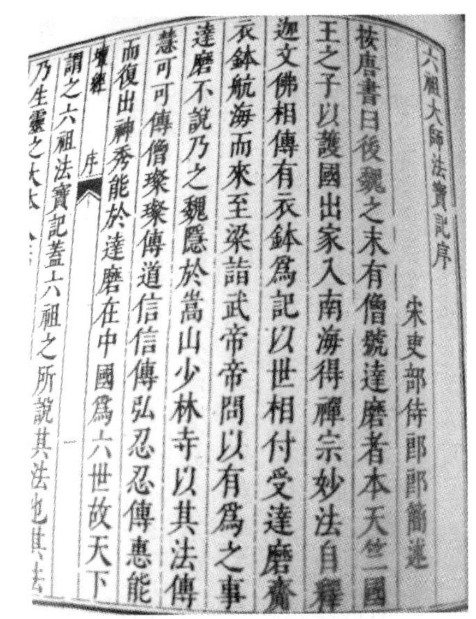
六祖大師法寶記序
宋吏部侍郎郎簡述
按唐書曰後魏之末有僧號達磨者本天竺國
王之子以護國出家入南海得禪宗妙法自釋
迦文佛相傳有衣鉢爲記以世相付受達磨齎
衣鉢航海而來至梁詣武帝帝問以有爲之事
達磨不說乃之魏隱於嵩山少林寺以其法傳
慧可可傳僧璨璨傳道信信傳弘忍忍傳惠能
而復出神秀能於達磨在中國爲六世故天下
謂之六祖法寶記蓋六祖之所說其法也其
壇經 序
乃生靈之大

真朴再梓本《六祖坛经》书影

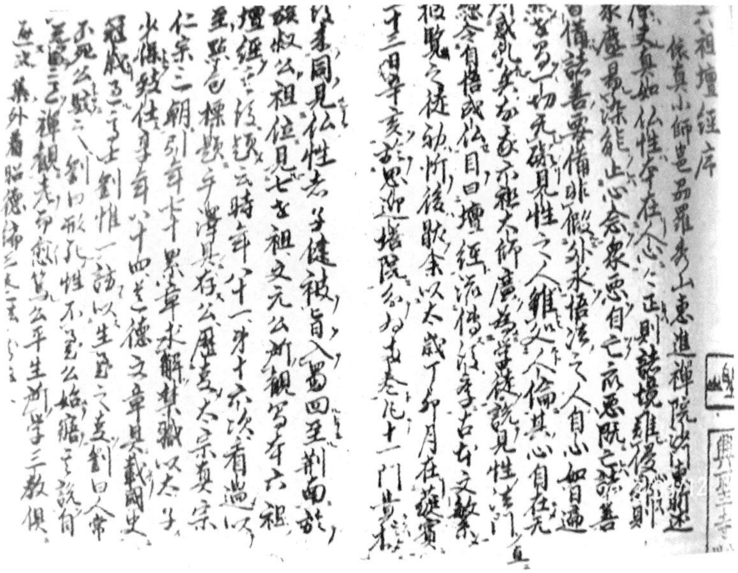

兴圣寺本《六祖坛经》书影

4. 元朝《坛经》（宗宝本）

李富华在其所著《惠能与〈坛经〉》中称元朝《坛经》（宗宝本）

① 李富华．惠能与《坛经》．珠海：珠海出版社，1999.

曹溪珍藏明代太仓禅师刻本《六祖坛经》书影

为第四种本子，既称宗宝本，又称流布本，是明朝以来流传最广的版本。它是由元朝光孝寺僧人宗宝改编而成的版本，故名宗宝本。题名《六祖大师法宝坛经》，全一卷，共有20 000多字，是现有《坛经》字数最多的版本。它收录于明版诸本《大藏经》中。宗宝在作于至元二十八年（1291年）的《六祖大师法宝坛经跋》中云：

六祖大师平昔所说之法，皆大乘圆顿之旨，故目之曰经。其言近指远，词坦义明，诵者各有所获。明教嵩公常赞云：天机利者得其深，天机钝者得其浅。诚哉言也。余初入道，在感于斯，续见三本不同，互有得失，其板亦已漫灭。因取其本校雠，讹者正之，略者详之，复增入弟子请益机缘。庶几学者得尽曹溪之旨。按察使云公从龙，深造此道。一日过山房，睹余所编，谓得《坛经》之大全，慨然命工锓梓，颛为流通，使曹溪一派不至断绝……至元辛卯夏南海释宗宝跋①。

六祖大師法寶壇經
門人 法海 集
略序
大師名惠能、父盧氏、諱行瑫、母李氏、誕師於唐貞觀十二年、戊戌、二月八日子時、時毫光騰空、異香滿室、黎明有二異僧造謁、謂師之父曰、夜來生兒、專為安名、可上惠下能也、父曰、何名惠能、僧曰、惠者、以法惠施衆生、能者、能作佛事、言畢而出、不知所之、師不飲乳、遇夜神人灌以甘露、既長、年二十有四、聞經悟道、往黃梅求印可、五祖器之、付衣法、令嗣祖位、時龍朔元年辛酉歲也、南歸隱遯、一十六年、至儀鳳元年、丙子、正月八日、會印宗法師、宗悟契師旨、是月十五日、普會四衆、為師薙髮、二月八日、集諸名德、授具足戒、西京智光律師為授

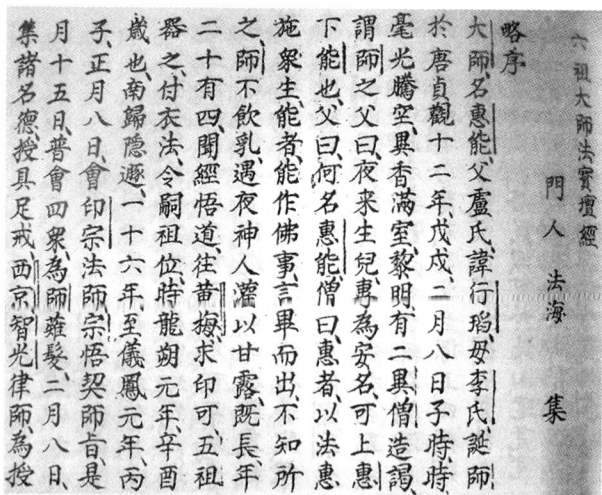

明版正统本《法宝坛经》书影

① 任继愈：中国佛教丛书·禅宗编（第1册）. 南京：江苏古籍出版社，1993；李富华. 惠能与《坛经》. 珠海：珠海出版社，1999.

宗宝本改编于广州“风幡报恩光孝寺”，即法性寺。对宗宝本据以改编的三个版本是哪三个版本，跋文中没有说明。无论从禅宗传承体系，或是从地域上来看，南海光孝寺和韶州曹溪都在岭南，在改编时最便于吸收曹溪流传下来的成果。宗宝本增补的内容较多。它增补的内容，也像敦煌本那样，增补了“吾去七十年，有二菩萨从东方来，一出家，一在家……”的悬记等以外的内容，主要是增加了惠能与其弟子的答问对话。这部分内容虽然四种版本的《坛经》都有，如敦煌本中就有惠能与志诚、法达、智常、神会的答问，而宗宝本除上述内容外又增补了智通、志道、行思、怀让、玄觉、智隍、志彻七位弟子与惠能的答问。这些内容，并不是宗宝虚构的，而是散见于禅宗史籍中的禅宗弟子本人的传记中，就史实而言是可靠的，增入《坛经》可以全面反映惠能的禅学思想，也是惠能生平行履的一部分，这对全面认识和理解南宗禅的发展演变是有益的。宗宝本虽然自称是得《坛经》之大全，集诸本之大成，但由于内容文字的大幅度增加，因此也遭到后人非议。到了明成化七年（1471 年）王起隆在校刊曹溪原本时，有《重锓曹溪原本法宝坛经缘起》一文，其中说到宗宝本“则窜易颠倒，增减删改，大背谬于原本，未有如是极者，盖至元辛卯元僧宗宝改本”，并指出“宗宝之自用自专，大舛大错，当以佛法四谤定之”①。看来王起隆对宗宝本《坛经》的增补，还不是一般的不满意，而是到了要求治他罪的激烈地步。但王起隆和宗宝和尚两人相去已经 180 年，他此时只能对前人发发牢骚，来显示一下自己的水平和贡献及坚定态度而已。

《六祖坛经》从韶州大梵寺由惠能开缘说法的讲述开始，并由弟子法海集记而成禅宗传禅法宝和依据，至今已有一千多年。在这一过程中，南宗禅有过发展和繁荣，也有过曲折和沉寂。它的发展和繁荣，在唐朝就反映出来，南宗禅从岭南韶州曹溪崛起，以惠能的《坛经》为依托，迅速向北方扩展并立足，进而传播到日本和高丽。

---

① 任继愈. 中国佛教丛书 · 禅宗编（第 1 册）. 南京：江苏古籍出版社，1993.

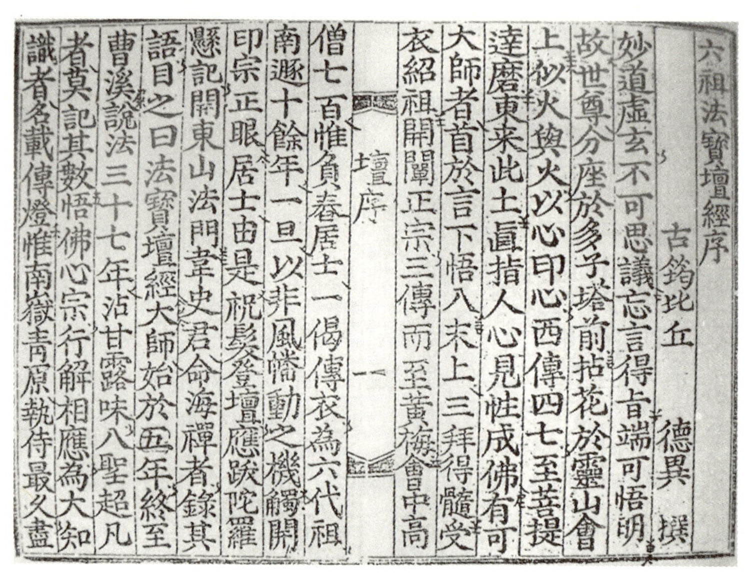
六祖法寶壇經序
古筠比丘　德異　撰
妙道虛玄不可思議忘言得旨端可悟明故世尊分座於多子塔前拈花於靈山會上似火與火以心印心西傳四七至菩提達磨東來此土直指人心見性成佛有可大師者首於言下悟入末上三拜得髓受衣紹祖開闢正宗三傳而至黃梅會中高

壇序　一

僧七百惟負舂居士一偈傳衣為六代祖南遯十餘年一旦以非風幡動之機觸開印宗正眼居士由是祝髮登壇應跋陀羅懸記開東山法門韋史君命海禪者錄其語目之曰法寶壇經大師始於五年終至曹溪說法三十七年沾甘露味入聖超凡者莫記其數悟佛心宗行解相應為大知識者名載傳燈惟南嶽青原執侍最久盡

高丽传本《六祖坛经》

历经宋元明清和中华民国，禅宗思想不仅在中国得到延续，而且进一步传播到了西欧、北美和东南亚国家。《坛经》在南宗禅的发展和传播过程中，起到了不可替代的重大作用。不仅因为禅宗在六祖惠能之后（甚至早在五祖弘忍时期），就已经不可能单靠衣钵的一脉单传，而是需要多头并弘来实现迅速发展的目标。更重要的是，惠能利用自己的睿智、胆识和勇气，把来自印度的佛教禅宗思想，中国化成当时普罗大众容易接受的先进思想。而且这一思想又在封建统治者的许可范围之内，并得到统治者的某些认同。尤其是安史之乱以后，《坛经》思想对稳定社会具有一定作用。

《六祖坛经》自创作产生以来，由于历史的变迁，南派禅宗在发展中的支脉繁多纷乱，各派在秉持《坛经》传教中为了抬高惠能和本门派的地位，多少会根据需要增加和删减《坛经》的内容，以利于自己门派的发展。再加上当时出版印刷条件的局限，或者由于禅宗传教宗本秘不示人的原因，《坛经》在长期的转抄过程中，难免出现笔误和文字脱衍等现象。所以，《坛经》具有多种版本不仅是正常的，也是历史发展的实际和需要。

《六祖坛经》流传至今，由于年代久远，是禅宗禅法传承的依据。各个禅宗门派，在各个不同的历史时期，根据自己的记忆、理解和实际需要，都会对《坛经》进行一些添加和删减。但整体上看，添加多

于删减。实际的《坛经》版本很多，但能够流传至今的却很少。即便如此，流传至今的《坛经》已经被学者们用“五花八门”、“眼花缭乱”来形容了。其实，《坛经》既然作为南宗禅传法的宗本，它的传承内容应该是很严肃的。实际上也大致如此。尽管《坛经》不同时期具有不同的版本，但它的内容、思想大同小异，基本上代表和反映了南宗禅始祖惠能的思想。至于时间、年号的错乱，经本内容格局的变换，惠能和诸弟子的答问对话内容的多少，都是无碍大体的。后人在《坛经》中添加的内容，虽然不是惠能的原创，也不一定就应该视为伪作，更不能把具有添加和删改的版本视为伪书。不同时期的《坛经》，具有不同的内容，它自然地反映了禅宗思想在不同时期的发展演变情况，对于后来的研究者，具有它的历史价值和意义。

《六祖坛经》在一千多年的传播演变过程中，由于传播环境和传播主体的不断变化，导致《坛经》的内容也发生了一些变化。禅宗本是主张不立文字的，而《六祖坛经》作为禅宗经典，却经历了从口述到文字的转变。禅宗的各个门派在不同地域、不同时期秉承《六祖坛经》进行传道时，为了自己门派的发展，可能要根据客观情况便宜行事，对坛经有所增益和删削，也就是后人说的对《六祖坛经》的增损、删减、改窜和作伪。其实，禅宗经典《六祖坛经》和中国传统文化经典一样，在广袤、绵长的历史中，必然会根据时代的发展需要，有所发展和演变。每个时代的《六祖坛经》自然显示了那个时代禅宗思想发展的面貌，不宜用版权时代的眼光苛求古人，轻易地说某一版本的《六祖坛经》是伪书；而要尊重古人创作作品的署名传统和习惯，既要大胆假设，又要小心求证，不去轻易地改变古代作品的作者署名。

《坛经》的偈语

禅宗是形成于唐代的一个佛教派别，其颇具个性特点的思想理论，主要集中在《坛经》里面。《坛经》肇端于韶州大梵寺惠能弘法，虽历经一千多年辗转流传，并在传抄过程中不断增删，接近于如实记录六祖惠能的思想和事迹的信史，在很大程度上保留了惠能思想核心内容的同时，陆续增补了许多形成于惠能之后的禅学思想观点以及宗教神话，使惠能思想内容更为充实丰富，使惠能的宗教领袖形象更为丰满鲜活。《坛经》中的偈语不仅是《坛经》内容的重要组成部分之一，也是《坛经》思想内容精华的聚焦。如果把《坛经》视为一棵菩提树，那么其中的偈语就是装点于菩提树上的一颗颗璀璨明珠。为此，探讨《坛经》中的偈语，对于进一步解读《坛经》思想要义，裨益不言而喻。

偈语，就是佛经中的唱词，类似于现在的歌词。据统计，《坛经》中的偈语，共有30首。其中出自六祖惠能的偈语有20首，神秀、五祖、卧轮、达摩大师以及惠能的弟子法海、法达、智通、智常、志诚、行昌（志彻）各1首。这些偈语，大多都是围绕佛理而述作，一般都置于相对完整独立的篇章段落末尾，或感悟，或括要，或释疑，或补遗，或寄望，或赠勉，或明志，或遗嘱，都起着画龙点睛的作用。它们虽多受统于佛理之魂，但其思想内容博大精深，灵活丰富，依其侧重，勉为梳理，可以归为以下若干类别。

1. 第一类：感悟

这里的感悟，是指修行者（包括童子）经过一段时间的修炼或师父的点化，有所感触和领悟，而产生个人对禅理的理解、感想或心得。

最为著名的是神秀和惠能在黄梅县东禅寺时解释菩提所作的偈语。五祖弘忍大师为了物色禅宗接班人——第六代祖师，有一天，召集寺内所有弟子，对大家进行一番点化，要求大家回去以后，凭借自己的聪明才智，运用自己与生俱来的智慧本性，每人作一首偈颂，作为考核选拔的重要依据。神秀在历经四天十三次的踌躇犹豫、欲呈却止的纠结心情之后，终于鼓足勇气，打定主意，在半夜三更无人知觉的情况下，自己提着灯，悄悄在禅寺南廊墙壁上写下其著名的偈颂：

身是菩提树，心如明镜台，
时时勤拂拭，勿使惹尘埃。

此偈颂直抒神秀本人对禅的理解和观点："人的身体如同菩提树，人的心灵如同明镜，应该时时刻刻勤加拂拭，别让它沾染上世俗凡间的尘埃。"按照神秀的观点，明镜要经常揩拭才能保持洁净，同理，世人那寄寓于躯体的心灵，只有不断地陶冶和洗涤，不断地修炼和净化，才能保持纯洁，最终修成正果。这一观点一直被视为反映了北宗禅法的基本特点，其核心实质就是"渐悟"。正是这一偈颂，为惠能提供了可资发挥的话题，更重要的是顿时拨动了当时未曾得到印可的惠能彻底悟禅的灵机，开启了惠能超人智慧的闸门，激发了惠能诠释禅学的灵感，在很大程度上为孕育和造就禅学一代宗师提供了一个绝好的契机。

就在神秀写完偈语后的第三天，经寺内童子的一番介绍和引领，惠能从碓坊来到书写偈语的现场，请在场的江州别驾张日用为其朗读神秀的偈颂。读音刚歇，惠能随即作成令"徒众总惊，无不嗟讶"的偈语，张别驾帮忙将其写上廊壁：

菩提本无树，明镜亦非台，
本来无一物，何处惹尘埃？

偈语就神秀所谈话题充分表达了惠能本人对禅的独特感悟："人的觉悟本性本来就没有什么菩提树可言，先天纯洁清净的心灵也并非如同镜子，既然原本就没有一种有形体的东西存在，尘埃还能沾染哪里呢？"在惠能看来，自心具足一切，先天赋予人的本性和心灵都是"真如"的，是尽善尽美的，人的本心具备了一切，传统佛教的所有崇拜对象无不存在于人的心间，成佛不过是自我本心或本性的显现，个人解脱和解决一切社会问题的关键唯在于自我的心理调节，一切修行活动完全可以归结为毫无执着而随缘任运地生活[①]。在这种思想理念下，虽然同样是对禅的感悟，并且在短短的20个字里面就有9个字重合，但惠能却表达了与神秀截然不同的观点，主要在三个方面：一是人先天所赋的自我本性和心灵无形且高尚；二是因其无形非物而不会沾染尘埃，因其高尚而无须不断地修炼和净化；三是人自心具足一切，传统佛教的所有崇拜对象无不存在于人的心间，成佛不过是自我本心或本性的显现，个人解脱和解决一切社会问题的关键唯在于自我的心理调节，一旦自我本心或本性得到显现，自我的心理调节得到践行，成佛也就在其中了——其核心内容正好契合惠能后来的"顿悟"说，甚至可以视之为惠能"顿悟"说的渊源。惠能的这一处女作偈颂，得到了五祖的默许，五祖再也不做别的选择，决意选定惠能为继承人，并给惠能传授顿教教义，授以衣钵——从此惠能一跃成为禅宗真正的第六代祖师 。因此，可以说，惠能的这一偈颂，改写并决定了惠能的历史和命运，揭开了惠能人生轨迹的新的里程碑。也可以说，惠能的这一偈颂，揭开了南派禅宗的序幕，使南派禅宗及第六代祖师由此而诞生。毛泽东同志曾经高度评价惠能："惠能主张佛性人人皆有，创顿悟成佛说。一方面使繁琐的佛教简单化，一方面使印度传入的佛教中国化。因此，他被视为禅宗的真正创始人，亦是真正的中国佛教的始祖。他否定传统偶像和陈规，勇于创新，并把外来的宗教中国化，使之符合中国国情。"[②] 正所谓人以名偈成佛祖，偈因圣祖扬天下。

《坛经·机缘第七》中法海的偈语，内容也属感悟之列。其偈曰：

即心元是佛，不悟而自屈。
我知定慧因，双修离诸物。

法海的这一偈语是他初次参见惠能，在倾听惠能应其请教而为之诠释"即心即佛"之后所作的，表达了他对惠能所讲内容的彻底领悟："心原来就是佛，不认识本心是自我委屈。我终于明白了定慧的真正含义，只有定慧双修才能脱离一切虚妄的事物和现象。"经惠能

---

① 魏道儒．译注后记．白话坛经．西安：三秦出版社，1992.
② 林克．潇洒莫如毛泽东．http：//book. wyzxsx. com/article. php？ id＝1554. 2013－06－01.

的点化，法海充分认识到禅之精髓、佛之要义：要无念，要离相，并且要两者并重与兼修。

僧人法达初见六祖惠能大师时，狂妄傲慢，行礼叩头而头不着地，经惠能大师的斥责、教诲，以及对《法华经》的讲解之后，法达在悔过谢罪——悲泣——欢喜的同时，作了一偈，抒发内心的感悟：

经诵三千部，曹溪一句亡。
未明出世旨，宁歇累生狂。
羊鹿牛权设，初中后善扬。
谁知火宅内，元是法中王。

其意为：“之前我不厌其烦地把《法华经》反复吟诵了三千遍，经过曹溪惠能大师三言两语的点化，才恍然大悟那都是白费工夫。原来我却不明白《法华经》那‘诸佛的出世皆缘于一件大事，就是佛的智慧和思想’的宗旨，这样怎能消除我一世世沉沦于生死之中的狂妄无知而得以超脱呢？所谓羊车、鹿车和牛车都是权宜教法，所谓初善、中善、后善都是逐步宣讲教法，分阶段地修行上进。谁会料想到：在这如同着火房舍般的三界之中，人转瞬间就能完成从凡至圣的巨大转变？”

智通和尚虽然反复研读《楞伽经》一千多遍，但对其中的“三身”和“四智”还是迷惑不解，经请教惠能大师，即刻就领悟了，于是作偈：

三身元我体，四智本心明。
身智融无碍，应物任随形。
起修皆妄动，守住匪真精。
妙旨因师晓，终亡染污名。

其意为：“三身原本就在我的体内，四智原本就在我自己心中。三身与四智水乳交融无所阻碍，犹如静水映月随物现形。起心刻意修持三身与四智都是妄念涌动，完全执着于身和智也不是最好的。如今有了大师的指点，我明白了身与智精妙的真谛，从今以后再也不会有悖于身智真谛的被染污诸假名。”偈语同样表达了智通在惠能大师的指点迷津之下，对原先迷惑要义的顿悟。

其他僧人的偈语，内容涉及感悟的诸如智常的偈语：“无端起知见，著相求菩提，情存一念悟，宁越昔时迷？自性觉源体，随照枉迁流。不入祖师室，茫然趋两头。”志诚的偈语：“五蕴幻身，幻何究竟。回趣真如，法还不净。”行昌（志彻）的偈语：“因守无常心，佛说有常性。不知方便者，犹春池拾砾。我今不施功，佛性而现前。非师相授与，我亦无所得。”这些偈语的共同之处就是表达茅塞顿开、迷惑冰释，对禅的真谛心领神会的感受，以及对为自己指点迷津的恩师惠能大师的感激之情。

2. 第二类：释禅

这里的释禅，指的是佛门师者为其弟子阐释佛法禅理，解惑释疑。在《坛经》里，这类偈语主要出自惠能大师。惠能在黄梅县东禅寺接受五祖传授衣法而成为第六代祖师之后，岭南弘法的重任就自然落在他的身上，为弟子阐释佛法、解惑释疑就成为其日常要务之一。因此，《坛经》里惠能大师的偈语大都涉及这类内容。根据差异，又可细分为若干小类：

（1）阐释禅理，解决的是理论概念的问题，主要回答“是什么”、“是怎样”。《坛经·机缘第七》中法海和尚在向惠能大师请教“即心即佛”时，惠能既用言语教导，又辅以偈语点化：

即心名慧，即佛乃定。
定慧等持，意中清净。
悟此法门，由汝习性。
用本无生，双修是正。

其意为：“无念的心叫做慧，离相的佛就是定。对于原本一体的定和慧，不加区别地予以同等对待和修习，思想自然纯洁清净而无尘俗污染。要想理解我所讲的教义，全赖你通过修行而自己真正获得。定和慧都是无生无灭的，定和慧双修才是正确的。”偈的内容涉及两个层面：一是什么是定、什么是慧、定慧的性质；二是如何对待定和慧，即如何在定和慧两方面修成正果。其中第一个层面解答的正是“是什么”。

智通和尚对《楞伽经》中的“三身”和“四智”不得其解。惠能在为智通和尚诠释“三身”要义后，用偈语予以概括：

自性具三身，发明成四智。

其意为："自我的本性包含着三身，由此衍变就生成四智。"简短的二句偈语，道明了"三身"本于自我本性，"四智"来自"三身"。换言之，"三身"是自我本性的一个部分，"四智"是"三身"衍变的结果。接着，惠能还进一步就智通所问的"四智"予以解答：

大圆镜智性清净，平等性智心无病。
妙观察智是非功，成所作智同圆镜。
五八六七果因转，但用名言无实性。
若于转处不留情，繁兴永处那伽定。

其意为："大圆镜智就是本性纯洁清净，平等性智就是内心没有偏见弊病。妙观察智就是不假功成而明察秋毫，成所作智如镜照物，历历分明，兼容并包。前五识和第八识需要待到获得佛果时才能转成智，第六识和第七识在尚处于只有成佛可能性的众生阶段就能转成智。转识成智其实不过是叫法不同而已，本体并没发生实质性改变。如果在转识成智时不为情所困而实现彻底的转变，哪怕身处于纷乱撩惹的尘世间，其心依然能够静如平湖、定如磐石。"偈语一方面简明扼要地揭示了"四智"的真正内涵，另一方面诠释了有情众生八识之中的"果上转"和"因中转"。其中四智的解答浅显而形象，八识的诠释辩证而深刻。

（2）点化如何修行，解决的是具体实践问题，主要回答"应怎样"、"不应怎样"。在惠能大师看来，"成佛不过是自我本心或本性的显现，解决个人解脱和一切社会问题的关键在于自我的心理调节，一切修行活动完全可以归结为毫无执着而随缘任运地生活"，修行并非通过刻意坐禅念经就能实现。如在跟法达和尚谈及修行时，惠能大师偈语曰：

心迷《法华》转，心悟转《法华》。
诵经久不明，与义作仇家。
无念念即正，有念念成邪。
有无俱不计，长御白牛车。

其意为："如果认识模糊不清，《法华经》反而变成修道的桎梏；如果认识了自我的本性，《法华经》就自然为我所活学活用。长期念诵经文却对经典的义理不明不白，等于与经典的义理结成生死冤家。

没有偏执的心念便是正念，有偏执的心念就是邪念。不管是有偏执的心念还是无偏执的心念都不在乎，内心就自由自在，从而达到永远驾驭白牛车——佛的智慧的境界。”

又如，在听志诚和尚说其师父神秀“常指诲大众，住心观静，长坐不卧”后，惠能大师当即直言不讳：“住心观静，是病非禅。常坐拘身，于理何益?”并赋偈语：

生来坐不卧，死去卧不坐。

一具臭骨头，何为立功课?

其意为：“生前执着于坐而不卧，只不过是死后长卧不坐的回报罢了。长时间的坐禅习定于超脱生死轮回丝毫无补，人生前死后此身都不外乎一具臭骨头，何必还要把长时间打坐作为每天修行的必修课呢?”偈语尖锐地指出离开真如自性而一味追求形式上的坐禅习定成佛，修与不修没有什么两样。而在与志诚谈及“戒”、“定”、“慧”的内容和方法时，惠能大师用偈语作进一步的诠释：

心地无非自性戒，

心地无痴自性慧，

心地无乱自性定。

不增不减自金刚，

身去身来本三昧。

其意为：“心地毫无过失就是自性戒，心地毫无痴念就是自性慧，心地毫无烦乱就是自性定。不增加也不减少，自性就是坚不可摧的金刚体。不必约束身体去长久打坐，身体的自由活动本来就是定。”偈语强调身体的自由活动与定是吻合的，用约束身体的坐禅方式去修行没有必要。关键是要做到自心没有是非、没有痴念、没有烦乱，既不增加也不减少，才能使自性成为坚不可摧的金刚体。

再如，惠能大师在弥留诀别之际，为了让“后代之人”“自见本心，自成佛道”，留下了《自性真佛偈》。他指出：“自我固有的真如本性才是真正的佛，贪婪、愤怒、愚昧三种邪迷乃是害人的魔王。人在错乱糊涂之时，魔王就与他如影随形；而当思想正确无邪时，佛就如福星高照。人的本性中一旦产生了错误思想，就必然诱发贪婪、愤怒、愚昧三种祸根，这就是被魔王占据了内心。而当正确的思想消除了贪婪、愤怒、愚昧之类的错误见解与不良情感，就如同魔王脱胎换骨成了真正的佛。所谓的法身、报身和化身，这三身本是同为一体。如果能从自己的本性中认识三身，这就是成佛的觉悟之因。清净本性原本是从化身中生出，而又总在化身之中的，若能做到利用清净本性使得化身保持正道，那么报身将来也就功德圆满、无穷无尽。淫乱之念其实也是萌生于清净本性，如果除掉淫乱之念，注意完完全全的法身，本性中一一远离五欲，尘缘不染而认识本性刹那间就成为真佛。人生如果有幸听到顿教禅法，随之忽然彻悟自性自然就能见到世尊。若想通过刻意修行于自身之外寻找佛，则不知到哪里能求见真佛。如果能于心中自见真实，这个真实就是成佛之因缘。不去认识自我的本性而追求身外的佛，心存这种想法的人必是愚昧至极者。”简而言之，自我固有的真如本性才是真正的佛，唯有消除了贪婪、愤怒、愚昧之类的错误见解与不良情感，明心见性，于心中自见真实，方能成佛。

按照惠能的大师观点，一切修行的活动应当而且必须贯穿于日常方方面面的具体行为举止中，注意在修禅过程中应当如何为人处世。比如，在谈到怎样对待“是”与“非”时，惠能大师在《无相颂》（《坛经·般若第二》）中言曰：

世人若修道，一切尽不妨。
常自见己过，与道即相当。
……
若真修道人，不见世间过。
若见他人非，自非却是左。
他非我不非，我非自有过。
但自却非心，打除烦恼破。

其意为：“世间的人如果要想修习佛道，一切法门都不会形成障碍。勤于自省并且多着眼于自己的过错，这样才与佛道相契合……如果真是修行佛道的人，不会总是瞪大眼睛对他人吹毛求疵。如果看到了别人的过错，实际上就是自己犯了更为严重的错误。别人有了过错不要横加指责，如果责怪了就是自己犯有过错。只要自身消除了指责他人的心态，一切错误思想和不良情绪等烦恼将烟消云散。”

对于“过”、“短”以及别人的批评又该采取什么态度呢？惠能大师在《坛经·疑问第三》之《无相颂》中云：

苦口的是良药，逆耳必是忠言。
改过必生智慧，护短心内非贤。

他言简意赅，态度十分鲜明："人要善于倾听不太顺耳但诚恳而用心良苦的劝说，纠正过失必然催生智慧，掩饰短处定是居心不善。"

在谈到如何为人处世、与人为善时，他的《无相颂》云：

心平何劳持戒，行直何用修禅？
恩则孝养父母，义则上下相怜。
让则尊卑和睦，忍则众恶无喧。

其意为："只要以平等的心态对待一切，又何须劳神费力地信守所谓的戒律？只要行为正直，哪里还用得着修习坐禅？知道报恩自然就能孝敬赡养父母，明白仁义自然就能上下相互怜爱。懂得谦让自然就能尊卑和睦共处，能够忍辱自然就能杜绝各种恶斗。"不难看出，惠能大师言下之意是要求人们在日常生活中做到"心平"、"行直"，学会感恩、守义、谦让、容忍，无须刻意"持戒""修禅"以实现"孝养父母"、"上下相怜"、"尊卑和睦"、"众恶无喧"的愿景。

此外，惠能大师还告诫修习佛道必须走出误区，以避免事与愿违的结果出现。为此，在谈及修福和修道时，惠能大师偈语（《坛经·忏悔第六》）曰：

迷人修福不修道，只言修福便是道。
布施供养福无边，心中三毒元来造。
拟将修福欲灭罪，后世得福罪还在。
但向心中除罪缘，各自性中真忏悔。
忽悟大乘真忏悔，除邪行正即无罪。

偈语批评了那些愚昧无知的人陷进了修行的误区——"只管做善事祈求福报，却不知道真正的修佛道，错误地认为修福就是修佛道"，同时劝告说："做布施供养之类的善事固然也能博得诸多的善报，但是自己内心那些贪欲、愤怒、愚昧依旧还在造孽；今生虽想通过自己所做的功德来消除自己的罪孽，来世即使因此而获得善报，可是原来的罪孽依然存在；只当根除自己内心深处的罪恶之源，各自在自我本性中进行真正的忏悔；一旦于瞬间领悟到真正的忏悔，消除了邪恶，践行正道，也就自然没有任何罪孽了。"

有关释禅的偈语，《坛经》中还有《机缘第七》中的“无上大涅槃”、《付嘱第十》中的“真假动静偈”等。

3. 第三类：教诲、勉励

这一类是师父对徒弟情深义重的批评、教育、引导，以及鼓励和期望。如：惠能当年在蕲州黄梅县东禅寺时被五祖弘忍大师选定为禅宗继承人——第六代祖师。临别时，五祖为惠能传授顿教教义，授以衣钵，同时赠给惠能偈曰：

有情来下种，因地果还生。
无情即无种，无性亦无生。

偈语勉励刚刚出道的惠能：“在有精神活动的芸芸众生心田中播下成佛的种子，这些成佛的种子自然会倚仗所在众生的心田照样萌芽、生长、结出佛果。没有精神活动的众生便没有成佛的种子，由于它们没有成佛的内在根据，也自然成不了佛。”言下之意就是：除非那些没有精神活动的众生，因没有成佛的秉性而成不了佛，其他凡有精神活动的芸芸众生，只要在其心田播下成佛的种子，就自然会萌芽、生长、结出佛果来。简短的偈语，寄予惠能以厚望：广泛拯救一切众生，同时使本门的教法广为流传、永久流传。

在《坛经·付嘱第十》中，惠能大师在为众人讲解如何修行之后，也赠予众人一偈：

心地含诸种，普雨悉皆萌。
顿悟华情已，菩提果自成。

他勉励大家：“在那众生本心的土地里埋藏着各种各样的佛的种子，它们只要遇到了教法的甘霖就一定都会发芽生长。一旦顿悟获得了般若智慧，觉悟成佛的果实就自然会结出来。”

来自洪州的僧人法达初见六祖惠能大师时，行礼叩头却头不着地。惠能对他批评之后作偈曰：

礼本折慢幢，头奚不至地？
有我罪即生，忘功福无比。

其意为：“行礼本是为了消除自己狂妄傲慢的心态，应当恭敬严肃，你怎能头不着地呢？狂妄自大则罪孽随之而生，忘却而不去追求功德才能洪福无量。”偈语可谓是批评一针见血，教诲以理服人，劝导循循善诱，言辞语重心长。

又如惠能大师在弥留诀别之际所留下的《自性真佛偈》有语云：

顿教法门今已留，救度世人须自修。
报汝当来学道者，不作此见大悠悠。

其意为："顿教法门现在已经给大家留下，要拯救普度世人，自己必须修行在先。告诉你们以及将来学道的人，没有认识到这一点那真是太悠谬了。"惠能大师殷切期望在他圆寂之后，弟子们以及将来学道的人都能继承他的遗志，继续弘扬他留下的顿教法门，使之发扬光大。类似的偈语诸如："报诸学道人，努力须用意。莫于大乘门，却执生死智。""努力自见莫悠悠，后念忽绝一世休。若悟大乘得见性，虔恭合掌至心求。"

4. 第四类：自分

即作者自己估量自己，做自我评价，或者说自我画像。如《坛经·机缘第七》中一位僧人转述未曾露面的卧轮禅师作的一首偈语：

卧轮有伎俩，能断百思想。
对境心不起，菩提日日长。

其意为："卧轮我真有本事，能够断绝百般心念。面对一切现象而毫不动心，于是菩提就天天增长。"偈语既是卧轮禅师对自己的评价，同时也是一种修禅的经验之谈，用以与其他僧侣交流。而惠能大师听了这一偈语之后，认为这首偈语的作者尚"未明心地"，有自"加系缚"之嫌，当即也步其韵赋偈一首：

惠能没伎俩，不断百思想。
对境心数起，菩提作么长？

其意为："惠能我没啥本事，未能断绝百般心念。面对形形色色的现象心念不免常会随之油然而生，这样菩提又怎么能有所增长呢？"偈语表面上是惠能对自己的修行所做的自我画像，但实际上是惠能主张一种与卧轮截然相反的修行法门，因为在惠能看来，如果按照卧轮的偈语所言去修行，是自己束缚自己，"对境心不起"最终还是为了"菩提日日长"，这就是刻意，就是心念犹存，真正的修行应当在悠然自在、没有任何约束、没有任何心念的状态下进行。

5. 第五类：谶语

《坛经·付嘱第十》中谈到：当法海意识到惠能大师即将寿终，于是向惠能大师问及逝世之后袈裟及教法传给谁时，惠能大师直截了当地表明只传教法、不传袈裟的态度，并引述达摩大师当年初来中国时所作的偈语进一步说明缘由：

吾本来兹土，传法救迷情。
一花开五叶，结果自然成。

其意为：“我来到中国这片土地，原本是为了传播教法，转化救治愚迷情思。日后我所传的这一派将衍生出五个支派来，五个支派殊途同归，都终将发展壮大，业绩自然辉煌。”事实果真正如达摩大师当初的预言“一花开五叶”：至唐末五代时期，达摩大师所传佛教派生出曹洞、云门、法眼、沩仰和临济五个宗派。既然将有五个宗派，袈裟也就不宜再传了。

在惠能大师临终前要求把他送回新州时，曾有在场僧侣问及日后会有什么灾难，惠能大师说他逝世五六年后会有人来偷取他的头，并随口作了一偈：

头上养亲，口里须餐。
遇满之难，杨柳为官。

其意为：“将来偷我脑袋的人是迫于既要赡养长辈，又要自己糊口之无奈。制造这次劫难的是一个名字中带有“满”字的人，到时适逢姓杨和姓柳的官员处理此事。”偈语所说的后来果然一一应验。

需要指出的是，上述两首谶语类偈语提及的相关事实固然有书为证，但不可否认，这两首偈语本身也可能是《坛经》在长期辗转、相继传抄的过程中，由于传抄者有意抬高美化达摩、惠能两位大师的形象，使之神化，而刻意附会的。

以上仅就《坛经》偈语内容的侧重面对其类别略做探析和划分，细究其实，虽说可以分别归整成类，但类别之间并非判若鸿沟，其中不乏兼类现象。从研究视角来看，对《坛经》偈语的研讨，还可以通过许多不同的角度和层面切入，限于篇幅，相关的课题留待继续深入探讨研究。

吴有定　供稿

第三编　惠能的重要人事关系

惠能与韶州刺史韦璩

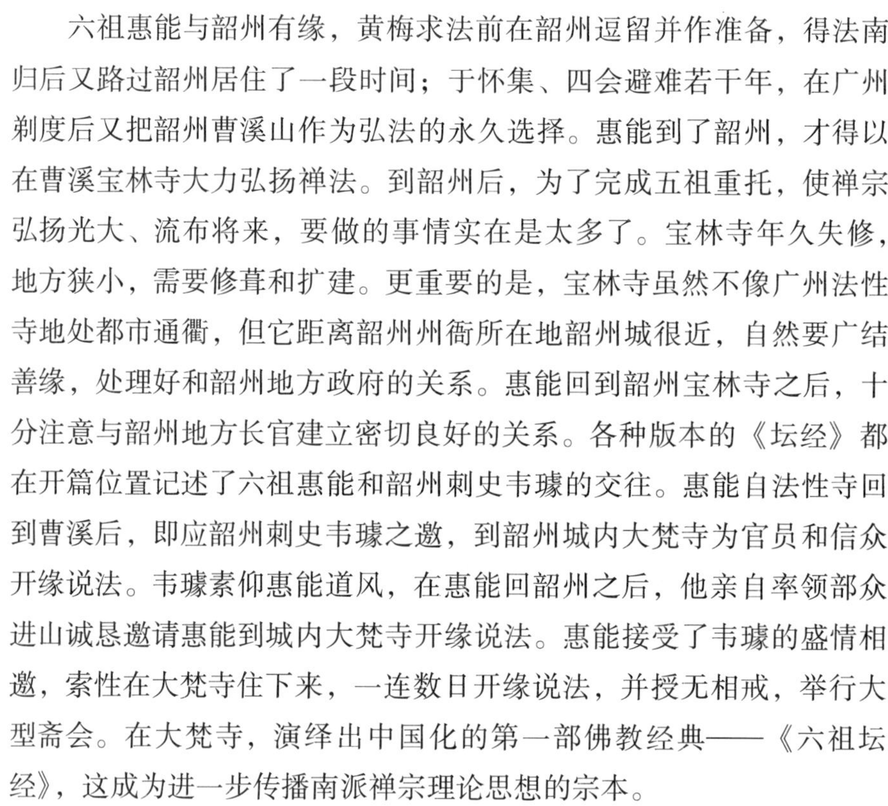

六祖惠能与韶州有缘，黄梅求法前在韶州逗留并作准备，得法南归后又路过韶州居住了一段时间；于怀集、四会避难若干年，在广州剃度后又把韶州曹溪山作为弘法的永久选择。惠能到了韶州，才得以在曹溪宝林寺大力弘扬禅法。到韶州后，为了完成五祖重托，使禅宗弘扬光大、流布将来，要做的事情实在是太多了。宝林寺年久失修，地方狭小，需要修葺和扩建。更重要的是，宝林寺虽然不像广州法性寺地处都市通衢，但它距离韶州州衙所在地韶州城很近，自然要广结善缘，处理好和韶州地方政府的关系。惠能回到韶州宝林寺之后，十分注意与韶州地方长官建立密切良好的关系。各种版本的《坛经》都在开篇位置记述了六祖惠能和韶州刺史韦璩的交往。惠能自法性寺回到曹溪后，即应韶州刺史韦璩之邀，到韶州城内大梵寺为官员和信众开缘说法。韦璩素仰惠能道风，在惠能回韶州之后，他亲自率领部众进山诚恳邀请惠能到城内大梵寺开缘说法。惠能接受了韦璩的盛情相邀，索性在大梵寺住下来，一连数日开缘说法，并授无相戒，举行大型斋会。在大梵寺，演绎出中国化的第一部佛教经典——《六祖坛经》，这成为进一步传播南派禅宗理论思想的宗本。

一、韦璩其人

韦璩是韶州地方官，在正史中不见立传，也没有相关记载。但是在《全唐文》对张九龄的相关记载中，对韦璩也有涉及。张九龄在《曲江集》中，载有其所撰《故韶州司马韦府君墓志铭并序》。唐玄宗开元六年（718 年），韦璩在韶州任上卒于官舍，张九龄为其作墓志铭，盛赞韦璩："荷百代之丕构，传一经之素范。简白足以长人，文敏足以敷政。迹不由径，必期乎直；学不为辩，每拟其华。志尚则然，风流自远，斯有万里之望，岂伊百夫之特始！自崇文生明经上第，起家汾州参军。公以为国无小而行无择，苟履忠信，何陋蛮貊。遂求补远郡，从所好焉。于是授泉州司参军，历广州都督府法曹参军。轮困下幡，弗以屑意，干蛊用誉，将以明道。故已仁焉，而不异于远，义焉而不辞其难，潜亦孔昭，允为君子。秩满，迁韶州司马。在郡数载，检身一德，辅化致理，刑清讼息。宜其奋庸上国，置乎公卿，而天竟南州，终于参佐。”① 在张九龄看来，韦璩是胸怀博大、志存高远、“传一经之素范”的学者。这个“经”，应该就是佛家禅宗的经典，即《六祖坛经》。

岭南在明清以前地处蛮荒，官员左迁，多贬往这里任职，因此迁官此地和流放差不多。但不知是何原因，韦璩虽然是籍贯京畿，却毫不歧视蛮貊，要求外放到远郡任职。这些一般官员都不愿意待的地方，韦璩提出要求迁往，自然容易得到批准。这大概也是韦璩和六祖惠能有缘分吧！只可惜，韦璩在惠能圆寂后数年，也英年早逝，只活了五十一岁，时值开元六年（718 年）。惠能在先天二年（713 年）圆寂，比韦璩早逝五年。在张九龄看来，照韦璩的能力水平，他应该是置身庙堂的公卿大臣，却在岭南蛮荒之地的基层参佐官员的任上终了一生。张九龄自己虽然也曾居于庙堂之上，但对于朋友韦璩的不幸遭遇也是无可奈何。张九龄最后也是被派到南方荆州任职，和韦璩一样，具有相同的不幸命运。因此他们二人的思想观念也有某些相通相怜之处。张九龄在自身难保的情况下，对朋友的不幸际遇也就只能表示同情了，或者是说说而已，而且只能是在韦璩的墓志铭上说，后来类似的追悼词，主要是说给后人听的。

张九龄在开元八年（720 年）还作有《韦司马别业集序》，是说韦司马在“杜城南曲”有别业，处在面对终南山的长安附近。韦邀请二三同好到别业做客休闲宴游。实际上这时韦璩已经去世。如果张九龄说的韦司马就是韦璩的话，留下的应该是回忆文字。景龙四年（710 年），张九龄作有《别韦侍御史蜀序》，其中说：“予之友韦侯，始以才进，中而遇坎。自廷尉评为益州刺史，行欲美也，玉映而山辉；

① （唐）张九龄．曲江集·故韶州司马韦府君墓志铭并序．李玉宏校注．北京：当代中国出版社，2004.

善无小也，鹤鸣而天听。俄自谪宦，假其察视，奋飞泥蟠，皇华原隰，为持斧之吏。”① 其中还夸赞韦氏的道德操行：“佥以为无欲而自致，韦子之谓道；有善而不扬，友朋之为过。”② 韦氏的无欲向善风格，与他崇信佛禅有一致之处。

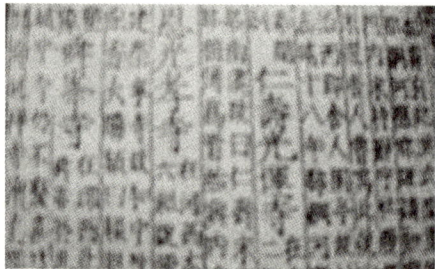

《韶州府志》（康熙本）对唐朝韶州河西大梵寺（光孝寺）的记载

韦璩是陕西长安县南少陵人，这个地方在今西安南边的终南山一带。对于韦璩的身份和官职，流传下来的史籍记载多不一致。《六祖坛经》明确记载，韶州刺史韦璩亲自到宝林寺邀请惠能到大梵寺说法，说韦璩的身份是刺史。台湾禅宗大师印顺所著的《中国禅宗史》说：《神会语录》中说韦璩是殿内丞，《历代法宝记》说韦璩是太常寺丞，《曹溪大师曹溪大师别传》称韦璩为殿中侍御史。张九龄《曲江集》对韦璩的称谓也不一致，一时称司马，一时称侍御史。韦璩虽然一生短暂，但他多处任职，曾任参军、司马等职。韦璩为惠能造碑，是《坛经》所说。《神会语录》作“殿内丞韦璩”，《历代法宝记》作“太常寺丞韦璩”，《曹溪大师别传》作“殿中侍御史韦据”。都说韦璩给惠能立碑，而韦璩的官职又有不同，可见这不是辗转抄录，而是同一传说的细节不同。张九龄是曲江人，对于在自己家乡任职的地方父母官，自然会比较重视和了解，再加上他与韦璩曾在开凿疏通大庾岭工程方面有过合作，所以在韦璩卒于官舍之后就执笔写了《故韶州司马韦府君墓志铭》。开元七年（719 年）韦璩遗体下葬，他在韶州任职的时间，正是惠能的晚年及寂后。唐代官制，每州立刺史，而司马为刺史的佐贰。韦璩在韶州任司马，有可能曾摄刺史一职，所以《坛经》直接把韦璩称为刺史了。否则，在等级森严的封建时代，是不可以对官员名衔乱加称呼的。

① （唐）张九龄．曲江集·故韶州司马韦府君墓志铭并序．李玉宏校注．北京：当代中国出版社，2004.

② （唐）张九龄．曲江集·韦司马别业集序．李玉宏校注．北京：当代中国出版社，2004.

二、诚邀惠能到大梵寺开缘说法

惠能到韶州后，韶州刺史韦璩亲自带领僚属到曹溪山宝林寺邀请惠能到韶州城内的大梵寺居住，进行讲经说法。在惠能愉快地接受了邀请以后，韦璩又率领诸班官员和衙吏，亲自聆听。

韶州的地方长官，其下属官员应该还有别驾、长史、司马、录事参军事、录事。此外，还应有司功、司仓、司户、司田、司兵、司法、司士等七曹参军，还有市令、丞、文学、医学博士等。韶州地处岭南，其官僚机构不一定很庞大，配备也不一定很齐全，动员三十多名官员僚佐听经，应算是各衙门官员全体大出动了。再加上当地学术界的领袖、学者等三十多人，以及僧侣、尼姑、俗家弟子代表和信众共一千余人，听众队伍十分庞大。

惠能开篇第一讲，就是后来流传下来的《六祖坛经》的“行由品”。惠能通过现身说法，运用通俗简明的语言来说明自己通过努力，完成了明心见性、顿悟成佛的曲折历程。这就是后来人们耳熟能详的惠能出身、家庭不幸、黄梅求法、深山隐遁、广州剃度、韶州弘法等经历。这些情节过程，表面上像故事，实际上掺进了禅宗诸多思想理念。尤其是唐朝诗歌发达，五言绝句等非常流行。正如后人所说的那样：“学会唐诗三百首，不会作诗也会吟”。李白、白居易等人的诗有妇孺能诵。惠能虽然不识字，但他聪明过人，具有惊人的佛经记诵能力。他所作的佛偈，虽有模仿的痕迹，但也超过了一般人的诗歌创作水平。如他在黄梅得法时请张别驾帮他写在廊墙上的佛偈“菩提本无树，明镜亦非台；本来无一物，何处惹尘埃”，就是他模仿神秀“身是菩提树，心如明镜台；时时勤拂拭，勿使惹尘埃”的佛偈而创作的。甚至五祖弘忍向惠能传法时，要求他成为一方禅师以后要把禅宗“善自护念，广度有情，流布将来，无令断绝”的同时，也不忘用佛偈相告：“有情来下种，因地果还生。无情即无种，无性亦无生。”这既显示了禅宗大师们高超的诗歌创作水平，也说明当时禅宗大师们已经开始巧妙地运用中国唐代的诗歌作为传教工具，实现印度佛教中国化、平民化。禅宗佛教采用了诗歌（禅宗叫“佛偈”）的传播形式，推动了禅宗思想，风靡中国大江南北。这些内容，韦璩等大小官员都是毕恭毕敬地认真听讲。一次听不明白，再让惠能接着讲下去。一天不行，就再讲一天。遇到问题，再请惠能进行专题答疑讲解。

由于韶州大梵寺不断受到武江洪水浸淹，宋代又在州治南兴建大鉴寺

三、一再恭请惠能解经和专题答疑

第二天，韦璩又带领僚属接着听惠能讲解《般若品》，主要是听惠能对《般若波罗蜜多心经》的理解。惠能向韦璩他们传授禅宗顿教法门，还特别用佛歌偈颂传授无相戒。为了便于理解和记忆，惠能在得意处同样采用佛偈来表达和阐发禅宗思想。他讲到无论在家、出家，不拘形式，都可通过修行顿悟成佛时，就用偈颂说：

说通及心通，如日处虚空。唯传见性法，出世破邪宗。
法即无顿渐，迷误有迟疾。只此见性门，愚人不可悉。
说即虽万般，合理还归一。烦恼万宅中，常须生慧日。
邪来烦恼至，正来烦恼除。邪正俱不用，清净至无余。
菩提本自性，起心即是妄。净心在妄中，但正无三障。
世人若修道，一切尽不妨。常自见己过，与道即相当。
色类自有道，各不相妨恼。离道别觅道，终身不见道。
波波度一生，到头还自懊。欲得见真道，行正即是道。
自若无道心，闇行不见道。若真修道人，不见世间过。
若见他人非，自非却是左。他非我不非，我非自有过。
但自却非心，打除烦恼破。憎爱不关心，长伸两脚卧。

欲拟化他人，自须有方便。勿令彼有疑，即是自性现。
佛法在世间，不离世间觉。离世觅菩提，恰如求兔角。
正见名出世，邪见名世间。邪正尽打却，菩提性宛然。
此颂是顿教，亦名大法船。迷闻经累劫，悟则刹那间。

最后，惠能还嘱咐韦璩等信众：今天在大梵寺说顿教禅法，希望法界众生都能见性成佛。韦璩与官僚、道俗听了惠能的演讲，无不幡然省悟，再次共同顶礼膜拜，齐声叫好，且慨叹："想不到岭南也有佛祖现身出世了。"

不仅如此，为了表示对惠能的敬重，韦璩还专门为惠能筹办了斋食大会。斋饭已毕，韦璩又恭请惠能登上讲坛法座，率领僚属和信众整顿仪容之后，再次向惠能顶礼膜拜，并进一步请教有关疑难问题。韦璩说："弟子闻和尚说法，实不可思议。今有少疑，愿大慈悲特为解说。"惠能大师说："有疑即问，吾当为说。"韦璩说："和尚所说可不是达摩大师宗旨乎？"惠能说："是。"韦璩说："弟子闻达摩初化梁武帝，帝问云：'朕一生造寺度僧，布施设斋，有何功德？'达摩言：'实无功德。'弟子未达此理，愿和尚为说。"惠能大师说："实无功德，勿疑先圣之言。武帝心邪，不知正法。造寺度僧，布施设斋，名为求福，不可将福便为功德。功德不在法身中，不在修福。"惠能又说："见性是功，平等是德。念念无滞，常见本性。真实妙用，名为功德。内心谦下是功，外行于礼是德。自性建立万法是功，应用无染是德。"[①] 惠能进一步解释说：如果要寻求功德法身，只要依照上述方法去做，就是真正的功德。如果真是修功德的人，心里就不会轻慢他人，而且又能普遍尊重众生。如果心中经常轻慢他人，自我执着没有断除，自然不会有功；自己的心性虚妄不实，自然就没有德；这是因为自我执着未除、自高自大就会常常轻视一切的缘故。惠能还告诫大家：念念不忘就是功，心行平直就是德；自修心性就是功，自修身行就是德。功德必须向内见到自性，而不是借着布施供养所能求得到的。所以，福德与功德是不同的。梁武帝不认识这个真理，无法契入，并不是我们的禅宗祖师有了过错。[②]

韦璩又问："弟子常见一些出家人或在家的善男信女，口念阿弥

① 丁福保．六祖坛经笺注·疑问品第三．济南：齐鲁书社，2012．
② 星云大师．六祖坛经讲话．北京：新世界出版社，2008．

陀佛，发愿要托生到西方极乐世界。请和尚解说，这样的修行是否能托生到西方极乐世界？希望和尚为我破除心中的疑惑！”惠能大师答道：“请韦使君用心听！我为你解说。释迦牟尼佛在舍卫（中印度境内峤萨罗国国都）城中宣讲西方接引化度的经文，很清楚地指出西方净土去此不远。如果照实说，西方距离我们娑婆世界有十万八千里。这十万八千里其实就是芸芸众生十恶八邪的象征。因为十恶八邪的障碍，所以便说西方遥远。说西方净土遥远，是对有劣根性的一般人而说的；说西方净土很近，是对有利根性的大智慧人而说的。人的根性虽有利、钝两种，但佛法并没有两样。因为芸芸众生有迷和悟的差别，所以见性就有时间上的不同。执迷的人只想念佛求生西方净土，觉悟的人只求净化自己的心灵，所以佛说：‘随着自心清净，自然佛土清净。’韦使君你是东方人，只要能使自心清净，就没有罪业；反过来说，即使西方人，如果心不清净，一样是有罪过的。东方人造了罪业，就想念佛求生到西方极乐世界；那么西方人造了罪业，念佛求生要到哪一个国土去呢？凡夫俗子不能了悟自性，不认识自己身中自有净土，于是发愿往生东方或西方；觉悟的人到哪里都一样是净土。所以佛才说：‘随所住处恒安乐。’如果韦使君你心地但无不善，西方极乐世界就离你不远；如果心地不善，念佛诵经也难到西方极乐世界。现在惠能劝各位善信，首先要除去十恶，就等于行了十万里路；然后再除去八邪，就又走了八千里；念念都能见到自己的本性，经常使自己的行为平坦正直，那么到达西方净土就像弹指一挥间般快速，就能见到阿弥陀佛了。”惠能还特别对韦璩说：“只要你能常行十善，又何须更求往生呢？如果不断除造十恶的心，有哪一尊佛会来迎接你往生净土呢？如果能了悟无生无灭的顿教法门，要见西方净土只在刹那之间；如果不能了悟，只知念佛求愿往生，则西方路途遥远，如何能够到达呢？惠能我要为各位在一刹那间把西方移到这里来，而且当下便能见到，各位愿意一见西方净土吗？”大家自然感到好奇，一起向惠能大师顶礼膜拜说：“如果能够在这里就见到西方净土，又何必再另求来世托生西方呢？希望和尚慈悲，行个方便现场展示西方净土，让大家都能一饱眼福！”于是惠能又用比喻的方法，一一讲解展示见性成佛后到达西方的理想境界。韦璩等一批善众听了惠能大师的讲解，豁然开朗，好像照见了自性，于是又向六祖恭敬礼拜，同声赞叹：“太美妙啦！”

又一齐言道：“普愿法界众生，听闻的人都能顿悟。”

六祖惠能的开缘说法，还昭示了他的一个重要创新思想，那就是：修行学佛，不一定出家住寺，在家之人也可以依法修行，照样可以自性成佛，达到西方极乐世界。韦璩对此有所不明，便问惠能在家应如何修行。惠能大师说他有一首《无相颂》，只要按照它来修行，就像与他本人一起在寺庙修行没有区别；如果不按照它来修行，就是剃度出家，也毫无益处。《无相颂》全文如下：

心平何劳持戒，行直何用修禅。恩则孝养父母，义则上下相怜。让则尊卑和睦，忍则众恶无喧。若能钻木出火，淤泥定生红莲。苦口的是良药，逆耳必是忠言。改过必生智慧，护短心内非贤。日用常行饶益，成道非由施钱。菩提只向心觅，何劳向外求玄。听说依此修行，西方只在目前。[①]

惠能说完，又一再叮嘱各位“善知识”，一定要依偈修行，见取自性，自成佛道。从此，韦刺史及其僚佐和在场的善男信女都有所开悟，并且笃信不疑，坚持修行。六祖惠能在大梵寺的开缘说法，是他到韶州宝林道场后所做的最重要的事情。他的韶州开缘说法，一开始就得到了地方政府官员的支持，这一点也是非常重要的。

四、为惠能立碑

《坛经》谓：“韶州刺史韦璩立碑，至今供养。”六祖惠能弟子神会一系流传下来的《神会语录》则说：“至开元七年（719 年），被人磨改，别造文报镌。略述六代师资授受，及传袈裟所由，其碑今在曹溪。”还有传说，如《依圆觉经疏钞》称：碑文经磨两遍，又使门徒武平一等，磨却韶州大德碑铭，别造文报，镌惠能禅师碑。[②] 韦璩是在惠能圆寂后去世的，根据他对惠能的仰慕和崇拜，他给惠能立碑是极有可能的。因为韦璩在惠能圆寂数年后去世，他对碑铭的命运却已经无法掌握了。虽然碑铭被磨，但石碑仍在。这从另一个方面说明，韦璩对惠能的崇敬是真诚的。

---

① （唐）法海编集，（明）释德清勘校．六祖法宝坛经·般若品第二．

② 演慈．坛经的笔受及其版本．内明（264）．见佛教导航网/五明研究/佛学杂论．

大鉴寺供奉的六祖惠能及其弟子讲说《坛经》的塑像

五、韦璩对《坛经》创作的重要作用

首先，韦璩对《坛经》的完成提供了前提条件。韶州大梵寺是六祖惠能在韶州开缘说法的重要场所。惠能到大梵寺开缘说法，是韦璩亲自进山礼请而来。韦璩不仅自己亲自听讲、提问，还动员和影响僚属部众也来听讲。在一开始，韦璩便安排惠能弟子法海做记录，然后由韶州官府整理发行传播。韦璩作为地方长官，可以动用的力量和资源比较多。法海是开缘说法的记录者，韦璩是开缘说法的组织者，惠能则是《坛经》原始版本的著作权人。法海受托执笔记录，委托者应是韦璩。因为惠能作为禅宗六祖，主张教外别传、不立文字，并且一直坚持以心传心，何况他又以不识字著称，他委托法海记录并传播《坛经》的可能性较小。

其次，韦璩参与了《坛经》的部分创作。六祖惠能韶州开缘说法的第一讲是《坛经》的"行由品第一"，接着是"般若品第二"，然后与韦璩等信众通过互动的提问和答疑，演绎了《坛经》的"疑问品第三"。可以这些说这构成了《坛经》的主体内容。向惠能提问的内容，是由韦璩主持演绎的。台湾禅宗大师印顺认为，大梵寺说法，不是一般的说法，是开缘说法，也就是公开的开法传禅。惠能的开缘说法之所以会有这么大的规模和气势，韦璩的作用不可忽视。开缘说法第一天听众一千多人，第二天听众一万多人。韶州大梵寺的开缘说法，发表了禅宗六祖惠能的最主要的思想内容，它包括了南派禅宗思想的所有主要思想内容，既有悟，又有戒，还有忏悔等。后来的南禅宗，基本上就是以《坛经》为基础来发展传承的。

第三，韦璩对《坛经》的传播做出了一定贡献。惠昕本《坛经》说：刺史韦璩惠能令门人法海抄录流行，传示后代。若承此宗旨，学道者递相教授，有所依凭耳。一般都认为，是韶州刺史韦璩托惠能的弟子法海做了记录，又加入后来的法语，这就是后世禅宗的宗经《六祖坛经》。《坛经》的原始版本，根据当时的条件，通过韦璩进行流传的可能性最大。因为曹溪宝林寺处于年久失修且荒芜的状态，惠能初来乍到，百废待举，没有精力和条件抄传经典。只有韶州衙门作为粤北地方官府衙门，有力量和必要来广泛传播六祖惠能的禅法。韦璩在惠能众多的信仰者中，是开悟的虔诚弟子之一。

惠能与神秀

惠能到湖北黄梅求法，和此前已到黄梅多年的神秀在祖位继承问题上发生了矛盾。这种矛盾，虽然没有在神秀和惠能二人之间正面直接发生，但在传说中却一直潜藏着。如果论资排辈，神秀是当然的祖位继承者。而根据《六祖坛经》的记载，五祖的衣钵却传给了惠能。再加上有一些五祖弟子，对于惠能得到五祖传法衣钵不服，最后竟为争夺传法衣钵而追赶惠能。这自然引起了后人的诸多猜疑，其甚者，有人怀疑惠能盗走了五祖的传法衣钵，又有人怀疑神秀派人追杀惠能，讨要传宗衣钵。这必然影响到惠能与神秀的关系。对此问题以前也有学者进行过考证，但仍有进一步深入探讨的必要。

神秀（605—706 年）生于隋大业元年（605 年），俗姓李，陈留尉氏（今河南尉氏县）人。神秀十三岁那年，“属隋季王世充扰乱，河南、山东饥疫，因至荥阳义仓请粮。遇善知识出家，便游东吴，转至闽，游罗浮、东、蒙、台、庐诸名山，嘉遁无不毕造。学究精博，采《易》道，味黄老及诸经传。自三古微赜，靡不洞习。”① 他在游历期间，内外兼修，博综多闻，受老庄玄学，《书》、《易》大义，三乘经论和《四分》律仪等儒释道文化的全面熏陶，使他“说通训诂，音

北宗禅创立者神秀像

① 杨曾文校．敦煌新本六祖坛经．北京：宗教文化出版社，2011.

参晋吴”，具备了日后成为一代教主的才学。神秀二十岁时，在东都洛阳天宫寺受戒。四十六岁至蕲州黄梅双峰东山寺（湖北黄梅县）参礼弘忍大师。见弘忍以坐禅为务，乃叹服曰：“此真吾师也。”遂誓心苦节，以樵汲自役，而求其道。他在五祖处“服勤六年，不舍昼夜。大师叹曰：‘东山之法，尽在秀矣。’命之洗足，引之并坐。”神秀在弘忍处深受器重，在数百门徒中位至上座。①《宋高僧传》说：“秀既事忍，忍默识之，深加器重，谓人曰：‘吾度人多矣，至于悬解圆照，无先汝者’。”可见，神秀在五祖寺的地位是很高的，这对当时尚未出家的年轻惠能来说是无法比拟的。但是，据说五祖把传法衣钵传给了惠能，在诸多人看来，惠能形容短陋，酷似獦獠，又没文化，不识字，十分年轻，没有正式出家受戒，只是个小行者。从实际情况来看，继承五祖法嗣衣钵的应该是神秀，由神秀来接任六祖之位符合情理。但传说中，五祖弘忍却把禅宗传法衣钵给了惠能。这使当时和后来的人们无论如何也无法理解。我们通过研究认为，从当时历史背景看，即便弘忍真的把衣钵传给了惠能，也是有他的道理的。

唐初佛教禅宗虽然有了发展，但在禅宗一派看来，还有继续发展的紧迫性和必要性。一般认为，中国禅宗到了道信、弘忍就正式形成了。他们继承了达摩以来关于众生“心性”就是“佛性”的基本思想，不仅完成了禅宗的立宗工作，还为长期流动的禅僧创建了相对稳定的据点。在生活有了保障以后，需要对禅宗进行发展。而当时的禅宗根据地和寺院据点，大都在南岭以北的广大地区，主要是在黄河、长江流域各省，最南达到江西。只是到了弘忍圆寂后，势力才迅速扩展到岭南，并由惠能得到发扬光大。弘忍的门徒很多，但能够成为一方人物，并堪为人师的并不多。弘忍门徒玄赜在《楞伽人法志》用弘忍的话记述了他的十大著名弟子：“如吾一生，教人无数，好者并亡。后传吾道者，只可十耳。我与神秀论《楞伽经》，玄理通快，必多利益。资州智诜，白松山刘主簿，兼有文性。华州惠藏，随州玄约，忆不见之。嵩山老安，深有道行。潞州法如，韶州惠能，扬州高丽僧智德，此并堪为人师，但一方人物。越州义方，仍便讲说。又语玄赜曰：汝之兼行，善自保爱。”② 禅宗传播，到了弘忍时代，已经摒弃了一脉

① 吴立民．禅宗宗派源流（第三章“北宗正义”）．北京：中国社会科学出版社，1998.

② 杜继文，魏道儒．中国禅宗通史．南京：江苏人民出版社，2008.

单传的单调模式，而是采取多头并弘的方式。因为这更利于禅宗势力的扩大与发展。在禅宗一系看来，禅法衣钵的传承固然重要，但他们更重视禅宗势力的发展和壮大。惠能来自岭南，岭南不仅是五祖关注的一个重要区域，又是禅宗势力相对薄弱的地区。弘忍为了禅宗事业的发展，对年轻的惠能寄予禅宗弘扬传播的厚望，不搞论资排辈，给予惠能特殊的关照和厚爱，将六祖衣钵传给他是可能的，也是有眼光的。尽管惠能不识字，又是资历浅薄、尚未出家的年轻信徒，但他却有传习禅宗思想的慧根，具有作为禅宗传人所必须具备的聪明智慧和道德人品。当然，惠能在弘忍十大著名弟子中排名十分靠后。神秀、玄赜、老安、法如等，都是弘忍的得意弟子。即便是不给他们传法衣钵，不进行特别嘱咐，弘忍对他们在北方主持一方的禅宗弘法事业，也是比较放心的。为了禅宗事业发展能够多头并弘，弘忍对来自岭南的年轻惠能给予特别嘱咐，传给一些如衣钵袈裟之类的弘法信物，也是十分必要的。岭南古来是蛮荒之地，民众文化发展水平普遍低于中原一带。在岭北弘法，弘忍得道弟子众多，他没有什么顾虑。唯有岭南，虽然选中了年轻的惠能，仍有诸多让人不放心之处，自然要多嘱咐关照几句。为了禅宗的长远发展，弘忍比别人站得更高，看得更远一些。何况，传法衣钵给了惠能，不一定就是让惠能继承黄梅五祖之位，因为五祖门下高足众多，当时还轮不到惠能在黄梅继承祖位。惠能能在五祖那里得到一个合法的禅宗在岭南的传法权，就很好了。事实上，惠能得到了这个禅宗在岭南的传法权以后，也不是立即就能很好地使用，也要经过一段很长的历练过程。而岭北广大地区，包括中原等地，暂时还用不着惠能以六祖的身份去领导。尤其是湖北黄梅，经过四祖、五祖多年的经营发展，自有大德高僧作为五祖的继承者去管理和经营发展，短时间内和六祖惠能关系不大。

因为传统佛教有攀龙附凤的习惯，喜欢把自己的祖先归为高贵的血统。释迦牟尼以王子的身份出家，中印诸多著名高僧之中也多有皇亲国戚、官宦世家子弟。惠能却是岭南新州的普通百姓，从小不识字，靠砍柴市卖为生。及至黄梅，也主要是在寺庙后院舂米劈柴干些杂活。他的百姓身份是很明确的。虽然他靠自己的忠诚老实、聪明智慧和踏实肯干赢得了五祖的认可，但要成为禅宗弘法一方的人物，还要经过很多历练。尤其是他和神秀比起来，虽有一些自己的聪明和智慧，但还是存在很多差距。在年龄上，神秀长他三十岁。而且阅历丰富，已经出家。曾经游历东吴，转至福建，又游广东、江西等罗浮、东、蒙、台、庐诸名山，嘉遁无不毕造。学究精博，采《易》道，味黄老及诸经传。自三古微赜，靡不洞习。他在游历期间，内外兼修，博综多闻，受到老庄玄学，《书》、《易》大义，三乘经论和《四分》律仪等儒释道文化的全面熏陶。神秀四十六岁至蕲州黄梅（今湖北黄梅县）双峰东山寺参礼弘忍大师已经多年，是地位仅次于五祖的教授师和上座和尚，正是年富力强。而此时的惠能，既没有出家，又没有佛教禅宗寺庙的户籍，和诸多编人、流民一样，得到弘忍的收留安置，有饭吃、可修行就已经不错了。唐朝当时的社会极不稳定，饥民流动，佃户逃逸，政府为了收税、派役，到处抓捕流民，甚至神秀和惠能都有可能在追捕之列。五祖在黄梅收留了大批来自各地的流民壮大了禅宗的势力，也为惶惶不定的流民创造了一个相对稳定的生存环境，但这也增加了官府的担心和不安。惠能来自岭南，五祖为了禅宗在南方广大地区的发展需要，选择了惠能，他才有机会得到禅法衣钵。成为六祖，更是后来的事。刘禹锡在《佛衣铭》中说："六祖未彰，其出也微；既还狼荒，憬俗蚩蚩。不有信物，众生曷归?"惠能即便回到岭南，最初也很难有号召力。黄梅五祖的名气太大了，只有打上黄梅真传的旗帜，才能得到信徒的信服。惠能做了许多年的准备，加上拥有传法信物，才得到信众们的认可。而在北方的神秀等大师，就没有这么多麻烦和困难。神秀即便没有六祖称号，在北方的传法活动也进行得相当顺利。神秀甚至最终成为"两京法主，三帝国师"。即便是神秀的徒弟，也做到了京城法主、帝王国师的地位。有人说到神秀因为没有得到禅宗祖位而"涕辞而去，退藏于密"①。也不一定是因为他没有得到祖位而伤感。弘忍于黄梅东山弘法之时，适逢天下大饥，饥民流动，黄梅成为收留饥民之所，因此活人无数。神秀可能为官府所不容，才迁适当阳，离开黄梅。

惠能离开黄梅，南归曹溪，犹被恶人寻逐，"恐畏人识，常隐山林，或在新州，或在韶州。"② 官府为了征收赋税和徭役，经常搜检逃户。具有僧道身份者是可以免赋役的，许多编户农民忍受不了繁苛的赋役，便逃到山林寺院寻求生路，逃避徭役和税赋。唐朝政府还一度

①② 杜继文，魏道儒．中国禅宗通史．南京：江苏人民出版社，2008.

神秀离开黄梅后，在湖北当阳玉泉寺创立北宗禅

出台政策，限定各州保留寺院的数量和人数。这些政策对像惠能这样没有佛寺户籍的人是一个重大威胁。在没有取得寺籍而又不愿意承担沉重赋役的情况下，惠能只好选择隐匿山林，等到政策宽松的时机，才能再出来弘扬禅法。在结束黄梅求法以后，神秀和惠能都有相同的命运，他们应该都不会太在意自己能否继承五祖位子，而是要避免官府搜检。在佛家来看，当时是否成祖并不重要。神秀没有嗣祖，弘法成绩依然可观，在当时的地位不在惠能之下。倒是继承了祖位的惠能，弘法道路比较艰难曲折。至于惠能的声名鹊起以及其所代表的南宗势力的迅速扩大，是在他示寂多年以后的事。

老年神秀画像

有学者①认为，惠能和神秀在世之日，神秀不会为争夺传法衣钵而派人追杀惠能。两人不仅没有矛盾，而且神秀与惠能多有交好。虽然“南能北秀”、“南顿北渐”是对五祖弘忍门下两大宗派的总结性概括，然而，这南与北、顿与渐的判别，表面上似乎成了惠能与神秀两人的矛盾、对

①林有能．惠能与神秀关系辨析．广东社会科学，2007（5）．

立的表征和依据，甚至表现为神秀在惠能密接五祖衣钵后派人对惠能进行追杀，实际上这一事实难以成立。五祖在密授衣钵给惠能后说：“自古佛佛惟传本体，师师密付本心。衣为争端，止汝勿传。若传此衣，命如悬丝。汝须速去，恐人害汝。”（《六祖坛经·行由品》）于是，惠能辞别五祖夜遁岭南。据《坛经》及相关禅籍记载，后来确实有不少人来，想夺走衣钵。惠明就曾在大庾岭追上了惠能。惠能后来到了曹溪，又被恶人寻逐。无奈，惠能便遵五祖“逢怀则止，遇会则藏”的嘱咐，在广东怀集、四会一带隐匿多年。

神秀故里尉氏县的北宋兴国寺塔

还有论者认为，惠能乃流人之后，以这样的身份而成为祖师为官府所不容，故其逃匿主要是为了躲避官差的追捕。这种推断有一定的道理，但缺乏文献史料的支持。于是，又有人从南北两宗的分野来诠释，得出追杀惠能者乃北宗之信徒，幕后主使者是神秀之论断。从而认为，“南能北秀”、“南顿北渐”是对立的。有学者[①]通过认真研究，认为神秀和惠能之间存在很大外在矛盾的说法属子虚乌有。

一、《六祖坛经》中之顿与渐、南与北并非对立关系

《六祖坛经》是惠能佛禅理论和思想的集大成者，透过《坛经》，六祖惠能的顿渐观清晰地展现在我们眼前。首先，惠能是从人对佛法的理解和人的慧根的角度来回答顿渐问题的。宗宝本《坛经·顿渐品》云：“时，祖师居曹溪宝林，神秀大师在荆南玉泉寺，于时两宗盛化，人皆称南能北秀，故有南北二宗顿渐之分，而学者莫知宗趣。”于是南北两宗始以顿渐为标志，但人们并未知南与北、顿与渐的“宗趣”何在。六祖惠能正是针对人们“莫知宗趣”而解释顿渐问题：

① 林有能．惠能与神秀关系辨析．广东社会科学，2007（5）．

“何以渐顿？法即一种，见有迟疾，见迟即渐，见疾即顿。法无顿渐，人有利钝，故名顿渐。法无顿渐，人有利钝，迷即渐契，悟人顿修。教即无顿渐，迷悟有迟疾”（敦煌本《坛经》），在惠能看来，佛法本身并没有顿与渐的分别和差异，所谓顿与渐是就人的见解和智慧而言的，即智商高、慧根好的人对佛法的契悟必定快，对佛法的契悟快就是顿，反之就是渐。其次，顿渐因人而异。惠能认为：“一切经书，因人说有，缘在人中有智有愚。”（敦煌本《坛经》）既然顿渐是就人的慧根之利钝、智愚而言，那么就要依人的慧根差异而采用顿或渐了，从这一意义上说，顿与渐又成了教人的方法或途径，根利者施之以顿，根钝者教之以渐。所以，当与神秀的弟子志诚讨论戒定慧问题时，惠能直截了当地说：“汝师戒定慧，劝小根智人，吾戒定慧，劝大根智人。”即是说惠能的戒定慧的对象是上乘慧根者，而神秀的戒定慧的对象是下根之人，也是因人而异的施教法则。

第三，南北的称谓是就不同地区的人而言的。后来学人之论南北，显然是指惠能之南宗和神秀之北宗，经过千百年历史的嬗替变迁，这种南北所指应当是无异议的。但在六祖惠能和神秀在世时，尤其是南北初现之时，南与北的称谓并不是就法、教的意旨而确指顿与渐。《六祖坛经》便说：“法本一宗，人有南北”；“法即一宗，人有南北，因此便立南北。”禅法本来就只有一宗，并无所谓南宗和北宗，之所以有南北之称谓，是因为在居住地域上有南方人和北方人的区别而已。对此，宗密也说：“南宗者，即曹溪能大师……后以神秀于北地大弘渐教，对之故称南宗。”（《禅门师资承袭图》）

第四，惠能并非只有顿而无渐，神秀也并非只有渐而无顿，而是顿渐互渗，只不过有所侧重而已。正如董群先生所阐述的那样：“所谓的渐修顿悟、顿悟渐修、顿悟顿修、顿修渐悟、渐修渐悟，都是就人而说的。南宗中以南顿北渐概括南北宗的不同特点，所言顿渐，按宗密的分类，准确地说，是以南宗之顿悟对北宗之渐修。惠能讲无修顿悟，悟后无修，所以只突出一个‘顿’字。神秀被认为是讲渐修渐悟的，因而突出一个‘渐’字，其实宗密又将其列入渐修顿悟一类。因此简单化的概括并不一定能揭示双方禅法的全面性特征。”①

神秀和惠能都是弘忍的得意弟子，各自对东山法门的弘扬厥功至

---

① 董群．惠能与中国文化．贵阳：贵州人民出版社，2001.

伟。他们在世之时，德行友谊互笃，如《宋高僧传·神秀传》云：“（神）秀同学（惠）能禅师与之德行相埒，互得发扬，无私于道也。”并无南北两宗的明确分野，更遑论两宗的矛盾对立了。两宗的分野和对立乃他们身后之事，具体地说，肇端于惠能弟子神会与神秀弟子普寂关于法统之争。诚如裴休《禅源诸诠集都序叙》所云：“以承禀为户墉，各自开张；以经论为干戈，互相攻击。”于是，“顿渐门下，相见如仇雠；南北宗中，相敌如楚汉”。（宗密《禅源诸诠集都序》）

二、神秀乃有道高僧，对惠能推崇有加，不会加害

神秀是个知识渊博的饱学之士，生于隋大业元年（605 年），俗姓李，陈留尉氏（今河南尉氏县）人，十三岁即遇善人而离家游学参访。赞宁《宋高僧传》本传云：“释神秀俗姓李氏，今东京尉氏人也。少览经史，博宗多闻。”《传法宝记》中谓神秀：“学究精博，采《易》道、黄老及诸经传，自三古微微赜，靡不洞习。”《景德传灯录》卷四记北宗神秀禅师“少亲儒业，博宗多闻”。从史籍文献的相关记载可知：神秀从小就对中国传统文化，包括儒道释诸家均有研习，且面广力深，这为他日后成为一代宗师奠定了坚厚的基础。

神秀是一个谦和有道的高僧，这一点相关史籍记载十分明确。《宋高僧传》说他“既而奋志出尘，剃染受法”。《景德传灯录》说他“俄舍爱出家，寻师访道”。《楞伽师资记》言及他“远涉江上，寻思慕道。”唐张说的《唐玉泉寺大通禅师碑》记神秀于唐武德八年（625 年）在洛阳天宫寺受具足戒。《传法宝记》也说他“二十受具戒，而锐志律仪，渐修定惠”。这样看来，神秀约于十九至二十岁就已经出家受戒，正式成为佛教徒。神秀参礼五祖后，深得五祖的器重；在黄梅东山寺，其地位仅次于五祖。据载，神秀“至年四十六，往东山归忍禅师”，正式成为五祖的入室弟子。当神秀见五祖以坐禅为务便慨叹道：“此真吾师也。”而五祖对神秀也很认可：“忍默识之，深加器重”（《景德传灯录·北宗神秀禅师者》）。显示出师徒间相见相知之缘。因神秀具有深厚的传统文化素养，他与五祖除了师徒间的教与学而外，还常常共同研讨佛理。五祖弘忍曾说：“我与神秀论《楞伽经》，玄理通快，必多利益。”（《楞伽师资记》）所以，神秀在黄梅东山侍五祖六年，坐上了教授师和上座的位子，地位仅次于五祖。神秀虽然具有很高的传统文化涵养，但为人却极为谦和、低调，并没有窥视祖师位子的念头。当五祖召集弟子们以题佛偈的方式选接班人时，众弟子均推重上座教授师神秀而认定他是继承五祖位子的最合适人选。但神秀为此却心里矛盾，一方面他确实需要检验自己对佛学的理解而必须题写佛偈，另一方面又唯恐他人误会他贪恋祖位。《六祖坛经》（宗宝本）对此也有较为详尽的描述："诸人不呈偈者，为我与他为教授师，我须作偈将呈和尚。若不呈偈，和尚如何知我心中见解深浅。我呈偈意，求法即善，觅祖即恶，却同凡心夺其圣位奚别？若不呈偈，终不得法，大难大难。"从记述看，神秀实以求法为重，绝无窥视祖位之心。随后五祖与其谈话时，也强调这一点："祖三更唤秀入堂，问曰：偈是汝作否？秀言：实是秀作，不敢妄求祖位。望和尚慈悲，看弟子有少智慧否？"正是神秀的文化底蕴、对佛法的理解和谦和的为人，赢得了五祖弘忍的赞赏和信任。五祖对神秀说："吾度人多矣，至于悟解无及汝者。"（《景德传灯录·北宗神秀禅师者》）"东山之法，尽在秀矣。"（《荆州玉泉寺大通禅师碑》）并让他与自己并排坐在一块洗足。五祖从未给其他弟子这样高的评价。继而五祖委神秀以重任，"及忍禅师临迁化，又曰先有付嘱"和"密受法印"①。

神秀在荆州当阳玉泉寺开法后，成了"两京法主，三帝国师"，地位远在惠能之上。据张说《唐玉泉寺大通禅师碑》载，神秀在五祖示寂后离开了黄梅，"退藏于密"，隐居于荆州当阳山而未弘法，这样寂居约十余载，"或在荆州天居寺，十所年，时人不能测"（《传法宝记》）。至仪凤（676—679 年）间，由于僧俗的崇拜和拥戴，法如圆寂前命门人说，"而今已后，当往荆州玉泉寺秀禅师下谘禀"（《唐中岳沙门释法如禅师行状》），自此，神秀开始在玉泉寺正式弘法。《传法宝记》对此有记："仪凤（676—679 年）中，荆楚大德数十人，共举度住当阳玉泉寺。及忍禅师临迁化，又曰先有付嘱。然十余年间，尚未传法。自如禅师灭后，学徒不远万里，归我法坛。遂开善诱，随机弘济。天下志学，莫不望会。"神秀开法后的声望与日俱增，荆楚高僧大德、善信儒者信仰景从，影响日隆。于是信佛的当朝女皇武则天也

---

① 林有能先生认为，这一说法仅为某些文献所载，不少学者认为五祖密付法印给谁似无定论，因为在五祖的法嗣中，法如、神秀、惠能等均有可能成为接法印者。

迎神秀入京供养，向神秀问法。“久视（700 年）中，则天发中使，奉迎洛阳。”（《传法宝记》）“唐武后闻之，召至都下，于内道场供养，特加钦礼……时王公士庶，皆望尘拜伏。”（《景德传灯录》）更令人不可思议的是，武则天竟置君臣之身份于不顾，向神秀行跪拜之礼，“则天太后闻之，召赴都，户舆上殿，亲加跪礼。”（《宋高传 · 神秀传》）。至中宗即位时，“尤加礼重”。难怪在张说的笔下，神秀成了“两京法主，三帝国师”。神秀于神龙二年（706 年）示寂后，“羽仪法物送殡于龙门，帝送至桥，王公士庶皆至葬所”（《景德传灯录》），赐谥“大通禅师”。

神秀生前也极为敬重惠能。神秀与惠能同为五祖之法嗣，其对惠能怀有深厚的同门之情。《宋高僧传》记“（神）秀同学（惠）能禅师与之德行相埒，互得发扬，无私于道也”便是明证。神秀对惠能的敬重也是有典籍可稽的。根据相关文献的记载，神秀对惠能的仰慕、钦佩，可以简要地概括为两个方面：一是神秀深知自己对佛法的理解、契悟比不上惠能，认为惠能才是五祖弘忍的密授者，因而向女皇武则天力荐惠能。《六祖坛经》载：“神龙元年（705 年）上元日，则天、中宗诏云：朕请安、秀二师，宫中供养，万机之暇，每究一乘。二师推让云：南方有能禅师，密受忍大师衣法，传佛心印，可请彼问。”于是则天和中宗“遣内侍薛简，弛诏迎请，愿师慈念，速赴上京”。但惠能以有疾而婉辞。神秀复修书致惠能，劝其顺帝意赴京“尝奏天后请追能赴都，能恳而固辞。秀又自作尺牍，序帝意征之，终不能起”（《宋高传 · 神秀传》）。虽然惠能最终未能赴京，但透过此事，我们不仅可以清晰地看到神秀的谦和人品，而且还能看到神秀对惠能的诚挚之情。二是神秀很想亲自赴曹溪向惠能问法，只是年老体弱、路途遥远而未能如愿，但他还是派弟子到曹溪了解惠能的禅法。而当弟子们讥讽惠能时，神秀极力为其辩护，并力劝自己的弟子改投曹溪礼拜惠能。神秀说：“他（指惠能）得无师之智，深悟上乘，吾不如也。且吾师五祖，亲传衣法，岂徒然哉。吾恨不能远去亲近，虚受国恩，汝等诸人毋滞于此，可往曹溪参决。”（《六祖坛经》）于是他派心腹弟子志诚往曹溪听法，并嘱志诚：“若有所闻，尽心记取，还为吾说。”（《六祖坛经》）但志诚深为惠能的禅法所吸引而有往无还，成了惠能的得意门徒。在神秀劝说下而改投惠能的弟子为数不少，后来挑起法统之争、猛烈抨击北宗的神会就是其中的一个。因为宗密认为神会曾经在玉泉寺的神秀门下三年，直至神秀被敕召入京，才由神秀推荐至曹溪惠能门下。①

三、神秀对惠能成长的帮助和影响

在讨论惠能与神秀的关系时，林有能认为，有一个很重要的方面是不能忽略的，那就是神秀对惠能成长的帮助和影响。按理说，惠能是禅宗第六代祖师，地位和名气均盖过神秀，何谈神秀对惠能的帮助和影响？其实不然。②

首先，神秀是惠能接五祖衣钵成为第六代祖师的接引人或启门者。在论及这一问题时，自然会想到五祖弘忍嘱弟子们作佛偈，神秀作偈为："身是菩提树，心如明镜台；时时勤拂拭，莫使惹尘埃。"惠能的佛偈，在敦煌本《坛经》中是两首，一是："菩提本无树，明镜亦无台；佛性常清净，何处有尘埃。"二是："心是菩提树，身为明镜台；明镜本清净，何处染尘埃。"发展到宗宝本《坛经》时，惠能的偈变成了一首："菩提本无树，明镜亦非台；本来无一物，何处惹尘埃。"比较分析神秀和惠能的佛偈，我们就会发现，神秀作偈在前，惠能作偈在后，即是说，惠能偈是在神秀偈的启发下而成的，此其一。其二，从行文和用词上看，惠能偈基本上沿用了神秀偈的结构和逻辑。其三，从偈义来看，从神秀的"有树"、"有台"、"有尘埃"到惠能的"无树"、"无台"、"无尘埃"，最后归结为从"有物"到"无物"这一质变，内中有着无法割断的联系。应该说，惠能是站在神秀的肩膀上跃起而最后顿悟成佛的。从这一意义上可以说，没有神秀，也许就没有作为第六代祖师的惠能。在对惠能成佛有较大影响的几位人物中，神秀显然是很重要的一位。

其次，神秀向武则天和唐中宗举荐惠能，对惠能的地位和名望的提升有莫大的帮助。六祖惠能在广州法性寺剃度出家的次年，即移锡曹溪宝林寺弘法三十余载，一直偏于一隅，不过五岭，诚如宗密所言："曹溪顿旨，沉废于荆吴；嵩岳渐门，炽盛于秦洛。"（宗密《圆觉经大疏钞》卷三）无法与北宗相比。在这种局面下，神秀要打压、排挤

---

① 董群．惠能与中国文化．贵阳：贵州人民出版社，2001.
② 林有能．惠能与神秀关系辨析．广东社会科学，2007（5）.

南宗禅是很容易的事，然他非但没有这样做，反而却向皇帝、朝廷力荐、褒扬惠能。于是则天女皇和唐中宗下诏迎请惠能入京供养，敕额赐物，并遣特使赴曹溪询问佛法，礼请惠能，可谓恩宠至极。尽管惠能婉拒圣意，但在那个年代，皇帝、朝廷的嘉谕褒奖，对惠能的地位和名望的提升是不言而喻的。

总的来看，惠能与神秀之间没有直接的矛盾和冲突，神秀不但不是追杀惠能的主谋，而且对惠能的成长进步有着重要的影响和帮助。

坐落在湖北当阳的神秀墓塔

四、神秀未因没能继承祖位而影响弘扬禅法

根据《六祖坛经》等的记载，五祖弘忍把禅宗传法衣钵悄悄给了惠能。而在五祖寺地位很高的神秀，反而没有得到祖位。最后他不得已涕泣而辞，到了长江中上游的江陵当阳山（今湖北当阳县东南）玉泉寺。经过一段时间的修行准备，开始大力弘扬禅法，最终成为北方势力最大、范围最广的一个禅宗派系。《宋高僧传》描述神秀禅宗派系说：“四海缁徒，向风而靡，道誉声香，普门熏灼。”宋之问《为洛下诸僧请法事迎秀禅师表》也说：“契无生之理，传东山妙法。开室

岩居，年过九十；形彩日茂，弘益愈深。两京学徒，群方信士，不远千里，同赴五门。衣钵鱼颉于草堂，庵庐雁行于邱埠，云集务委，虚往实归……九江之道俗恋之如父母，三河之士女仰之犹山岳。”可见，根据现有史籍的记载，神秀虽然没有得到五祖的传宗衣钵，但他得到了弘忍禅宗思想的真传，他对禅宗大法弘扬的贡献很能说明这一点。他所做出的成就，一时之间甚至超过了弘忍的其他著名弟子，包括惠能。神秀弘扬禅法的浩大声势，震动了唐朝政权，并引起了当朝执政者的关注。武则天作为唐代很有作为的政治家，面对社会较为突出的农民与土地问题，为了稳定自己的统治地位，自然不会对如此庞大的禅宗势力置之不理。“武则天采取羁系、分化的政策，一部分禅师及其宗系受到官方扶植，变成御用官禅，遂以正宗自居，大多数禅众仍处在合法与非法之间，不被国家正式承认，从而出现宗派的分立和纠纷。安史之乱以后，藩镇割据，地方势力大都视农禅为本地区的稳定因素，尤其是在岭南、四川和西北等边陲地区采取宽纵政策，进一步促成了禅宗内部的宗派发展。所谓南能北秀的对立，直接表现为非官禅与官禅间的斗争，而隐蔽在其背后的则有农禅与非农禅的分歧。”①

久视元年（700 年），武则天遣使迎神秀入京。

神秀从玉泉寺到洛阳、长安城成为两京法主、三帝国师

① 杜继文，魏道儒．中国禅宗通史·导言．南京：江苏人民出版社，2008.

张说《大通禅师碑》言，武则天迎接神秀时，亲加跪礼："诏请而来，趺坐观见，肩舆上殿，屈万乘而稽首，洒九重而宴居。"每当说法，"帝王分座，后妃临席"，并敕令在神秀住持过的当阳山建度门

神秀弘法的湖北当阳度门寺

寺，以表彰神秀的懿德。神秀被安置于内道场中供养，则天皇帝可以随时向他问道。当时王公以下及京邑士庶竞相至谒，望尘拜伏，毫不夸张地说是日有万计。唐中宗李显复位，对他更加礼敬，推崇他为"两京法主，三帝国师"。但神秀作为"迹远俗尘"的一代禅师，一直念念不忘还归山林，屡次请求都没有得到诏许。唐朝武则天以后几代新皇帝想要维系政局稳定，笼络人心，取得全国佛教徒的拥护和支持，就需要拉拢扶持各宗代表人物。唐政权诏请神秀入宫供养，确实半是羁系，半是利用。终于，神秀住东京洛阳六年以后，于神龙二年（706 年）在天宫寺示寂。中宗亲自送葬，下诏于嵩阳之辅山顶为其造十三阶浮屠，丧礼办得极其豪华荣耀。如此一来，弘忍师门立即身价百倍。在中宗、睿宗朝，弘忍的弟子老安、玄赜相继奉诏入京。神秀的弟子辈，诸如普寂、义福等，也受到朝廷权贵的支持和崇信，成为国师。神秀所传禅法，成为统治者承认和肯定的官禅，达摩法系亦在诸禅系中被公推为正宗所在。

五、得五祖传法的弟子不止惠能一人

前面提到的弘忍门徒玄赜在《楞伽人法志》还说："时荆州神秀

禅师伏膺高远，亲受付嘱。玄赜以咸亨元年（670 年）至双峰山，恭教承诲，敢奉驱驰。首尾五年，往还三觐。道俗齐会，仂身供养，蒙示《楞伽》义云：此经唯心证了知，非文疏能解。”弘忍曾历数其得意弟子，认为传其道者，只有十来人。排在首位的便是神秀，因为神秀可以和弘忍一起讨论《楞伽经》，而且收益很大。对资州智诜、白松山刘主簿、华州惠藏、随州玄约、嵩山老安，弘忍均有评价。说到潞州法如、韶州惠能、扬州高丽僧智德，弘忍认为是堪为人师，为一方人物。又特意嘱咐玄赜，要他“汝之兼行，善自保爱”等。可见，弘忍时代的弘法，已经不是一脉单传，而是多头并弘。他并未将禅宗的继承发扬重担压在惠能一人身上。再说，当时的惠能，无论如何也承担不起这一重任。但惠能作为岭南来的求法代表，作为具有聪明才智的岭南代表人物，经过一番修行，是可以作为一方弘扬禅法的大师的。至于惠能成为六祖，不在惠能生前，更不在五祖生前。假如，弘忍确实要惠能继承五祖之位，成为六祖，根据弘忍的威望和地位，他在黄梅五祖寺当众宣布惠能继承祖位，并举行相应仪式，即便是有人不服，也不会在佛门重地出现严重违戒的追杀和争夺衣钵的事件，至多会有不服者离开黄梅。当然，历史不能假设，即依常理，弘忍不会仅凭一首禅法偈，就轻易地把他们在黄梅经营多年的弘扬禅法事业的大权，交给一个才来不到一年的还没有出家的年轻行者。根据当时的禅宗发展形势，禅宗主要在黄河、长江两流域发展，但有向经济日渐发达的岭南大力传播发展禅宗的需要。弘忍找一个岭南弘法的代表，给予特别嘱咐，送些传法信物，也是正常的。事实是，弘忍的弟子中，得到禅法继承弘扬权力的不仅是惠能。一时间，在北方做得更好的大有人在。惠能的韶州南宗禅，通过其弟子们包括神会等人的努力，才扩展到岭北的中原广大地区，而北方的渐宗禅法因此黯然失色。当然，在这些方面起作用的，还包括唐朝安史之乱以后的政治局势。

林有能　李明山　供稿

惠能与神会

根据《坛经》的记载，惠能在韶州、广州行化四十余年，追随他的僧俗门徒有三五千人，直接受法的弟子，著名的就有 10 个。宋代的《景德传灯录》上记录有名字的嗣法弟子就有 43 人，立传的有 9 人。[①]惠能和他的祖师一样，也实施多头并弘的传法方针，不是一脉单传禅宗衣法，而是要求弟子们秉持《坛经》，四面开花，多支脉地传扬禅法。惠能圆寂之后，南宗禅大致按照以下支脉弘扬南宗禅法。一是岭南系；二是菏泽系；三是净泉保唐系；四是永嘉禅观。[②] 惠能的弟子众多，按惠能嘱托，能够自立门户而为一方法师的只有 10 人，即法海、志诚、法达、神会、智常、智通、智彻、智道、法珍、法如。惠能嘱咐说，你们这些徒弟，不同于其他徒弟，我灭度以后，你们要各为一方大师，传扬南宗禅法。并教导他们不能失却南禅宗旨。他进一步交代了传法的原则和方法，主要是先举三科法门，动用三十六对法等。神会是惠能门下的著名弟子之一。后来，在弘扬南宗禅法过程中贡献和影响最大的是神会。

菏泽神会禅师

神会（684—758 年）是湖北襄阳人，俗姓高。早年曾学习五经和老、庄，具有一定的传统文化底蕴。13 岁那年，他从荆州玉泉寺神秀那里来到韶州曹溪，参见惠能大师。惠能大师问他："你长途

①② 杜继文，魏道儒．中国禅宗通史．南京：江苏人民出版社，2008.

跋涉来到这里，一定很辛苦，能够认识自己的本性吗？如果你认识了自己的本性，就认识了主人——佛性。你不妨说一下。”神会说：“把不执着于任何现象作为根本，这种认识就是主人。”惠能说：“你这个小沙弥怎么能如此轻率地讲话呢？”神会便问：“大师坐禅时，有认识还是没有认识？”惠能大师用拐杖打了神会三下，问：“我打你痛不痛？”神会说：“感觉痛也感觉不痛。”惠能说：“我坐禅时，有认识，也没有认识。”神会问：“什么是有认识也没有认识呢？”惠能说：“我时常所认识的，是自己内心的过失，并不去认识别人的是非善恶，你说感觉痛也不感觉痛是怎么样的呢？如果你不感觉痛，那你就和木头瓦石一样，如果你感觉痛，那就又和凡夫俗子一样，因感觉痛苦而产生愤怒、憎恨的感情。你先前说的有认识和没有认识是走两个极端，是个错误的观点，感觉痛和不感觉痛是表明还没有超脱生死而达到解脱。你尚且没有认识自己的本性，居然还敢要贫嘴作弄我！”

对于惠能的批评，神会表示承认错误，并且行礼致谢。惠能大师又说：“如果你思想模糊不能认识自己的本性，就应该向道德高尚、学问精湛并且富有智慧的人请教，以期得到一条认识本性的道路。如果你认识清楚了，也就是认识自己的本性了，应该按照佛的教导修行。你现在自己迷惑，不能认识自己的本心，反而问我有认识还是没有认识。我有认识我自己明白，岂能消除你心中的疑难迷惑？如果你自己认识了本性，也不能代替我的迷惑，为什么不去自己认识自己的本性，反而来问我有认识还是没有认识？”神会向惠能大师礼拜了一百多次，虔诚地请求惠能大师宽恕自己的过失，并再次致以谢意。从此以后，神会始终不离惠能大师身边，尽心尽力地服侍他。神会初次礼拜惠能，针对老师的问话，是耍小聪明，没有“自知自见”，反而问惠能的禅心，是见还是不见。所以挨了惠能三杖，要他用自己的身心去自知自觉。神会受到惠能的棒喝，聪明自骄的毛病有所改变，但重视己见的观点却依然如故。

有一天，惠能告诉大家：“我有一件东西，没有头没有尾，没有名也没有字，没有背面也没有正面，你们大家认识吗？”神会走出人群应声答道：“这是诸佛的本源，是神会本有的佛性。”惠能大师说：“我刚才已讲了没有名字，你还说什么本源、佛性等名称，你以后就是割几把草盖个茅草庵居住，再勤苦修行也只能是咬文嚼字的知解宗徒!"①

《曹溪大师别传》对此事也有记载：某年四月八日，大师为众初开法门，曰："我有法，无名无字，无眼无耳，无身无意，无言无示，无头无尾，无内无外，亦无中间，不去不来，非青黄赤白，非有非无，非因非果。"大师问众人："此是何物?"大众两两相看，不敢答。时有菏泽寺小沙弥神会，年始十三，答："此是佛之本源。"大师问云："何是本源?"沙弥答曰："本源者诸佛本性。"大师云："我说无名无字，汝云何言佛性有名有字?"沙弥答："佛性无名字，因和尚问，故立名字。正名字时，即无名字。"大师打沙弥数下。大众礼谢曰："沙弥小人，恼乱和尚。"大师云："大众且散去，留此饶舌沙弥。"至夜间，大师问沙弥："我打汝时，佛性受否?"答云："佛性无受。"大师问："汝知痛否?"沙弥答："知痛。"大师问："汝既知痛，云何道佛性无受?"沙弥答："岂同木石！虽痛而心性不受。"大师语沙弥曰："节节支解时，不生瞋恨，名之无受。我忘身为道，踏椎至跨（当作胯）脱，不以为苦，名之无受。汝今被打，心性不受，汝受诸触如智证，得真正受三昧。"沙弥密受付嘱。②《曹溪大师别传》错讹较多，此说仅作参考。宗密《圆觉经大疏钞》卷三之下也说，神会与惠能"两心既契，师资道合"之后，"神会北游，广其闻见，于西京受戒。景龙年中，却归曹溪。大师见其纯熟，遂默授密语。缘达摩悬记，六代后命如悬丝，遂不将法衣出"。神会确实未在曹溪过多停留，也不是从此不离惠能左右，直到惠能逝世。

神会第一次从玉泉来到曹溪，由于机缘不契，在曹溪待了几年又北归了。他原在神秀门下，神秀奉召入京时他并未依照神秀的教诲而南下。因为他已经到过岭南曹溪，自觉再去无益，于是依然追随神秀到达西京长安，这时神会已经17岁③。《菩提达摩南宗定是非论》说，久视年（700年）中，武则天召神秀和尚入内，道俗问和尚去后依止何处，秀和尚云："韶州有大善知识，元是东山忍大师付嘱，佛法尽在彼处。汝等诸人如有不能自决了者，向彼决疑，必是不可思议，即

① 魏道儒．白话坛经．西安：三秦出版社，1997.

② 杨曾文．《曹溪大师别传》及其在中国禅宗史上的意义．林有能主编．六祖惠能思想研究（三）．香港：香港出版社，2007.

③ 徐文明．神会早期史事及其在六祖门下的地位．圆光学报（第六期）.

知佛法宗旨。”① 可见其时神会亲闻法语，故记忆犹新。又载：“长安三年，秀和上在京城内登云花戒坛上，有纲律师、大仪律师，于大众中借问秀和上：‘承闻达摩有一领袈裟相传付嘱，今在大禅师处不？’秀和上云：‘黄梅忍大师传法袈裟，今见在韶州能禅师处。’秀和上在日，指第六代传法袈裟在韶州，口不自称为第六代数。”② 这表明，长安三年（703 年）时神会就在长安，且长期追随秀师。神会到京后广学多闻，知见大增。22 岁，即神龙元年（705 年）于长安正式受戒。其时神会游学于两京一带，但因秀师在内供养，即使有请益，亦多不便。神龙二年（706 年）秀师圆寂，神会自觉无可依归，便追思神秀师从惠能受教之语，于景龙元年（707 年）再次回到曹溪。《宋高僧传》说：及见，能问会曰：“从何所来？”答曰：“无所从来。”能曰：“汝不归去？”答曰：“一无所归。”能曰：“汝太茫茫。”答曰：“身缘在路。”能曰：“由自未到。”答曰：“今已得到，且无滞留。”神会自云无所从来，一无所归，则不来不去，同乎如来。六祖恐其坠于虚寂，故说他太茫茫，无立足处。神会说，身缘在路，意为人身无常，流行不息，修行不已，何敢止足。六祖说，你没个休歇处，是由未到曹溪，若到曹溪，万缘放下，一切自在。神会答：蒙师指授，今已得到曹溪，虽到而不敢滞留，若有滞留，即非得到。神会经过数年的磨炼，已成熟起来，对佛法的理解亦非儿时所能比。故一经六祖点化，便顿明心要。神会之意，仍在于无住为本，故云无来无归，身缘在路。六祖欲令其更进一步，故暗示其只知无住，还是未到曹溪，若知自性本来是佛，便可任心自在，随处立足。神会于此有省悟，才知道自性本然是佛，性本无住，由是真得无住。六祖见其已悟，故加以印可。

神会二离曹溪，也是受命于六祖。《坛经》记载：六祖晚年教示十弟子，授以三科法门、三十六对，教其说法不失本宗，莫离自性，并言“汝等不同余人，吾灭度后，各为一方师”。神会名列十弟子中。十弟子中大多数在六祖门下只能算是二流角色。六祖深知诸人根底，故仅许他们为一方师，且授以较为简单易记而又是重要的常识的三科法门、三十六对，令其不失本宗。三科法门本为佛教常识，然六祖贯之以自性起用，就与寻常所说有所不同了。三十六对则属六祖的创造，包容了外境无情、法相语言、自性起用一切诸法，可以之贯一切经法，

①② 杨曾文编校．神会和尚禅话录．北京：中华书局，1996.

出入即离两边。三科法门为修道者自修自悟之用，三十六对则为对人说法之用，知此二者，就可自利利他、分化一方了。神会是亲闻德音且奉行不改的。六祖曾教导他：“若有人问汝义，问有将无对，问无将有对，问凡以圣对，问圣以凡对，二道相因，生中道义。”神会得闻三科法门、三十六对之法，后来他一一运用自如。

神会北上攻击北宗，是有原因的。六祖灭度时颇多瑞相，其弟子韶州刺史韦璩表奏朝廷，遂有敕立碑纪事。然而，韦璩在碑中不但言及瑞相，也述六代传承及传袈裟所由，公然以惠能为六祖。有可能韦璩碑文中述及六祖诸大弟子，其中有神会的名字。神秀一门其时气焰冲天，对此自然不能容忍，便劾奏韦璩妄改旨意，私述传承，于是，开元七年（719 年）有诏磨去原文，“略除六代师资相授及传袈裟所由”①，重刻碑文。神会认为这是南宗的奇耻大辱，于是锐意北上，以图报复。开元八年（720 年）神会奉敕住居南阳龙兴寺，南阳太守王弼和唐代诗人王维都向他问法。唐玄宗开元中期，神会为了争取南宗禅的正统地位，于开元二十二年（734 年）在滑台（今河南滑县）大云寺举办“无遮大会”，与北禅（神秀系统）名师山东崇远禅师设擂论辩，正式敲响了向北禅发起进攻的战鼓。神会声称，要“为天下学道者辩其是非，为天下学道者定其旨见”。② 这次论辩，双方为争正统而针锋相对。辩论的主要问题是：弘忍以后，禅宗法统的正统继承者是北宗神秀？还是南宗惠能？

玉泉寺　棱金铁塔

神秀一系在北方大为盛行，声势浩大，他所弘传的北宗禅上升为官禅。神秀圆寂后，其弟子普寂以神秀为达摩的正统所在，他自己则是神秀的衣钵继承者。据《大照（普寂）禅师碑》说：“吾

① 石峻，楼宇烈等．中国佛教思想资料选编（第二卷第四册）．北京：中华书局，1983.

② 杨曾文．神会和尚禅话录．北京：中华书局，1996.

受托先师，传兹密印。远自达摩菩萨导于可，可进于璨，璨钟于信，信传于忍，忍授于大通（神秀），大通贻于吾，今七叶矣。”由于神秀门下声势很大，又得到唐朝皇帝的支持和认同，他们所立的法统无人敢加以怀疑。

在辩论之时，神会针锋相对，据理力争。他认为，达摩法系，一脉相传，以袈裟为证信。达摩传慧可，慧可传僧璨，僧璨传道信，道信传弘忍，弘忍传惠能，六代相传，连绵不绝。而且，“秀禅师在日，指第六代传法袈裟在韶州，口不自称为第六代。今普寂禅师自称第七代，妄竖和尚为第六代，所以不许”。神会指出，南宗顿教是达摩禅法的正统所在，抨击北宗“师承是傍，法门是渐，而称自己师承是正，法门是顿”。此次辩论，神会虽未能完全获胜，但对推广南禅思想，争取南禅的正统席位，是一个重要的开端。就在这次辩论之后，神会即以南阳作为传播南禅的中心。在此期间，适逢时任殿中侍御史的著名文人王维路经南阳，神会弟子刘相倩在王维下榻的南阳临湍驿拜谒王维，并邀神会及同寺惠澄禅师论辩，语经数日。这些论辩由与会的独孤沛详细记录并整理成《菩提达摩南宗定是非论》。① 从此，南方惠能一系被称为“顿宗”，北方神秀一系被称为“渐教”。天宝四年（745 年），已七十八岁高龄的神会应请入住洛阳菏泽寺。此时，普寂和义福都已去世。神会盛弘南宗顿悟法门，使惠能的禅法得以在洛阳立住了脚跟，进而大播于天下。天宝十二年（753 年），崇信北宗禅法的御史卢奕诬告神会在洛阳聚众滋事，图谋不轨，于是神会被逐出洛阳。此后，神会辗转弋阳、武当、襄州、荆州等地，忍辱负重，历尽坎坷，但他弘扬南宗禅法之志丝毫未减。安史之乱，两京陷落，玄宗入蜀。已八十九岁高龄的神会，应朝廷之请在洛阳设坛度僧，收取“香水钱”，以供军饷，为平定叛乱立了大功。经过安史之乱，北宗受到了沉重的打击。在神会的号召下，兴起了一个全国性的破北宗、树南宗的运动，惠能及其南宗禅逐渐得到朝野僧俗的普遍敬奉。叛乱平定后，唐肃宗召神会入内道场，极尽礼敬；又于洛阳重建菏泽寺供其居住。他所弘传的禅法因此被称为菏泽宗，他也被人们尊称为菏泽大师。上元元年（760 年）五月十三日，神会寂于洛阳菏泽寺，享年九十三岁，谥号“真宗大师”。由于神会为弘传南宗顿悟禅法作出很大

---

① 释传正主编．南华史略．北京：中国社会科学出版社，2002.

的贡献，唐德宗贞元十二年（796 年）敕立他为禅宗第七代祖师，并亲撰《七代祖师赞文》。元和十年（815 年），惠能也被正式封为禅宗六祖。从此，惠能的法系得到朝廷的正式承认，曹溪禅成为天下禅林的正统所在。①

神会居住南阳期间，请王维为六祖惠能撰写碑铭，王维接受了邀请，撰写了《六祖能禅师碑铭》。全文如下：

无有可舍，是达有源；无空可住，是知空本。离寂非动，乘化用常，在百法而无得，周万物而不殆。鼓枻海师，不知菩提之行；散花天女，能变声闻之身。则知法本不生，因心起见，见无可取，法则常如。世之至人，有证于此，得无漏、不尽漏，度有为、非无为者，其惟我曹溪禅师乎！

禅师俗姓卢氏，某郡某县人也。名是虚假，不生族姓之家；法无中边，不居华夏之地。善习表于儿戏，利根发于童心。不私其身，臭味于耕桑之侣；苟适其道，羶行于蛮貊之乡。年若干，事黄梅忍大师，愿竭其力，即安于井臼，素刳其心，获悟于稊稗。每大师登座，学众盈庭，中有三乘之根，共听一音之法，禅师默然受教，曾不起予，退省其私，回超无我。其有犹怀渴鹿之想，尚求飞鸟之迹，香饭未消，弊衣仍覆，皆曰："升堂入室，测海窥天。谓得黄帝之珠，堪受法王之印。"大师心知独得，谦而不鸣，天何言哉？圣与仁岂敢？子曰："赐也，吾与汝弗如。"临终，遂密授以祖师袈裟而谓之曰："物忌独贤，人恶出己。吾且死矣，汝其行乎？"

禅师遂怀宝迷邦，销声异域。众生为净土，杂居止于编人，世事是度门，混农商于劳侣，如此积十六载。南海有印宗法师讲《涅槃经》，禅师听于座下，因问大义，质以真乘。既不能酬，□从请益，乃叹曰："化身菩萨，在此色身，肉眼凡夫，愿开慧眼。"遂领其属，尽诣禅居，奉为挂衣，亲自削发。于是大兴法雨，普洒客尘，乃教人以忍曰："忍者无生，方得无我。始成于初发心，以为教首。至于定无所入，慧无所依，大身过于十方，本觉超于三世。根尘不灭，非色灭空，行愿无成，即凡成圣。举足下足，长在道场，是心是情，同归

① 释传正主编．南华史略．北京：中国社会科学出版社，2002.

性海。”商人告倦，自息化城；穷子无疑，直开宝藏。其有不植德本，难入顿门，妄系空花之狂，曾非慧日之咎，常叹曰：“七宝布施，等恒河沙；亿劫修行，尽大地墨。不如无为之运，无碍之慈，宏济四生，大庇三有。”

既而道德遍覆，名声普闻。泉馆卉服之人，去圣历劫；涂身穿耳之国，航海穷年。皆愿拭目于龙象之姿，忘身于鲸鲵之口，骈立于户外，趺坐于床前。林是栴檀，更无杂树；花惟薝蔔，不嗅余香。皆以实归，多离妄执，九重延想，万里驰诚。思布发以奉迎，愿叉手而作礼，则天太后、孝和皇帝并敕书劝谕，征赴京城。禅师子牟之心，敢忘凤阙；远公之足，不过虎溪。固以此辞，竟不奉诏，遂送百衲袈裟，及钱帛等供养。天王厚礼，献玉衣于幻人，女后宿因，施金钱于化佛，尚德贵物，异代同符。

至某载月日，忽谓门人曰：“吾将行矣。”俄而异香满室，白虹属地，饭食讫而敷坐，沐浴毕而更衣，弹指不留，水流灯焰，金身永谢，薪尽火灭，山崩川竭，鸟哭猿啼，诸人唱言：“人无眼目。”列郡恸哭，世且空虚。某月日，迁神于曹溪，安座于某所，择吉祥之地，不待青乌，变功德之林，皆成白鹤。

呜呼！大师至性淳一，天姿贞素，百福成相，众妙会心。经行宴息，皆在正受；谭笑语言，曾无戏论。故能五天重迹，百越稽首。修蛇雄虺，毒螫之气销；跳殳弯弓，猜悍之风变。畋渔悉罢，蛊酖知非，多绝羶腥，效桑门之食；悉弃罟网，袭稻田之衣。永惟浮图之法，实助皇王之化。弟子曰神会，遇师于晚景，闻道于中年，广量出于凡心，利智踰于宿学。虽末后供，乐最上乘。先师所明，有类献珠之愿；世人未识，犹多抱玉之悲。谓余知道，以颂见托，偈曰：

其一

五蕴本空，六尘非有，众生倒计，不知正受。
莲花承足，杨枝生肘，苟离身心，孰为休咎？

其二

至人达观，与佛齐功，无心舍有，何处依空？
不着三界，徒劳八风，以兹利智，遂与宗通。

其三

愍彼偏方，不闻正法，俯同恶类，将兴善业。

教忍断嗔，修慈舍猎，世界一花，祖宗六叶。

其四

大开宝藏，明示衣珠，本源常在，妄辙遂殊。

过动不动，离俱不俱，吾道如是，道岂在吾？

其五

道遍四生，常依六趣，有漏圣智，无义章句。①

六十二种，一百八喻，悉无所得，应如是住。

王维为惠能作碑铭，并尊称惠能为六祖，这既是因当时南宗禅已得到唐朝政府的承认，也是盛唐官僚文人对以惠能为首的南宗禅的认可。从王维对惠能的了解情况来看，他撰此碑铭的材料基本上是从神会处得来的。在碑铭中，王维提出的关于惠能的几点看法，尤其值得关注：①惠能在黄梅，基本上从事着低级的劳动，几乎没有机会听弘忍讲法，所以，惠能是从劳动实践中悟出了禅理。②第一次提到弘忍密传衣法给惠能之事，由此来证明惠能才是禅门的正统嫡系六祖。其实，佛教传承，并无付嘱衣法的传统。只有在《弥勒经》中，有现世佛释迦牟尼佛将袈裟留给未来佛弥勒菩萨的记载。所以，以袈裟为单传信物凭证，可能是神会天才的创造。王维将此写入碑铭，则肯定了此说的真实性，增加了惠能作为弘忍唯一法嗣传人的可信度。③王维指出惠能禅的特点是“众生为净土”、“世事是度门”，符合惠能“在家出家”均可修佛和禅的世俗化主张。南禅以后的发展，基本上就是按照这两个特点而前行的。这两个特点不仅适合下层百姓的心理需求，而且更加适合上层官僚文人的胃口。这两个阶层的共同需求，使得南禅的信仰者突飞猛进地增长，很快抢夺了北禅传播的市场。④王维抓住惠能以“忍”为核心的思想实质，指出惠能的“忍”是“于初发心，以为教首”，凡作为南禅的修习者，一切都要“忍”字当头，不能擅自不满一切。这是与佛陀创教的宗旨一致的。可以说，王维的

① 全唐文（第三二七卷）.

《碑铭》提纲挈领、简洁精练地概括了惠能禅的特点，抓住了惠能禅的思想实质。这一碑铭成为研究惠能最有价值的资料之一。总之，王维为惠能撰写的《碑铭》，不但为惠能正了名，还扩大了惠能在北方两京地区的影响（特别是在上层官僚文人中间），为南禅后来的弟子们陆续进驻两京拉开了序幕，是对南禅极为重要的一大贡献。王维自己也因此改变了他此前长期恪守北禅的修习观念，从而进入一种生动、活泼的禅境，其后来的诗歌创作正是这种禅境的反映和展现。①

神会作为惠能直传弟子，没有依六祖之命，满足于做一个施化一方的禅师。而是不甘寂寞，非要以六祖传人相标榜，以扫荡北宗为己任，力小负重，绠短汲深。神会于景云元年（710 年）受三科法门、三十六对以后，自以为已得印可，可以分化一方，便匆匆辞去。其实六祖之言甚明："汝等不同余人，吾灭度后，各为一方师。"法海等大弟子一闻知意，留在六祖身边更受教诲，神会未加细思，执着于"今已得到，且无滞留"，急切求去，六祖见机缘未到，其意难回，只得长叹一声，任他自去了。后法海等终得六祖之法，并闻西土传承，又编订《坛经》以记其事，神会却终因不明西土传承而有妄语之过。这并非六祖心存偏私，故轻神会，实由其本人之未悟，因缘之已定。总的来看，神会幼年学道，秉性聪明，南北往来，求法心切。其志可嘉，其功难没。而他又好弄智巧，溺于知见，峻烈而伤及宽宏，机辩而有损诚朴，定祖之功皆见，固己之迹难掩。

① 普慧．王维、柳宗元、刘禹锡对惠能禅的总结与推动．陕西师范大学学报，2004（1）．

第四编　惠能禅宗文化的影响

苏东坡与韶州的禅缘

惠能创立的南宗禅兴起于唐朝，发展于两宋，成为中国佛教的主流。有人认为："可以说，没有流民，就没有唐、五代的禅宗；没有士大夫，就没有两宋的禅宗。禅宗发达于唐至南宋，要理解其中原因，就必须对这两个阶层有所认识；反之，要想深入认识农民和士大夫的性格，也需要把握禅宗这一侧面。在禅宗里，有农民和士大夫的投影。"① 南宗禅的兴起不仅与唐代流民现象有关，还和封建政权崇信佛教的政策不无关系。传说，从道信开始，在湖北黄梅双峰山聚徒五百，一边传禅，一边农作，农禅并举，自给自足，给流民游僧提供了一个相对稳定的生存环境。在这种丛林环境中，他们远离尘嚣，亲近自然，生活恬淡，人际关系简单，享受着充分的自由、安静和悠闲。这种生活环境，甚至对一部分失意的官僚士大夫也具有吸引力。尤其是岭南，历来是中央政府流放贬谪官员的地方。一些在宦海沉浮、仕途坎坷的士大夫，到岭南必经韶州。他们来岭南，是来的多，回去的少。他们来到岭南之后，有更多的时间回首往事，总结得失，设想未来，为自己的未来重新寻找出路。封建国家的最高统治者给文人学士安排的出路并不多，大都只能涌向仕途。踏不进仕途者会异常失落；有幸进入仕途者，更有一部分是在风云多变的政坛中沉浮，在坎坷的仕途中挣扎。一旦政坛失意，被贬到岭南，要想再回到中原，一般都是很难的。六祖惠能真身所在的韶州曹溪南华寺为南来北往的过客提供了一个别具魅力和富有情趣的休歇处，也成为一些失落的士大夫寻找精神慰藉的清净所在。

韶州曹溪作为禅宗祖庭，因惠能而闻名于世，惠能又因《六祖坛

① 杜继文，魏道儒．中国禅宗通史．南京：江苏人民出版社，2008.

经》而得以跻身禅宗诸祖之列。南宗禅在中唐以后势力得以迅速发展和壮大。武则天等皇帝，甚至把禅宗诸位大师神秀、惠能、神会等奉为国师。像王维、刘禹锡、柳宗元等著名文人也亲自为禅宗大师惠能撰写碑文，这对南宗禅的发展起了很大的推动作用。安史之乱以后，北宗禅受到了较大打击，南宗禅进一步上升到了官禅地位。“惠能的南宗崛起，与不断流放到岭南的文人的鼓吹有关。”① 到了宋代，惠能的南宗禅已经成为中国佛教的主流。南宗禅势力发展起来后，一些失意文人由于自己的特殊经历，也试图在南宗禅中寻找某些契合点和精神寄托。文人士大夫对禅宗的亲近和宣传，无形中对禅宗的发展又起了助推作用。北宋文豪苏东坡、南宋爱国志士文天祥等都曾路过韶州，都不忘瞻仰惠能真身，留下纪念文字和诗篇。尤其是苏东坡与南宗禅的结缘，成为流传千古的佳话。

苏轼（1037—1101 年），字子瞻，又字和仲，号“东坡居士”，世称苏东坡。四川眉州眉山城（今四川眉山）人，祖籍栾城。北宋著名散文家、书画家、词人、诗人。苏轼是苏洵的次子（苏洵的长子夭折），嘉祐二年（1057 年）与弟苏辙同登进士。苏轼与父苏洵、弟苏辙并称“三苏”，父子同列唐宋八大家（韩愈、柳宗元、欧阳修、苏轼、苏洵、苏辙、王安石、曾巩）。苏轼为人宽大如海。二十一岁时中进士，神宗时期曾在凤翔、杭州、密州、徐州、湖州等地任职。元丰三年（1080 年）因“乌台诗案”受诬陷被贬黄州（今属湖北）任团练副使。哲宗即位后，曾任侍读学士、礼部尚书等职，并出知杭州、颍州、扬州、定州等地，晚年被贬惠州、儋州。大赦北还，途中病死于常州，后人遵其遗愿将他葬于中岳嵩山（今河南郏县境内），追谥文忠公。苏东坡在北宋朝廷虽然官至礼部尚书，因他在政治上属于旧党，尽管也有改革弊政的要求，但在官场上并不得意，多次因为特立独行而被贬谪，或自求外放，到地方做官；后来又遭人陷害而坐牢，并流官于惠州、儋州等偏远地区。他并未因此气馁，而是积极面对困境，每到一处都能勤政爱民，为地方多做贡献，例如在西湖筑堤，到徐州抗洪等。苏轼诗文汪洋恣肆，明白畅达，清新豪健，善用夸张比喻，艺术表现方法上风格独具。

苏轼的家庭是一个传统的中国家庭，佛教气氛深厚。母亲程氏仁

① 杜继文，魏道儒．中国禅宗通史．南京：江苏人民出版社，2008.

慈宽敦，恶杀生，崇信三宝，家里供奉着十六罗汉。苏轼从小就接触佛教，在年轻的时候，锐意进取，想建功立业，但由于陷在党争的旋涡之中，屡受打击，政治上失意，仕途坎坷。佛教禅宗却能为他的精神世界提供某些慰藉。他知佛法，喜佛书，结名僧，谈佛理，修禅定，起佛名，求净土，撰写了许多与佛教有关的文章和诗词。元丰四年（1081 年），苏轼被贬黄州，他曾亲自种地务农，自号“东坡居士”，开始了另一种生活。苏轼与僧人酬唱，与和尚谈禅，和禅师结下了亲密的友谊。他曾经多次到韶州，参礼南华寺和月华寺，盛赞惠能的禅理，留下了许多与南华寺惠能禅宗有关的词文，表达了他对惠能的崇敬之情。

一、瞻仰六祖真身，读《六祖坛经》

北宋绍圣元年（1094 年），已经五十九岁的苏轼被人诬告诋毁先朝，被贬往惠州。在外放的途中，他首次参访了南华寺。面对这座禅宗名刹，他心情非常激动地写了一首诗《南华寺》：

云何見祖師為識本來
面亭亭塔中人問我何所
見可憐明上人万法了一電
飲水既自知指月無復眩
我本修行人三世積精練
中間一念錯受此百年譴摳

云何见祖师，要识本来面。亭亭塔中人，问我何所见。
可怜明上座，万法了一电。饮水既自知，指月无复眩。
我本修行人，三世积精炼。中间一念失，受此百年谴。
抠衣礼真相，感动泪两霰。借师锡端泉，洗我绮语砚。

苏轼来到南华寺，以修行者自居，毕恭毕敬地参拜六祖惠能真身。回首往事，浮想联翩，不禁潸然泪下。或许是自己过去太执着，说了、写了一些引来祸端的语言文字。因为一念之差，才遭到百年之谴，经历诸多磨难。今天自己终于亲自在六祖惠能的真身前，卷起衣衫礼拜大师，了却心愿。正好借用南华寺惠能祖师开凿的卓锡泉水，洗净自己那积满污垢与生发胡言乱语的砚台和身心。苏东坡之所以要来参访南华寺瞻礼六祖惠能真身，就是要试图寻觅自己的本来面目，即人的本性（佛性）。看到了南华寺里面六祖的金刚不坏真身，神色安详端坐在塔中，似乎是在询问自己这一生的修学心得。苏轼自己对惠明和尚非常羡慕，因为他能够得到惠能大师的亲自指点，从而明心见性，悟得无上菩提大道。苏轼认为自己前生三世本来是佛门中人，只可惜一念之差，落入尘世，招来了这一生的颠沛流离与忧患。所有的磨难

苏东坡晚年与禅僧结缘

都是自己造成的，与他人无关。他面对困境没有怨天尤人，只是老泪纵横地在祖师面前顶礼膜拜，要用这曹溪祖庭的清泉洗尽自己心中的尘垢障碍，洗净那障碍明心见性的语言文字。[①]

苏东坡与南华寺长老交谈，并详细记载，作《南华长老题名记》。其曰："明公告东坡居士曰：'宰官行世间法，沙门行出世法，世间即出世间，等无有二。今宰官传授，皆有题壁记，而沙门独无有，矧吾道场，实补佛祖处。其可不严其传，子为我记之。'居士曰：'诺'。乃为论儒释不谋而同者，以为记。"

"参拜六祖真身后，向侍僧借阅《六祖坛经》，顿觉心开目明"，[②]欣然命笔，写成了《读坛经》一文："近读六祖《坛经》，指说法、报、化三身，使人心开目明。然尚少一喻；试以眼喻：见是法身，能见是报身，所见是化身。何谓见是法身？眼之见性，非有非无，无眼之人，不免见黑，眼枯睛亡，见性不灭，故云见是法身。何谓能见是报身？见性虽存，眼根不具，则不能见，若能安养其根，不为物障，常使光明洞彻，见性乃全，故云能见是报身。何谓所见是化身？根性既全，一弹指顷，所见千万，纵横变化，俱是妙用，故云所见是化身。此喻既立，三身愈明。如此是否？"[③] 苏东坡具有深厚的家学渊源，对中国传统文化中的儒家、道家等重要思想无不研读、洞察。对于在唐宋以降发展起来的南禅宗，由于流放岭南而更加关注。尤其对惠能《坛经》和佛教《传灯录》，都要细加阅读。尽管他只能以佛教居士和贬谪的流官身份来浏览，不可能进行深刻的修习，但他作为一代文士，还是留下了不同凡响的阅读《六祖坛经》的体会和见解。

二、南华寺的"程公庵"变成"苏程庵"

南华寺六祖殿后边，有一个方丈室。旁边的红墙上镶嵌着几块石碑。其中有一块碑，是苏程庵碑，上面刻有《苏程庵碑记铭》。这块碑虽然是民国八年（1919 年）李印泉将军修葺南华寺时嘱人镌石重立，但上面的文字，却是宋代苏东坡撰写的。据相关史书记载，南华寺的这个方丈室，是从宋代沿袭下来的。早在北宋时期，苏东坡的表

---

① 仁红居士．论大乘佛法对苏轼诗词创作的影响．地藏论坛网，2010－1－16.

② 李振林．历代名人与韶关．北京：北京出版社，2006.

③ 苏东坡．东坡志林．

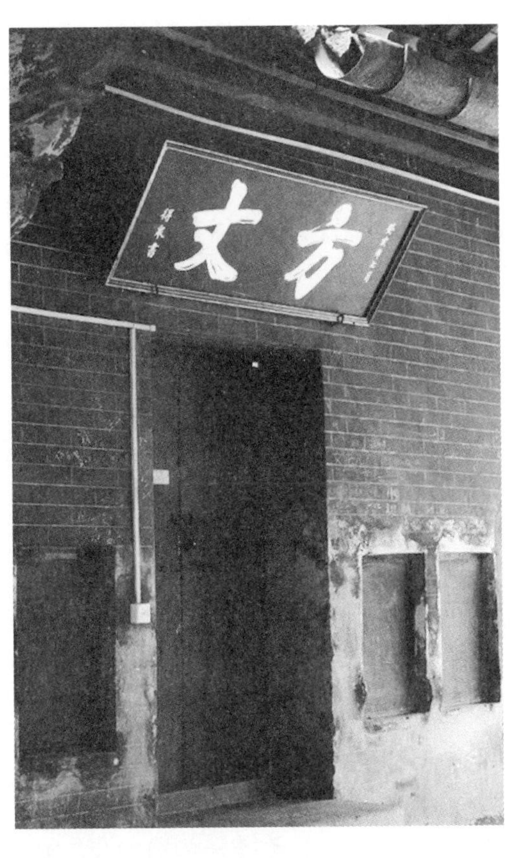

六祖殿后面的方丈室原是苏程庵，苏东坡曾在此留宿

弟程德儒曾在南华寺参禅学法，寺中老和尚辩公为程德儒作“程公庵”。后来，苏东坡被贬谪岭南，路过韶州，专门到南华寺看望表弟程德儒。二人相见，共抒胸臆。苏东坡和表弟把“程公庵”改名为“苏程庵”，苏东坡亲自题写了《苏程庵碑记铭》，并作序文。其文曰：

程公庵，南华长老辩公为吾表弟程德儒作也。吾南迁过之，更名曰“苏程”，且铭之曰：辨作庵，宝林南。程取之，不为贪。苏后到，住者三。苏既住，程则去。一弹指，三世具。如我说，无是处。百千灯，同一光。一尘中，两道场。齐说法，不相妨。本无通，安有碍。程不去，苏亦在。各偏安，无杂坏。①

由此可知，这个方丈室原本是宋代的苏程庵，并且是由程公庵演变而来的。佛教寺院一般都有方丈室。早期佛教维摩诘居士所居卧室

① 释佛源，释传正主修．新编曹溪通志（第十章“艺文撷载”）．北京：宗教文化出版社，2009.

仅有一丈见方，但佛法却能容纳无限。因而后来寺庙住持和尚居住之所被称为方丈室。民国时期，虚云和尚住持南华寺，在重新修葺苏程庵时，将苏程庵改成了方丈室。这一历史事实充分说明，苏东坡和韶州南华寺的缘分不浅。

三、盛赞卓锡泉

南华寺后山有一个山泉，称为九龙泉，又叫卓锡泉。根据传说和史书记载，这个山泉原有九个泉眼，是六祖惠能为了清洗传法袈裟，在宝林山寺区多次寻找，用锡杖卓地，才最终找出了甘美清凉、长年不断的山泉来。清代《曹溪通志》记载："师欲浣洗所授衣，苦无美泉，因见寺后山林郁茂，瑞气盘旋。师振锡卓地，泉应乎而出，乃跪膝浣衣石上……"① 到了宋代，苏东坡来到南华寺，住持辩和尚陪同游览参观。在卓锡泉，苏东坡欣然接受辩和尚的邀请，挥笔题写了《〈卓锡泉铭〉并序》：

六祖初住曹溪，卓锡泉涌，清凉滑甘，赡足大众，逮今数百年矣。或时小竭，则众汲于山下。今长老辩公住山四岁，泉口涌溢，闻之嗟异，为作铭曰：

祖师无心，心外无学，有来叩者，云涌泉落。问何从来，初无所从。若有从处，来则有穷。初住南华，众集须水。水性融会，岂有无理。引锡指石，寒泉自冽。众渴得饮，如我说法。云何至今，有溢有枯。泉无溢枯，盖其人乎。辩来四年，泉水洋洋。烹煮濯溉，饮及牛羊。手不病汲，肩不病负。匏勺瓦盂，莫知其故。我不求水，水则许我。讯于祖师，有何不可。②

苏东坡触景生情，对六祖惠能卓锡得泉造福后世的功德作了淋漓尽致的讴歌、赞美。字数不多，却充分表达了苏东坡对六祖惠能的崇敬、赞佩之情。原来的碑刻文字虽不复存在，但后人重修南华寺时又重刻了苏东坡的《〈卓锡泉铭〉并序》，镶嵌于九龙泉旁边的碑廊中。

---

① 释佛源，释传正主修．新编曹溪通志（第二章"寺院建筑"）．北京：宗教文化出版社，2009.

② 释佛源，释传正主修．新编曹溪通志（第十章"艺文撷载"）．北京：宗教文化出版社，2009.

由虚云重镌的苏东坡题字

四、撰写《六祖功德塔疏》

苏东坡在北宋政治改革的过程中，屡屡站错队，加上同僚们认为他有些恃才傲物，所以他做官是越做越小，贬谪是越贬越远。他一生最宝贵的年华是在贬谪流离中度过的。虽然才华横溢，却不能用于治国安邦。到岭南做流官，先英州（今广东英德），后惠州，再儋州。在路过韶州时，基本上都会参访供养着六祖惠能真身的曹溪宝林寺（南华寺）。据学者考证，苏东坡前后至少三次到过南华寺。这是在北宋绍圣、元符年间（1094—1100 年）的事。

元符三年（1100 年），苏东坡终于遇到大赦，得到回归北方的机会。苏东坡与苏伯固是同宗亲友，过去二人在庐山曾有过诗文唱和。知道苏东坡遇赦北归，苏伯固提前几天就在南华寺等待和他会见。苏东坡得知此消息，非常激动，感叹不已，先寄了一首诗作为回复：

扁舟震泽定何时，满眼庐山觉又非。
春草池塘惠连梦，上林鸿雁子卿归。
水香知是曹溪口，眼净同看古佛衣。
不向南华结香火，此生何处是真依。①

---

① 释佛源，释传正主修．新编曹溪通志（第十章“艺文撷载”）．北京：宗教文化出版社，2009.

北归回乡的机会终于来了，能与旧友在禅宗祖师惠能所在的南华寺相聚，苏轼真是百感交集。在南华寺他们共同品尝溢香的曹溪水，用平静的眼光观看祖师的袈裟。经过这么长时间的岭南流放，苏东坡这时才真正明白了自己。经历了这么多磨难之后，如果不在南华寺上香礼祖，苏轼还能够在什么地方找到自己真正的精神寄托呢？

这年十一月，苏东坡与李公寅游曹溪，至南华寺，会晤明长老、苏坚（伯固）。全家瞻礼南华寺六祖塔，作《南华寺六祖塔功德疏》，对自己的颠沛流离生涯作了一个非常感人的叙述：

朝奉郎提举成都府玉局观苏轼。先于绍圣之初，谪彼惠州，过南华寺，上谒六祖普觉大鉴禅师而后别。又谪过南海，遇赦放还。今蒙恩受前件官，再过祖师塔下，全家瞻礼，饭僧设浴，以致感恩念咎之意，为禳灾集福之因。其疏如后：

伏以窜流空海，前后七年，契阔死生，丧亡九口（注：侍妾朝云、一女仆及其他仆计九口），以前世罪业，应坠恶道，故一生忧患，常倍他人。今兹此还，粗有生望。伏愿示大慈悲，出普光明。怜幼稚之何辜，余其疾恙。念余年之无几，赐以安闲。轼不敢不岿求心，永离诸障，期成道果，以报佛恩。①

苏轼重返南华寺，在瞻礼南华寺的六祖塔时，心情与前次被贬南下时不一样：回首往事，坎坷一生，皆为前世罪业报应。自己有幸北归，也是余年不多。不再怨天尤人，只希望佛祖慈悲，让自己能安度晚年，子孙平安。

五、南华寺发禅心追念沈辽

苏轼与沈辽可谓是莫逆之交。沈辽年长苏轼五岁，沈辽堂叔沈括是迫害苏轼的罪魁之一。但沈辽对苏轼极为同情，更有发自内心的崇拜。元丰五年（1082 年），沈辽从永州改徙池州，出三湘，于二月过黄州，并不顾及苏轼也是犯人而去探望他。这年，东坡雪堂刚盖好，苏轼怀抱幼子阿武，与沈辽痛饮于雪堂之中。沈辽赋诗两首，记录了

① 释佛源，释传正主修．新编曹溪通志（第十章“艺文撷载”）．北京：宗教文化出版社，2009.

这次行程。①

沈辽（1032—1085 年），字睿达，与堂叔沈括、胞兄沈遘合称“吴兴三沈”。沈辽诗文自成一家，尤工书法，知名当世，为“熙宁十才子”之一，书法与苏轼、黄庭坚、米芾、蔡襄齐名。沈辽因兄荫入仕，后由三司使吴充举荐，负责监内藏库。熙宁（1068—1077 年）初年，任审官西院主簿。王安石任参知政事，推行新法，他上书反对，王安石罢了他的官职。未久，他以太常寺奉礼郎监杭州军资库，任转运使。后派至华亭县（今上海松江）主持地方政事。因县内屡发民众械斗事件，御史以渎职罪弹劾他，神宗将他罢官入狱，后流放永州（今湖南零陵）。元丰五年（1082 年）徙迁池州。元丰八年（1085 年）二月卒于齐山，终年五十四岁。

苏轼不仅欣赏沈辽的才华，也为他的遭遇抱不平，曾对人说：“睿达末路蹭蹬，使人耿耿。然求此才韵，岂易得哉?”在沈辽亡故后，苏轼也遭到贬谪。在韶州南华寺，苏轼感念旧交，作《追和沈辽项赠南华诗》以悼故友：

善哉彼上人，了知明镜台。
欢然我不厌，肯致远公材。
莞尔无心云，胡为出岫来。
一堂安寂灭，卒岁扃苍苔。

诗题既署沈辽之名又加一个“项”字。其用意，一说是故意让人误解被赠诗者非沈辽，而是“沈辽项”，然而与苏轼交往的诗人中没有“沈辽项”这个人；一说是追和沈辽亢直性格项背而赠诗南华。用“追”字是表达作者“为了忘却的纪念”，但“一堂安寂灭，卒岁扃苍苔”还有什么可说的呢?!② 苏东坡用十分同情的心情来追念沈辽。这时的苏轼，不仅神往六祖惠能心如明镜的心态，而且还能用心如明镜

① 其一，《赠别子瞻》：“平生雅游眉阳客，五年不见须已白。借田东坡在江北，芟夷蓬蒿自种麦。相逢不尽一樽酒，故态那复论欢戚。手抱阿武劝余沥，维摩老夫失定力。老夫寂寂出三湘，更欲卜居池水阳。薄田止须数十亩，田上更树麻与桑。老来正苦迫生事，清明虽近犹可秧。罢亚若可博乾麨，以无易有遥相望。我舟即行不可驻，欲卜后会诚茫茫。他时有信若可寄，不用心苦为诗章。”其二，《题子瞻雪堂即前韵》：“眉阳先生刘安客，雪中作堂爱雪白。堂下佳蔬已数畦，堂东更种连坡麦。不能下帷学董相，何暇悲歌如宁戚。布裘藜杖自来往，山禽幽弄均春力。案上诗书罗缣缃，炉中烧药笑王阳。晨炊且籴北仓粟，冬服已指山前桑。南冈差禽多种橘，迤北渐下宜栽秧。北郊亦有放达士，道路壶榼常相望。”

② 吴汉卿．骚人墨客追寻的沈辽．池州日报，2010－4－16.

的心性来看待他人，看待与自己有同样遭遇的沈辽。在《追和沈辽项赠南华诗》中，他对六祖心如明镜的境界不仅非常向往，并且深有解悟。他在自己的诗文作品中对惠能禅的思维方式已经能够运用自如了。

苏东坡的晚年，应该说是在流放岭南的颠沛流离生活中度过的。由于种种原因，他晚年的思想较多地倾向于佛家。他多次虔诚地瞻礼六祖惠能，和南宗禅结下了不解之缘。母亲信佛，表弟在宝林寺修行，自己的仕途坎坷，流官岭南，使他终于在六祖禅宗这里找到了精神慰藉。劳碌大半生一无所有，重新回到了原点。正像自己在惠州爬山一样，满头大汗地爬到半山腰，似乎看到了绿树掩映的高巅美景，远望似乎有一个什么美好建筑，可以作为自己攀登的目标，但就是难以达到。不能达到这个目标，不如干脆坐下来歇息，不去拼命地往那虚无缥缈的目标爬了。这个歇息处就是六祖惠能开辟的南华寺。苏东坡通过在南华寺流连歇息，进一步顶礼膜拜六祖惠能，真正地寻觅到了自我，才又用新的人生态度去面对坎坷艰难的晚年。他能够在晚年乐观地面对贬谪生活，得益于他与曹溪惠能禅的结缘。南华寺也由于他的多次到来，又演绎出诸多历史佳话和美谈，而增添了无数光彩和历史文化意蕴，至今让人回味无穷。

惠能与禅宗文化

中华文化丰富多彩，源远流长，而六祖惠能开创的禅宗文化是中华文化的重要组成内容。同时，禅宗文化也是岭南文化和韶文化不可或缺的内容。何谓“禅宗”？据《佛教百问》一书介绍：禅宗是中国佛教的重要宗派，印度佛教传入中国时只有禅，而没有禅宗。禅宗是六祖惠能所开创的、纯粹的中国佛教产物。

南北朝时期，佛教学派形成，以研究和修习禅法为目的。隋唐时期佛教宗派纷纷建立，禅宗作为隋唐佛教宗派之一崭露头角，并在发展过程中最终取代其他各宗派地位，成为中国佛教史上流传最久远，影响最广泛的佛教宗派。

禅宗虽然与达摩禅在法统上有血脉继承关系，但禅宗的根本思想是由六祖惠能直接奠定下来的。惠能的禅宗与传统意义上的禅学有很大的区别，它是中国人以自己的思想方式和生活方式建立起来的。惠能禅宗在历史上也称为“南禅”或“顿宗”，主张“顿悟成佛”，即无须长期的修习，只要领悟自己本有佛性便可成佛。所以说惠能是禅宗的真正创始人。

禅宗充分反映了六祖惠能的改革创新思想，他使佛教沿着中国本土化方向迈出了实质的一步。因惠能提倡自由任远的生活方式，使禅僧的日常生活平民化、世俗化。所以，惠能在韶州讲经说法所形成的《坛经》（又称《六祖坛经》、《法宝坛经》），被称为中国本土佛教的唯一经典。韶州是六祖惠能讲经说法近四十年的禅宗佛地，南华寺被称为禅宗祖庭，至今寺内祖殿仍供养着六祖惠能真身。是禅宗选择了韶州，六祖惠能选择了韶州，同时韶州也选择了禅宗文化，禅宗文化对韶州地域文化的形成和发展有着重大的历史意义和现实意义。

惠能黄梅求法来往的大庾岭梅关古道

一、韶州是佛教禅宗圣地

在韶州的宗教传播史上，佛教的影响最大、最广泛。据《韶关市志》记载，早在隋唐以前，佛教就传入粤北。韶州城北的灵鹫山寺是最早的佛寺。相传梁武帝天监元年（502 年），天竺高僧智药三藏法师航海到广州，又经惠州、翁源到韶州弘扬佛法，他在曲江曹溪水口“闻曹溪水香”，在此地创建了月华寺。并预言 170 年后，有肉身菩萨来此演法。因此，在韶关历史上有“先有月华，后有南华”的传说。唐仪凤二年（677 年），六祖惠能驻锡宝林寺（今南华寺），在韶州弘扬禅法近四十年。六祖惠能到南华寺时，刚好是智药三藏预言的 170 年之后。不论是佛教神话还是民间传说，韶州的确是神奇的禅宗佛地。六祖惠能开创的禅宗在唐末五代时的发展成为“五家七宗”，宝林寺也成为禅宗祖庭。五代时高僧文偃法师，于后唐同光元年（923 年），在乳源云门山构建梵宫，初名光泰禅院，又名大觉禅寺，开创了云门宗，后称云门寺，成为全国著名的六祖禅五大宗派之一。

1. 中国化的佛教经典《坛经》在韶州演绎诞生

六祖惠能当年在黄梅五祖处继承衣钵返回岭南，并选择在粤北韶州传播禅法，创立禅宗祖庭，随之在韶州讲经说法近四十年，形成

《六祖坛经》而名扬天下。《六祖坛经》在韶州创作并非偶然，它的产生离不开当时的天时、地利、人和三大因素。

大庾岭六祖寺

唐代的韶州已是岭南重镇。唐代著名文学家皇甫湜为韶州朝阳楼题铭记时曾说：“岭南属州以百数，韶州为大。”当时的韶州物产丰富，水陆交通发达，是岭南与中原实施经济文化交流的重要交通枢纽。历史上，岭南地区的粤北开发较早，中原文化传入岭南首先进入粤北。韶州是岭南的北大门，交通畅达，商贸繁荣，经济环境领先岭南其他城市。韶州在岭南文化的发展中具有天时、地利的优势。在佛教传播方面，韶州环境宽松，三教兼容，历来是佛教传播的首选之地。唐代韶州佛寺林立，高僧云集，信徒众多，是岭南其他地方无法比拟的。加上当时中原社会动荡，战事繁多，地处岭南地区的韶州恰是理想的禅宗传法的宝地。

相传，上古“舜帝南巡奏韶乐”至此，韶州即以“韶”命名。城北的韶石山丹崖赤壁，峰奇石怪，丹山碧水、风光绮丽，自古就是岭南的风景名胜。韶关历史上为纪念“舜帝南巡奏韶乐”而兴建的名胜古迹很多，如著名的九成台、虞帝祠、舜峰寺、韶亭、望韶亭、尽善亭、九成坊、熏风路、聆韶路等，至今在韶关仍留有箫韶遗韵，和善熏风。因韶关自古受到箫韶遗韵的熏陶，这块岭南尽美和善之地，从古至今都是具有开放性、包容性和多元性的城市。厚重古朴的粤北历史文化逐渐形成了岭南文化中有特色的“韶文化”。

六祖惠能选择在韶州弘扬禅法，应该是经过深思熟虑的。正是由于六祖的真正大智慧，才在韶州创作诞生了著名的中国佛教经典《六祖坛经》。《坛经》的基本思想包括：定慧为本，一行三昧，无相为体，无念为宗，无住为本，顿悟菩提。这些构成了六祖“顿悟成佛”的根本理论。《六祖坛经》在韶州诞生，使唐代的韶州名扬大江南北，宝林寺也成为闻名海内外的禅宗祖庭、弘法宝地。禅宗文化的发展，和韶州具有不解之缘，所以后来有学者认为禅宗文化是韶文化的精髓。

2. 禅宗思想不仅孕育了韶州儿女，而且引无数大家虔诚朝拜

韶关自古物华天宝，人杰地灵，人才辈出，是岭南历史上的精英荟萃之邦。在这块神奇毓秀的土地上，曾经孕育过很多著名人物，如南朝陈开国时期文武双全的大将侯安都；盛唐名相，被称为“岭南第一流人物”的张九龄；学深刚毅，文采拔萃的北宋大臣余靖；深孚众望，为官清廉的明代清官谭大初；博学能文，生性简傲的清代布衣文人廖燕等等。

晚年倾心向佛的唐朝宰相张九龄

盛唐贤相张九龄，世称“自古南天第一人”。童年时，母亲就带他到韶州大梵寺听六祖惠能讲经说法，六祖还热情地为张九龄“摩顶”，说他长大后必成大器。从岭南韶州走向中原的张九龄，带着他

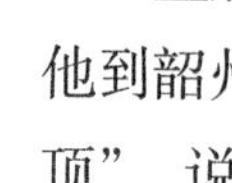

包容多元的岭南文化本色，历经坎坷，终于走上“开元盛世”的宰相高位。在唐代崇佛的上层社会，张九龄虽然主张“三教并重”，但仍看得出，他自幼深受禅宗文化的熏陶，禅宗思想文化对他影响至深。当时，玄宗皇帝曾亲自为《金刚经》作御注，身为宰相的张九龄特别作了《贺御注金刚经》状，建议将御注《金刚经》颁布传授。张九龄身为朝廷重臣，他的佛教思想是以实用主义为基础的。开元二十二年（734 年），六祖惠能的弟子神会在河南滑台大云寺设无遮大会，大力宣扬惠能的南禅“顿悟”思想，使六祖惠能的禅宗正统名扬大江南北。当时，张九龄在朝任中书令，曾有半年时间在河南推广水稻农业。相信当时同在河南的张九龄对来自故乡的惠能弟子神会在中原大力宣扬六祖惠能的“顿悟”法门，一定留下了深刻印象。张九龄虽然从实用角度来对待佛教禅学，在他仕途受到挫折时，仍然摆脱尘劳，深入佛道，甚至选择佛教的闭关，来解脱自己官场的身心疲惫。张九龄当年在洪州（今南昌）任官时，曾写《登楼望西山》一诗，诗的末联写道：“勿复尘埃事，归来且闭关。”他晚年贬荆州后，常游玉泉山寺，并写了多首对佛教禅理有深刻理解和浸染的诗。“焚香忏往昔，礼是誓未今”，充分表达了张九龄晚年皈依佛教，倡导禅宗文化的决心。张九龄出生韶州，自幼受到禅宗文化的耳濡目染，他的思想受到禅宗思想的某些影响也是必然的。

与禅宗结下深厚因缘的北宋名臣余靖的雕像和风采楼

北宋名臣余靖，也是生长在韶州，自幼受到禅宗文化的熏陶影响。余靖的母亲信佛，自余靖幼时就常带他到佛寺焚香拜佛。童年时，余靖的父亲还将他送到翁源青源山耽石院这个远离尘埃的佛门清净之地读书，长达六年之久。余靖母亲逝世时，他遵守母亲遗言，亲自到丹霞山锦石岩寺，代母还愿。在余靖的《武溪集》中为佛寺作的铭记就有三十余篇，更有与寺僧交往的诗词十余首。可见余靖也是一位深受禅宗文化影响的士大夫文人。

清代布衣文人廖燕是不得不提的韶关名人。廖燕生于清代康熙年间（1662—1722 年），他厌烦官场，一生未仕，所以史称布衣文人。廖燕生于韶州，六祖惠能的禅宗文化思想对他不无影响。廖燕著有《二十七松堂集》，从中可见，他早年并不信佛。他在十六岁时曾作《万年松供佛像并序》，对佛教提出质疑并予以讽刺。在他的《山居杂谈》中，也对佛教持批判态度。但到了中晚年，廖燕却一改青年时期的观念，不仅常到佛寺造访游览，而且还与多位禅宗僧人结为好友，丹霞山别传寺澹归和尚就是其中之一。在廖燕的诗文中有关游历佛寺的诗和铭记有几十首（篇）。他在《游曹溪礼六祖并憨山塔院次韵八首》诗中写道："禅参心更活，齐食礼俱轻"；"佛号珠千颗，禅心水一潭"。在澹归和尚圆寂后，廖燕撰写了长篇《哭澹归和尚文》，痛加哀悼。廖燕晚年逐渐接受禅宗思想文化，由此可见一斑。

涉足韶关的历史名人中，还有初唐大诗人宋之问、唐宋八大家之首的韩愈、北宋大文豪苏东坡，还有唐代高僧鉴真和尚、南宋爱国志士文天祥、明代军事家袁崇焕、清代学者屈大均等人，他们都在韶州留下了参禅赞颂、尊崇礼拜的足迹。他们颂扬禅宗文化的诗文，一直流传后世，影响深远。特别是与六祖惠能同时代的唐代大诗人宋之问，南贬岭南途经韶州时专门到宝林寺参拜了六祖惠能，留下了《韶州谒能禅师》一诗，其中有"吾师在韶阳，欣此得躬诣"的著名诗句。北宋大文豪苏东坡先后三次到韶州，与南华寺长老结为好友，有时还在南华寺小住几日，不仅写有著名的《六祖功德塔疏》、《卓锡泉铭》、《苏程庵铭》，还写下《韶州月华寺》、《见六祖真相》、《曹溪夜观传灯录》等多首著名禅诗。至今在南华寺仍留有苏东坡的墨迹"祖殿"和"斋堂"匾额，苏东坡还与南华寺重辩长老有十余次书信往来，他曾在诗中写道："不向南华结香火，此身何处是真依"，一语道出自己对禅宗六祖惠能的崇拜和对禅宗祖庭南华寺的神往。

二、禅宗思想熠熠生辉，流布深远

禅宗是中国佛教的重要宗派，是隋唐时期众多佛教宗派中的一派。在禅宗产生前后，还有天台宗、三论宗、唯识宗、华严宗、律宗、净土宗、密宗等诸多的宗派。随着历史的推移，这些宗派逐渐式微，唯有惠能开创的南宗禅，经其弟子神会等人的大力宣传弘扬，在中唐以后不断发展壮大。从唐代中晚期开始，南宗禅盛行天下，进入一花五叶、五家七宗的繁荣发展阶段。其中南岳怀让、青原行思两个系统尤为突出。后来又逐渐发展为“五家禅”，使禅宗进入极盛时期。所以佛教界认为，禅宗的完整形象是在“五家禅”时期形成的。禅宗的创立，使印度佛教真正中国化。直至今日，禅宗仍然是我国佛教的主要流派，具有广泛、深刻的影响，在中国佛教史上熠熠生辉，流布深远。

韶关乳源云门山大觉禅寺是禅宗的重要支脉

1. 禅宗的基本思想——顿悟成佛

禅宗的基本思想集中反映在惠能《六祖坛经》中。众所周知，惠能本人自称不识字，《六祖坛经》是由他的弟子法海根据六祖惠能的言行记录整理而成的。六祖圆寂后，其弟子神会又长期走南闯北弘扬禅宗“顿悟法门”，使惠能的南宗成为禅宗正统，韶州也名闻天下。在佛教界，神会在禅宗的发展史上作出的重要贡献是得到公认的。正是由于惠能众多弟子的极力宣传和《六祖坛经》的广泛传播，禅宗思想才得以在全国范围内得到认可，并远播东亚、东南亚、欧美等地。

禅宗的基本思想认为心性本觉、佛性本有，主张明心见性、见性成佛，强调不立文字，顿悟成佛。它既区别于其他佛教宗派，更与印度佛教别有不同。充分反映了六祖惠能的改革创新思想，所以说禅宗是真正的中国佛教。

2. 禅宗的贡献——佛教的改革创新

惠能创立的南宗禅，是对中国佛教的一次重大革新，他对佛教实施大胆的深化改革，使佛教更加中国化。惠能的禅宗思想影响最深远的仍然是他提出的“顿悟成佛”说。他所说的“顿悟”，是指参禅修佛，无须长期修习，只要突然领悟自己本有佛性，便是成佛之时。惠能南宗禅的创立，打破了佛教出家僧侣日常生活的固有模式，使他们与中国的生产方式和生活方式相适应，增强了禅宗自身的应变能力。禅宗提倡自由任远的生活方式，提倡僧侣自给自足，靠劳作度日，“一日不作，一日不食”。把中国古代小农经济的生产方式和生活方式与佛家僧侣的生活方式紧密结合。这一变革使禅宗与中国封建社会结构得到进一步协调，从而获得强大的生命力，受到广大僧侣信众的普遍认同，使禅宗的传播发展深远。特别是《六祖坛经》，一千多年来有多个版本流行于世，现在日本就有二十多种。目前，公认的有代表性的有四种，即敦煌本、惠昕本、契嵩本、宗宝本。《坛经》各种版本不同，内容则大同小异，基本上都代表了惠能的禅宗思想。

3. 毛泽东对禅宗的论述评价

毛泽东是伟大的马克思主义理论家、哲学家，他对佛教虽然没有系统的研究，但对佛教的禅宗却印象深刻。他小的时候常跟随母亲到佛寺焚香敬佛。1959 年 10 月 22 日，毛泽东在与班禅大师谈话时说：“我不大懂佛经，但觉得佛经也是有区别的，有上层的佛经，也有劳动人民的佛经，如唐朝时，六祖的佛经《法宝坛经》就是劳动人民的”。这说明毛主席对《六祖坛经》也是十分关注的。《坛经》确实通俗易懂，能与中国当时的实际相结合，是一部老百姓能理解的佛经，所以世人公认《六祖坛经》是中国的唯一一部佛教经典。

毛泽东还说过："惠能主张佛性人人皆有，创顿悟成佛说，一方面使繁琐的佛教简单化，一方面使印度传入的佛教中国化"，明确指出惠能所创立的禅宗思想和特色。所以，毛泽东认为，惠能是"禅宗的真正创始人，亦是真正的中国佛教的始祖"。这是他对六祖惠能及禅宗的高度评价。

三、禅宗文化是韶关旅游文化的灵魂

禅宗文化是岭南文化的重要组成部分，同时也是韶文化不可或缺的重要内容。韶关是韶文化的发源地，同时也是禅宗文化的发源地。暨南大学教授冼剑民先生在《惠能在岭南文化中的地位与影响》一文中曾讲到："岭南文化的发展造就了惠能，惠能的学说丰富了岭南文化，蜚声中外，在岭南文化的发展历程留下了惠能学说的深刻烙印。"以韶文化为代表的粤北文化是岭南文化的一部分，而禅宗文化又是韶文化的重要组成部分，是韶文化的精髓之一。

1. 禅宗名片的不可替代性

韶关是禅宗文化的发源地，具有不可替代性。民间相传，当年六祖在故乡圆寂后，新州、韶州、广州三地相争供养六祖真身，各自据理力争，相持不下，后协商同意，以焚香的烟飘方向定夺真身去向，结果香火烟气直飘韶州方向，于是六祖真身得以回归韶州。近些年来国内许多地方都在打禅宗牌研究禅宗文化，湖北黄梅、广东新兴、广州光孝寺、四会六祖寺等地，都曾留下六祖足迹，近年都曾举办六祖禅宗文化研究活动。然而，韶关作为禅宗文化发源地，是最能全面反映禅宗文化的禅宗圣地。六祖惠能当年在韶关讲经说法近四十年，在韶关演绎了佛教史上《六祖坛经》。至今南华寺仍供奉着六祖真身，千百年来，南华寺作为禅宗祖庭，名扬海内外。韶关是禅宗文化不可替代的真正的发源地。

2. 禅宗佛寺与旅游相结合

韶关的旅游资源丰厚，山水风光，生态旅游已在广东创立了特色。但韶关的人文旅游资源还未形成特色。近些年广东建设文化大省所说的最多的话题就是要“地方特色多样化”。禅宗文化就是韶关人文旅游资源首屈一指的闪亮品牌。中国佛教研究所所长吴立民先生认为，“有禅有文化，无禅无文化”，把禅宗的文化地位提到了相当高度。其实早在一千多年前中国的佛教禅文化就与名山大川融为一体，“深山藏古刹”，“名山僧占多”，禅文化早已成为中国名山秀水中的人文特色。

韶关是禅宗文化的发源地，早在清朝韶州七县就有佛寺二百九十多座，仅城区（包括曲江）就有六十三座，可以说是佛寺林立、僧人云集的禅宗兴盛之地。南华寺、云门寺都是千年古刹，记载和传承了六祖惠能禅宗文化的光辉历史。曲江乌石蒙里的月华寺是隋唐以前粤北地区早期的佛寺，后来有六祖的弟子在此弘扬禅宗佛法，至北宋时香火达到鼎盛时期。大文豪苏东坡游月华寺时曾为月华寺题梁，还写有《月华寺》诗一首。丹霞山别传寺的寺名来源于禅宗的“传法心印”、“别不外传”的禅理。清康熙元年（1662 年），广州海幢寺的澹归和尚在此弘扬禅宗，别传寺因此声名远扬。乐昌的西石岩寺千古闻名，这里的“石室仙踪”古迹是记载了当年六祖惠能北上黄梅之前曾在此岩小住憩息的遗迹，至今洞内仍存有六祖石床景观，还留有唐代“茶圣”陆羽的题字和北宋名臣余靖所题的碑记。在韶关还有芙蓉山寺、森林公园的万寿寺、马坝狮子岩的招隐寺等。另外，有乐昌的西石岩寺、仁化的临江寺、华林寺、澌溪寺；翁源的东华寺、南雄的沙水寺、梅岭的六祖寺等，都是历史悠久的禅宗古刹名寺，既是禅宗文化的缩影，又是丰富多彩的人文旅游资源。

3. 打造名副其实的禅宗之都

禅宗文化作为岭南文化的重要组成部分。韶关是禅宗文化的发源地，是《六祖坛经》的诞生地，是禅宗祖庭圣地，这些资源和文化的优势，是打造禅宗之都的基本条件和强有力的依托。首先，要把对禅宗文化的研究提到相应高度和重要议事日程，可以借鉴新兴县打造六祖故乡的经验，像韶关前几年研究张九龄那样对禅宗文化进行广泛的深层次的研究，邀请国内外资深专家和地方学者对“禅宗文化在韶关”进行深入研究。其次，在韶关市人文旅游资源以及现有佛寺的基础上，重点为禅宗文化树碑立传，将禅宗文化与历史名人研究相结合；

禅宗文化与建设历史文化名城相结合；禅宗文化与旅游名胜景观相结合；禅宗文化与韶文化研究相结合；树立中国《六祖坛经》诞生地招牌、禅宗祖庭地招牌、禅宗文化发源地招牌。广泛搜集整理六祖惠能与韶关的历史传说和民间故事，大力宣扬禅宗文化与韶关的历史渊源，打好六祖禅宗文化名片，将韶关打造成无可争议、名副其实的禅宗之都。

黄明奇　李振林　供稿

附录

基于语料库的惠能韶州弘法行迹考

笔者在自建《六祖坛经》语料库的基础上，通过语料库检索工具WordSmith5.0对《六祖坛经》文本内容的检索，考察六祖惠能大师在韶州的弘法行迹。检索结果显示，《六祖坛经》中80%的文本均有与六祖惠能大师在韶州弘法行迹的相关记载。借助现代语言学的语料库研究方法，可以粗略勾勒出六祖惠能大师在韶州的大梵寺、宝林禅寺、曹溪和曲江等处大力弘扬禅宗顿教，普度法界众生的弘法行迹。

六祖惠能大师（638—713年）一生弘法37载，普利众生，德被千秋，足迹见于韶州（今广东韶关）、新州（今广东新兴）、广州、四会、怀集等地。以自建的《六祖坛经》中英文语料库中的中文子库为基础，运用语料库检索工具WordSmith5.0，可以考察《六祖坛经》中有关惠能大师在韶州的弘法行迹。

一、《六祖坛经》语料库的构建

现代语言学意义上的语料库（corpus）是指按照一定的语言学原则，收集自然出现的真实的语言运用文本，建成的可供机读的（machine－readable）电子文库[①]。

历史上记载六祖惠能大师弘法行迹的资料很多，比如《全唐文》中收录的《光孝寺瘗发塔记》、王维《六祖能禅师碑铭并序》、柳宗元《曹溪第六祖赐谥大鉴禅师碑并序》和刘禹锡《曹溪六祖大鉴禅师第二碑并序》等，以及《神会语录》、《历代法宝记》、《曹溪大师传》、《六祖坛经》、《圆觉经大疏钞》、《祖堂集》、《宋高僧传》、《景德传灯

① 杨惠中．语料库语言学导论．上海：上海外语教育出版社，2002.

录》和《六祖大师缘起外纪》等①。在这些资料中，作为禅宗弟子主臬的《六祖坛经》记载了六祖惠能大师的生平主要事迹及其创立的禅宗南宗禅法的思想精髓，是研究六祖惠能大师弘法行迹不可或缺的重要文献。尽管《六祖坛经》自问世以来内容几经后人增删，流传版本不一，但从整体来看，其主体部分，即六祖惠能大师在韶州大梵寺登坛为僧俗徒众开缘说法的部分一直“比较稳定”②。这为研究六祖惠能大师在韶州的弘法行迹提供了重要的文本依据，因此本研究选取《六祖坛经》作为建库的语料数据来源。

目前已建成的《六祖坛经》语料库包含2个子库：一个中文子库和一个英文子库。由于英文子库的构建与本研究无直接关系，鉴于篇幅，此处仅简单介绍中文子库的构建。首先，选定准备录入语料库的《六祖坛经》中文文本；然后，通过扫描、OCR识别及人工校对，使其成为可供机读的电子文本；之后，运用EmEditor软件对所有语料进行除噪及添加段落和句子层面的切分界定标记；最后，将经过校对、加工、处理好的语料存储到指定的文件夹。本研究选定的中文子库语料源自丁福保《六祖坛经笺注》③中的《六祖坛经》原文。现已完成该文本语料的全部校对及入库工作。已建成的《六祖坛经》中英文语料库中文子库的《六祖坛经》各品名称及文本长度见表1。

表1　《六祖坛经》语料库中文子库各品名称及文本长度

品名	行由品第一	般若品第二	疑问品第三	定慧品第四	坐禅品第五	忏悔品第六	机缘品第七	顿渐品第八	护法品第九	付嘱品第十
形符数（字）	3029	2388	1275	870	327	2022	4128	1945	652	3360

二、基于《六祖坛经》语料库的惠能韶州弘法行迹检索

运用语料库检索工具WordSmith5.0中的“索引”（Concord）功能，我们分别以“韶”、“曹溪”、“宝林”、“大梵寺”和“曲江”为关键词（KWIC）对《六祖坛经》中英文语料库中的中文子库进行

①② 杨曾文校．敦煌新本六祖坛经．北京：宗教文化出版社，2011.

③ 丁福保．六祖坛经笺注．济南：齐鲁书社，2012.

检索。

（一）以“韶”为关键词的检索

如图1所示，“韶”在《六祖坛经》中共出现了9次，其中7次为“韶州”，2次为“韶州”的简称“韶”。从文本分布来看，“韶”在《六祖坛经》10品文本中的5品中出现，总体文本中的出现频率为50%；就单个文本而言，出现频次最高的是“机缘品第七”和“付嘱品第十”（分别出现了3次），在“行由品第一”、“忏悔品第六”和“护法品第九”中各出现了1次。

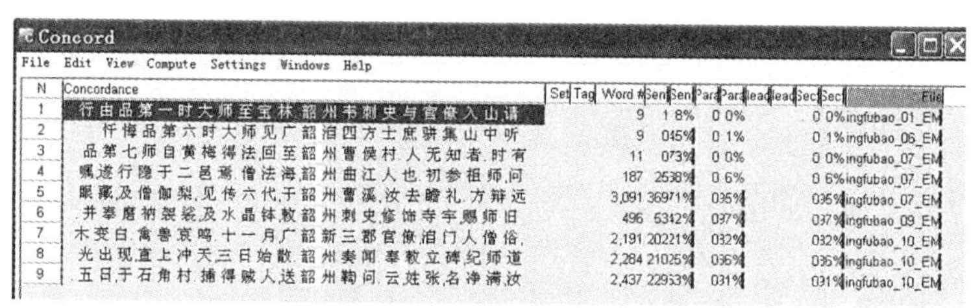

Concord

File Edit View Compute Settings Windows Help

N	Concordance	Set	Tag	Word #	Sen	Para	Sect	File
1	行由品第一时大师至宝林.韶州韦刺史与官僚入山请			9	1 8%	0 0%	0 0%	ingfubao_01_EM
2	忏悔品第六时大师见广韶洎四方士庶骈集山中听			9	045%	0 1%	0 1%	ingfubao_06_EM
3	品第七师自黄梅得法,回至韶州曹侯村.人无知者.时有			11	073%	0 0%	0 0%	ingfubao_07_EM
4	嘱,遂行隐于二邑焉.僧法海,韶州曲江人也.初参祖师,问			187	2538%	0 6%	0 6%	ingfubao_07_EM
5	眼藏,及僧伽梨,见传六代,于韶州曹溪,汝去瞻礼.方辩远			3,091	36971%	035%	035%	ingfubao_07_EM
6	.并奉磨衲袈裟,及水晶钵,敕韶州刺史,修饰寺宇,赐师旧			496	5342%	037%	037%	ingfubao_09_EM
7	木变白.禽兽哀鸣.十一月,广韶新三郡官僚,洎门人僧俗,			2,191	20221%	032%	032%	ingfubao_10_EM
8	光出现,直上冲天,三日始散.韶州奏闻.奉敕立碑,纪师道			2,284	21025%	036%	036%	ingfubao_10_EM
9	.五日,于石角村.捕得贼人,送韶州鞫问.云姓张,名净满,汝			2,437	22953%	031%	031%	ingfubao_10_EM

图1　以“韶”为关键词的检索结果

（二）以“曹溪”为关键词的检索

我们以“曹溪”为关键词进行检索，共得到16条索引行。数据显示，“曹溪”一词在5品文本中出现，总体文本中的出现频率为50%；单个文本中出现频次最高的是“机缘品第七”（共6次），其次是“顿渐品第八”（共5次），排在第三位的是“付嘱品第十”（共3次），在“行由品第一”和“疑问品第三”中各出现了1次。详见图2。

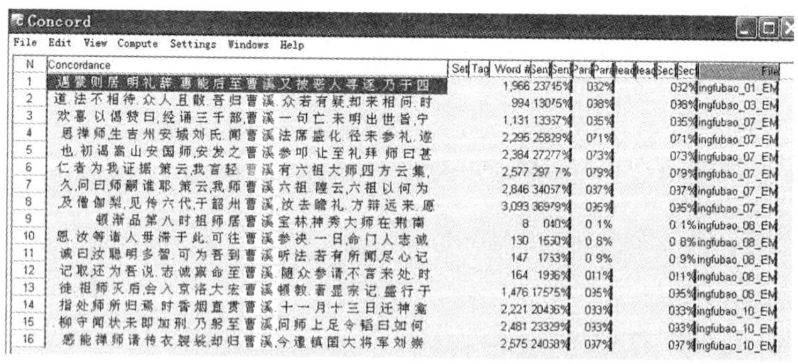

Concord

File Edit View Compute Settings Windows Help

N	Concordance	Set	Tag	Word #	Sen	Para	Sect	File
1	遇蒙则居.明礼辞.惠能后至曹溪.又被恶人寻逐.乃于四			1,966	23745%	032%	032%	ingfubao_01_EM
2	道.法不相待.众人且散.吾归曹溪.众若有疑,却来相问.时			994	13075%	038%	038%	ingfubao_03_EM
3	欢喜.以偈赞曰,经诵三千部,曹溪一句亡.未明出世旨,宁			1,131	13367%	035%	035%	ingfubao_07_EM
4	思禅师,生吉州安城刘氏.闻曹溪法席盛化.径来参礼.遂			2,295	25829%	071%	071%	ingfubao_07_EM
5	也.初谒嵩山安国师,安发之曹溪参叩.让至礼拜.师曰甚			2,384	27277%	073%	073%	ingfubao_07_EM
6	仁者为我证据.策云,我言轻.曹溪有六祖大师,四方云集,			2,577	297 7%	079%	079%	ingfubao_07_EM
7	久,问曰,师嗣谁耶.策云,我师曹溪六祖.隍云,六祖以何为			2,846	34057%	037%	037%	ingfubao_07_EM
8	及僧伽梨,见传六代,于韶州曹溪,汝去瞻礼.方辩远来.愿			3,093	36979%	035%	035%	ingfubao_07_EM
9	顿渐品第八时祖师居曹溪宝林,神秀大师在荆南			8	040%	0 1%	0 1%	ingfubao_08_EM
10	恩.汝等诸人毋滞于此.可往曹溪参决.一日,命门人志诚			130	1550%	0 8%	0 8%	ingfubao_08_EM
11	诚曰,汝聪明多智.可为吾到曹溪听法.若有所闻,尽心记			147	1753%	0 9%	0 9%	ingfubao_08_EM
12	记取,还为吾说.志诚禀命至曹溪.随众参请,不言来处.时			164	1936%	011%	011%	ingfubao_08_EM
13	徒.祖师灭后,会入京洛,大宏曹溪顿教.著显宗记.盛行于			1,476	17575%	035%	035%	ingfubao_08_EM
14	指处,师所归焉.时香烟直贯曹溪.十一月十三日,迁神龛			2,221	20436%	033%	033%	ingfubao_10_EM
15	.柳守闻状,未即加刑.乃躬至曹溪,问师上足令韬曰,如何			2,481	23329%	033%	033%	ingfubao_10_EM
16	憨能禅师请传衣袈裟,却归曹溪.今遣镇国大将军刘崇			2,575	24058%	037%	037%	ingfubao_10_EM

图2　以“曹溪”为关键词的检索结果

（三）以“宝林”为关键词的检索

图3显示的是以“宝林”为关键词的检索结果。数据显示，“宝林”在《六祖坛经》中的4品文本中出现，分别是“行由品第一”、“机缘品第七”、“顿渐品第八”和“付嘱品第十”，总体文本中的出现频率为40%。

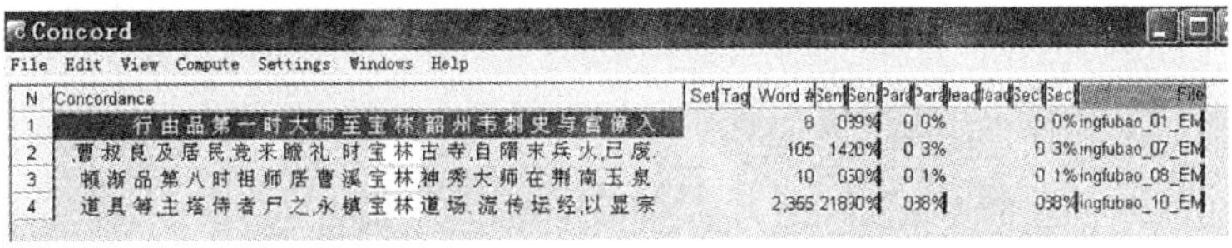

Concord

File Edit View Compute Settings Windows Help

N	Concordance	Word #	Sen	Para	Sec	File
1	行由品第一时大师至宝林韶州韦刺史与官僚入	8	039%	0 0%	0 0%	ingfubao_01_EM
2	曹叔良及居民竞来瞻礼.时宝林古寺,自隋末兵火,已废.	105	1420%	0 3%	0 3%	ingfubao_07_EM
3	顿渐品第八时祖师居曹溪宝林,神秀大师在荆南玉泉	10	050%	0 1%	0 1%	ingfubao_08_EM
4	道具等,主塔侍者尸之,永镇宝林道场.流传坛经,以显宗	2,365	21830%	038%	038%	ingfubao_10_EM

图3　以“宝林”为关键词的检索结果

（四）以“大梵寺”为关键词的检索

我们以“大梵寺”为关键词进行检索。结果显示，“大梵寺”在《六祖坛经》中共出现了3次，分别在“行由品第一”、“般若品第二”和“付嘱品第十”这3个文本中，总体文本中的出现频率为30%。详见图4。

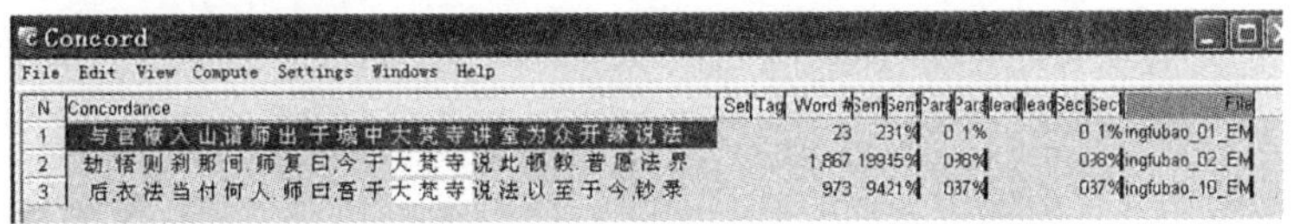

Concord

File Edit View Compute Settings Windows Help

N	Concordance	Word #	Sen	Para	Sec	File
1	与官僚入山请师出,于城中大梵寺讲堂为众开缘说法	23	231%	0 1%	0 1%	ingfubao_01_EM
2	劫.悟则刹那间.师复曰,今于大梵寺说此顿教.普愿法界	1,867	19945%	038%	038%	ingfubao_02_EM
3	后,衣法当付何人.师曰,吾于大梵寺说法,以至于今,钞录	973	9421%	037%	037%	ingfubao_10_EM

图4　以“大梵寺”为关键词的检索结果

（五）以“曲江”为关键词的检索

以“曲江”为关键词进行检索，结果显示，该词在《六祖坛经》中出现了1次，具体文本为“机缘品第七”，总体文本中的出现频率为10%，如图5。

Concord

File Edit View Compute Settings Windows Help

N	Concordance	Word #	Sen	Para	Sec	File
1	行隐于二邑焉.僧法海,韶州曲江人也.初参祖师,问曰,即	189	2553%	0 6%	0 6%	ingfubao_07_EM

图5　以“曲江”为关键词的检索结果

三、基于《六祖坛经》语料库检索数据的惠能韶州弘法行迹描述

以上述检索数据为基础，结合《六祖坛经》中的具体文本，我们可以大致勾勒出六祖惠能大师在韶州的弘法行迹。

（一）以“韶”为关键词的六祖惠能大师韶州弘法行迹描述

丁福保《六祖坛经笺注》中的《六祖坛经》原文分为十品。“行由品第一”主要记述了六祖惠能大师在韶州大梵寺对僧俗徒众讲述他的身世、求法、得法以及弘法的历程。“韶”在“行由品第一”中出现的具体上下文为：

时大师至宝林。韶州韦刺史与官僚入山、请师出。于城中大梵寺讲堂、为众开缘说法。①

此为《六祖坛经》的开篇之句。我们从这里可以看到六祖惠能大师因受韶州刺史韦璩的盛情邀请，从曹溪南华山宝林禅寺出山，来到城中的大梵寺为僧俗徒众开缘说法的场景。

“韶”的第2条索引行出现在“忏悔品第六”，该品记录了六祖惠能大师为从广州、韶州等地前来曹溪南华山听闻佛法的学者和庶民传授“自性五分法身香”以及“无相忏悔”的内容。具体索引行出现的上下文为：

时大师见广韶洎四方士庶骈集山中听法。于是升座告众曰、来、诸善知识。此事须从自性中起。于一切时、念念自净其心、自修其行、见自己法身、见自心佛、自度自戒、始得不假到此。②

这是“忏悔品第六”中的开头几句，它为我们描绘了六祖惠能大师在曹溪南华山为士庶传授“自性五分法身香”以及“无相忏悔”的景象。

检索结果中第3至5条“韶”的索引行出现在“机缘品第七”。此品汇录了六祖惠能大师从黄梅得法后，回到韶州曹溪弘法时，与无尽藏尼、法海、法达等人就佛法义理进行的讨论。具体索引行及其上下文如下：

---

①② 丁福保．六祖坛经笺注．济南：齐鲁书社，2012.

师自黄梅得法、回至韶州曹侯村。人无知者。时有儒士刘志略、礼遇甚厚。志略有姑为尼、名无尽藏、常诵大涅槃经。师暂听、即知妙义。遂为解说。①

从第3条索引行我们可以看到六祖惠能大师在韶州曹侯村为无尽藏尼讲述《大涅槃经》义理的行迹。

僧法海、韶州曲江人也。初参祖师、问曰、即心即佛、愿垂指谕。师曰、前念不生即心、后念不灭即佛。②

第4条索引行描绘的是六祖惠能大师为法海比丘讲述“即心即佛”的场景。经过六祖惠能大师“前念不生即心，后念不灭即佛”的开示，法海比丘终于豁然了悟“定慧双修才是正”的道理。

昨于南天竺国。见达摩大师、嘱方辩速往唐土。吾传大迦叶正法眼藏、及僧伽梨、见传六代、于韶州曹溪、汝去瞻礼。③

索引行5呈现的是六祖惠能大师在韶州曹溪宝林禅寺卓锡泉畔与方辩禅师的对话。结合索引行所在的上下文，我们还了解了卓锡泉的来历以及方辩禅师为六祖惠能大师塑像一事。

“韶”的第6条索引行位于“护法品第九”的末尾。“护法品第九”主要记载了武则天与唐中宗下诏迎请及奖谕六祖惠能大师的情形。索引行的具体上下文如下：

薛简传师指授如来知见。朕积善余庆、宿种善根。值师出世、顿悟上乘。感荷师恩、顶戴无已。并奉磨衲袈裟及水晶钵、敕韶州刺史修饰寺宇、赐师旧居为国恩寺焉。④

索引行6出自神龙元年（705年）九月三日唐中宗奖谕六祖惠能大师的诏书。从这里我们可以窥见六祖惠能大师为使佛法能够广度众生，不求闻达于诸侯的出离心，同时也可以领略到六祖惠能大师的德高望重。

“韶”的第7至9条索引行出现在“付嘱品第十”中。具体如下：

十一月、广韶新三郡官僚洎门人僧俗、争迎真身、莫决所之。⑤

忽于塔内白光出现、直上冲天、三日始散、韶州奏闻。奉敕立碑、

①②③④⑤ 丁福保．六祖坛经笺注．济南：齐鲁书社，2012.

纪师道行。①

县令杨侃、刺史柳无忝得牒切加擒捉。五日、于石角村捕得贼人、送韶州鞫问。②

这3条索引行记述的是六祖惠能大师迁化后的情形。索引行7记录了广州、韶州和新州三地的官僚及六祖门下弟子争相迎请六祖真身到当地供养的情景。索引行8描绘的是六祖惠能大师真身入塔时出现的奇观。而索引行9记载的是六祖真身头颅被盗一事。

（二）以“曹溪”为关键词的六祖惠能大师韶州弘法行迹描述

以“曹溪”为关键词检索到的第1条索引行出现在“行由品第一”：

惠能后至曹溪、又被恶人寻逐。乃于四会、避难猎人队中、凡经一十五载、时与猎人随宜说法。③

这条索引行记载了六祖惠能大师在韶州曹溪因遭到恶人追寻而不得不隐遁的情形。

“曹溪”的第2条索引行见于“疑问品第三”：

师复曰、善知识、总须依偈修行、见取自性、直成佛道。法不相待。众人且散、吾归曹溪。众若有疑、却来相问。④

这几句位于“疑问品第三”的结尾处，记述了六祖惠能大师为韶州刺史韦璩及僧俗徒众讲授《无相颂》并传授在家修行的方法。六祖告诉大家，若还有疑问，可前往曹溪继续询问。这说明六祖惠能大师曾长期在韶州曹溪弘扬佛法。

第3至8条有关“曹溪”的索引行在“机缘品第七”：

达蒙启发、踊跃欢喜。以偈赞曰、经诵三千部、曹溪一句亡。未明出世旨、宁歇累生狂。羊鹿牛权设、初中后善扬。谁知火宅内、元是法中王。⑤

行思禅师、生吉州安城刘氏。闻曹溪法席盛化、径来参礼。⑥

怀让禅师、金州杜氏子也。初谒嵩山安国师、安发之曹溪参叩。⑦

策云、我言轻。曹溪有六祖大师、四方云集、并是受法者。若云

---

①②③④⑤⑥⑦丁福保．六祖坛经笺注．济南：齐鲁书社，2012.

则与偕行。觉遂同策来参。

策云、我师曹溪六祖。隍云、六祖以何为禅定。①

索引行3至7条分别记述了六祖惠能大师向法达比丘、行思禅师和怀让禅师阐释佛法义理，以及弟子玄策如何引导玄觉比丘和智隍禅师归入六祖惠能大师门下的事例。索引行8与前述“韶”的第5条索引行重复，此处不再赘述。

索引行9至13出自“顿渐品第八”：

时祖师居曹溪宝林、神秀大师在荆南玉泉寺。于时两宗盛化、人皆称南能北秀、故有南北二宗顿渐之分。②

汝等诸人毋滞于此、可往曹溪参决。③

一日、命门人志诚曰、汝聪明多智、可为吾到曹溪听法。若有所闻、尽心记取还为吾说。④

志诚禀命至曹溪。随众参请、不言来处。⑤

祖师灭后、会入京洛、大宏曹溪顿教。著显宗记、盛行于世。是为菏泽禅师。⑥

这5条索引行中前4条记载的是禅法被人为分成“南能北秀”“南顿北渐”，神秀大师特派其门人志诚禅师前往曹溪的事情。由此可见当时六祖惠能大师在韶州曹溪弘法的空前盛况。索引行13记述的则是六祖惠能大师迁化后，其弟子神会大师如何彰显禅宗佛法的事迹，这也说明六祖惠能大师生前曾长期在韶州弘法，生后其门人仍然不负大师重托，继续将大师在韶州曹溪创立的顿教禅法发扬光大的事实。

索引行14至16出自“付嘱品第十”：

乃焚香祷曰、香烟指处、师所归焉。时香烟直贯曹溪。⑦

柳守闻状、未即加刑。乃躬至曹溪、问师上足令韬曰如何处断。⑧

七日、敕刺史杨缄云、朕梦感能禅师请传衣袈裟、却归曹溪、今遣镇国大将军刘崇景顶戴而送。⑨

这3条索引行虽非直接记载六祖惠能大师在韶州弘法的行迹，但也说明了大师生后依然魂牵韶州曹溪，甘愿魂归韶州曹溪的情景。

①②③④⑤⑥⑦⑧⑨丁福保．六祖坛经笺注．济南：齐鲁书社，2012.

（三）以“宝林”为关键词的六祖惠能大师韶州弘法行迹描述

以“宝林”为关键词检索到4条索引行，其中第1和第3条分别与“韶”的第1条索引行和“曹溪”的第9条索引行重复，因此不再赘述。第2条和第4条索引行分别源自“机缘品第七”和“付嘱品第十”：

时宝林古寺、自隋末兵火已废。遂于故基重建梵宇、延师居之、俄成宝坊。①

达摩所传信衣、中宗赐磨衲宝钵及方辩塑师真相、并道具等，主塔侍者尸之、永镇宝林道场。流传坛经以显宗旨。此皆兴隆三宝。②

索引行2记载的是六祖惠能大师从黄梅得法后回到韶州曹侯村，因与无尽藏尼讲述《大涅槃经》要义，经由无尽藏尼的推崇而得到当地村民敬仰，并获得村民礼遇，入住宝林古寺的情形。索引行4记录了六祖身后门人将其袈裟、宝钵等物置于韶州曹溪宝林道场的事情，这也进一步说明了六祖惠能大师对韶州的感情深厚。

（四）以“大梵寺”为关键词的六祖惠能大师韶州弘法行迹描述

以“大梵寺”为关键词检索而得的索引行共有3条，其中第1条与“韶”的第1条索引行重复，此处不再赘述。第2条和第3条索引行分别来自“般若品第二”和“付嘱品第十”：

师复曰、今于大梵寺说此顿教、普愿法界众生言下见法成佛。③

师曰、吾于大梵寺说法、以至于今、钞录流行、目曰法宝坛经。汝等守护、递相传授、度诸群生。但依此说、是名正法。④

这两条索引行都记录了六祖惠能大师在韶州大梵寺弘扬佛法的行迹。

以“曲江”为关键词的检索，因所得索引行与前述“韶”第4条索引行重复，此处不再赘述。

在自建《六祖坛经》语料库的基础上，通过语料库检索工具WordSmith5.0对《六祖坛经》文本内容的检索，考察了六祖惠能大师在韶州的弘法行迹。检索结果显示，《六祖坛经》中的十品文本有8

---

①②③④ 丁福保．六祖坛经笺注．济南：齐鲁书社，2012.

品文本均出现了与六祖惠能大师在韶州弘法相关的关键词，其中“行由品第一”出现了4个（“韶”1次，“曹溪”1次，“宝林”1次，“大梵寺”1次），“般若品第二”出现了1个（“大梵寺”1次），“疑问品第三”出现了1个（“曹溪”1次），“忏悔品第六”出现了1个（“韶”1次），“机缘品第七”出现了4个（“韶”3次，“曹溪”6次，“宝林”1次，“曲江”1次），“顿渐品第八”出现了2个（“曹溪”5次，“宝林”1次），“护法品第九”出现了1个（“韶”1次），“付嘱品第十”出现了4个（“韶”3次，“曹溪”3次，“宝林”1次，“大梵寺”1次）。从总体文本来看，《六祖坛经》中80%的文本均有与六祖惠能大师在韶州弘法行迹的相关记载。借助现代语言学的语料库研究方法，我们粗略勾勒出六祖惠能大师在韶州的大梵寺、宝林禅寺、曹溪和曲江等处“广度有情，流布将来”，大力弘扬禅宗顿教，普度法界众生的弘法行迹。

宋伟华　供稿

参考文献

1. （宋）王溥．唐会要．上海：上海古籍出版社，2006.

2. 杨曾文校．敦煌新本六祖坛经．北京：宗教文化出版社，2011.

3. （唐）道宣．续高僧传．台北：佛陀教育基金会出版部，1990.

4. （宋）释道元．景德传灯录．成都：成都古籍书店，2000.

5. （宋）赞宁．宋高僧传．范祥雍点校．北京：中华书局，1987.

6. （宋）释普济．五灯会元．苏渊雷点校．北京：中华书局，1984.

7. 刘运锋．乐昌县志．文津馆，1931.

8. （清）释真朴重修．曹溪通志．杨权等点校．香港：梦梅馆，2008.

9. 印顺．中国禅宗史．南昌：江西人民出版社，2007.

10. （明）泰仓禅师刻本．六祖坛经．韶关：曲江曹溪南华寺珍藏，2002.

11. 广东历代方志集成．韶州府卷．广州：岭南美术出版社，2008.

12. 康熙．曲江县志．

13. （清）董浩等．全唐文．北京：中华书局，1983.

14. 钱育渝．原禅．贵阳：贵州人民出版社，2001.

15. 释妙峰．曹溪：禅研究．北京：中国社会科学出版社，2002.

16. 释明生主编．六祖坛经集成．广州：广东省佛教协会，2012.

17. 胡适．坛经考之一．近现代著名学者佛学文集·胡适集．北京：中国社会科学出版社，1995.

18. 杜继文，魏道儒．中国禅宗通史．南京：江苏人民出版社，2008.

19. 林有能主编．六祖惠能思想研究（三）．香港：香港出版社，2007.

20. 李希泌主编．唐大诏令集补编．上海：上海古籍出版社，2003.

21. （唐）法海编集，（明）释德清勘校．六祖法宝坛经．

22. （清）马元纂修．康熙韶州府志．广东历代方志集成．广州：岭南美术出版社，2008.

23. 周礼·考工记．

24. （明）释德清．题门人超逸书《华俨经》后．憨山大师梦游全集．

25. （南唐）静筠禅僧编．祖堂集．张华点校．郑州：中州古籍出版社，2006.

26. （明）瞿汝稷编，德贤、侯剑整理．指月录．成都：巴蜀书社，2006.

27. 丁福保．六祖坛经笺注．济南：齐鲁书社，2012.

28. （英）艾耶尔．语言、逻辑与真理，尹大贻译．上海：上海译文出版社，1981.

29. （美）杜威，班特里．认知与所知．资产阶级哲学资料选辑（第 11 辑）．上海：上海人民出版社，1965.

30. 吴立民．禅宗宗派源流．北京：中国社会科学出版社，1998.

31. 董群．惠能与中国文化．贵阳：贵州人民出版社，2001.

32. （元）宗宝．六祖大师法宝坛经．附录．六祖大师缘起外记．

33. （唐）张九龄．曲江集．李玉宏校注．北京：当代中国出版社，2004.

34. 星云大师．六祖坛经讲话．北京：新世界出版社，2008.

35. （清）唐宗尧修，秦嗣美纂．韶州府志（清康熙二十六年刻本）．

36. 吴尚清，梁照林．禅院行．北京：中信出版社，2007.

37. 李富华．惠能与《坛经》．珠海：珠海出版社，1999.

38. 楼宇烈．敦煌本《坛经》、《曹溪大师传》以及初期禅宗思想．隋唐佛教讨论会论文集．西安：三秦出版社，1990.

39. 胡适．胡适说禅．北京：东方出版社，1993.

40. 任继愈．中国佛教丛书·禅宗编．南京：江苏古籍出版社，1993.

41. 周绍良．敦煌写本坛经原本．北京：文物出版社，1997.

42. 魏道儒．白话坛经．西安：三秦出版社，1997.

43. 杨曾文．神会和尚禅话录．北京：中华书局，1996.

44. 石峻，楼宇烈等编．中国佛教思想资料选编．北京：中华书局，1983。

45. 释传正主编．南华史略．北京：中国社会科学出版社，2002.

46. 李振林．历代名人与韶关．北京：北京出版社，2006.

47. 释佛源，释传正主修．新编曹溪通志．北京：宗教文化出版社，2009.

48. 胡适．菏泽大师神会传．胡适文集．北京：人民文学出版社，1998.

49.（唐）柳宗元．曹溪第六祖赐谥大鉴禅师碑记．

50.（元）文天祥．文天祥全集．北京：中国书店，1985.

51. 杨惠中．语料库语言学导论．上海：上海外语教育出版社，2002.

后 记

中国封建社会发展到唐朝，进入了鼎盛时期。与社会发展相伴随行的宗教文化在唐朝也得到了发展。尤其是佛教禅宗，在武则天时代迎来了一个发展的高潮。地处岭南的韶州，因为有了六祖惠能大师及其演绎并得以流传后世的《坛经》，成为岭南佛教禅宗的重镇，曹溪山宝林寺成了禅宗祖庭。新时期以来，旅游业和文化产业的交相发展，使得惠能与韶州的研究变得更加重要。在韶关市和韶关学院相关领导和机构的大力支持下，我们启动了这方面的初步思考和探讨。惠能的父亲是从河北涿州左降流放到新州（今广东新兴县）来的，惠能黄梅得法后没有回到家乡的打算，还想继续留在韶州弘法。这不仅因为韶州具有得天独厚的优越地理位置，还因为惠能来往黄梅路过韶州期间建立的深厚人脉关系。韶州地处粤北，是水路浈江、武江交汇成北江的会合处，又是大庾岭梅关古道、乌迳古道、西京古道等的陆路交通枢纽。惠能去黄梅求法前，路过韶州结识了曹侯村的刘志略及其姑姑无尽藏尼，接着，又慕名到乐昌西石岩寺惠纪禅师等处坐禅，更有韶州刺史韦璩的热心向佛。惠能黄梅得法后首先在曹溪落脚，因被恶人寻逐，到处东躲西藏，不仅藏之前山，还躲到曲江的招隐寺。后来，往来于广、韶二州，隐迹于怀集、四会一带的丛山密林之中。若干年后，才有机会在广州法性寺（光孝寺）得以剃度受戒。很快，惠能又选择韶州曹溪宝林寺作为弘法道场。虽然韶州刺史韦璩邀请惠能到城中大梵寺开缘说法，并有意挽留他以大梵寺作为永久弘法道场，但惠能既然没有留在繁华的广州，自然也不会留在韶州城。毕竟禅宗丛林的弘扬和发展需要一个远离尘嚣的清静之地。即便是唐朝最高统治者武则天遣使召唤他进京供养，惠能也不为所动。可见惠能大彻大悟的高远境界。这也有惠能需要接地气的原因吧！禅宗主张不立文字、教外别传，加上惠能最初的"不识字"，他生前的韶州弘法行迹范围不大，文字记载也不是很多。惠能剃度以后，向北足不过武江，终老于岭南，是可信的。但惠能在韶州演绎的《坛经》，却传播悠远、广袤，并且影响后世，法脉永续。在韶关创建历史文化名城和创新发展文化产业的今天，重新发掘探讨惠能在韶州的弘法史事行迹，及其在后世的影响，是十分有意义的。我们一帮同好关注惠能与韶州的方方面面，近年来多作思考，并及时发表出来。搜集多年来的零星成果，匆促间编辑成一个小册子，以应时景，以飨读者。虽然比较肤浅，文字风格也不一定一致，但为了符合韶关市整体活动安排的时间要求，也只有等以后有机会再作进一步的修改了。尽可能地插入了一些图片，增加阅读时的直观性。本书包含了本人主持的韶关市社会科学联合会立项的关于惠能与韶关研究课题的诸多重要内容。参加本书部分章节创作的同好有林有能、黄明奇、李振林、宋伟华、吴有定、何露、欧伦彬、朱正国等。所撰稿章节均在章末署名标注，其余部分均由本人撰稿。由于时间匆促，书中错漏不妥之处会有不少，谨请大家不吝赐教。

李明山

2013 年 11 月 28 日